EN VENTE A LA MÊME LIBRAIRIE

EN COURS DE PUBLICATION

ŒUVRES COMPLÈTES D'HECTOR MALOT
à 1 fr. 25 le volume

Le Lieutenant Bonnet.	1 vol.
Suzanne.	1 vol.
Miss Clifton.	1 vol.
Clotilde Martory.	1 vol.
Pompon.	1 vol.
Marichette.	2 vol.
Un Curé de Province.	1 vol.
Un Miracle.	1 vol.
Romain Kalbris.	1 vol.
La Fille de la Comédienne.	1 vol.
L'Héritage d'Arthur.	1 vol.
Le Colonel Chamberlain.	1 vol.
La Marquise de Lucillière.	1 vol.
Ida et Carmelita.	1 vol.
Thérèse.	1 vol.
Le Mariage de Juliette.	1 vol.
Une Belle-Mère.	1 vol.
Séduction.	1 vol.
Paulette.	1 vol.
Bon Jeune homme.	1 vol.
Comte du Pape.	1 vol.
Marié par les Prêtres.	1 vol.
Cara.	1 vo
Vices Français.	1 vol.
Raphaelle.	1 vol.
Duchesse d'Arvernes.	1 vol.
Corysandre.	1 vol.
Anie.	1 vol.
Les Millions Honteux.	1 vol.
Le docteur Claude.	2 vol.
Le Mari de Charlotte.	1 vol.
Conscience.	1 vol.
Justice.	1 vol.
Les Amants.	1 vol.
Les Epoux.	1 vol.
Les Enfants.	1 vol.
Les Amours de Jacques.	1 vol.

PARIS. — IMP. C. MARPON ET E. FLAMMARION, RUE RACINE, 26.

CORYSANDRE

Ouvrages de HECTOR MALOT

COLLECTION GRAND IN-18 JÉSUS

LES VICTIMES D'AMOUR : LES AMANTS, LES ÉPOUX, LES ENFANTS	2 vol.	SANS FAMILLE	2 vol
LES AMOURS DE JACQUES	1 —	LE DOCTEUR CLAUDE	1 —
ROMAIN KALBRIS	1 —	LA BOHÈME TAPAGEUSE	3 —
UN BEAU-FRÈRE	1 —	UNE FEMME D'ARGENT	1 —
MADAME OBERNIN	1 —	POMPON	1 —
UNE BONNE AFFAIRE	1 —	SÉDUCTION	1 —
UN CURÉ DE PROVINCE	1 —	LES MILLIONS HONTEUX	1 —
UN MIRACLE	1 —	LA PETITE SŒUR	2 —
SOUVENIRS D'UN BLESSÉ : SUZANNE	1 —	PAULETTE	1 —
SOUVENIRS D'UN BLESSÉ : MISS CLIFTON	1 —	LES BESOIGNEUX	2 —
LA BELLE MADAME DONIS	1 —	MARICHETTE	2 —
CLOTILDE MARTORY	1 —	MICHELINE	1 —
UNE BELLE-MÈRE	1 —	LE SANG BLEU	1 —
LE MARI DE CHARLOTTE	1 —	LE LIEUTENANT BONNET	1 —
L'HÉRITAGE D'ARTHUR	1 —	BACCARA	1 —
L'AUBERGE DU MONDE : LE COLONEL CHAMBERLAIN, LA MARQUISE DE LUCILLIÈRE	2 —	ZYTE	1 —
		VICES FRANÇAIS	1 —
		GHISLAINE	1 —
		CONSCIENCE	1 —
		JUSTICE	1 —
L'AUBERGE DU MONDE : IDA ET CARMELITA, THÉRÈSE	2 —	MARIAGE RICHE	1 —
		MONDAINE	1 —
MADAME PRÉTAVOINE	2 —	MÈRE	1 —
CARA	1 —	ANIE	1 —
		COMPLICES	1 —
		EN FAMILLE	2 —

Mme HECTOR MALOT

FOLIE D'AMOUR	1 vol.	LE PRINCE	1 vol.

ÉMILE COLIN — IMPRIMERIE DE LAGNY

CORYSANDRE

PAR

HECTOR MALOT

PARIS
ERNEST FLAMMARION, ÉDITEUR
26, RUE RACINE, PRÈS L'ODÉON

Tous droits réservés.

CORYSANDRE [1]

I

La saison de Bade était dans tout son éclat ; et une lutte qui s'était établie entre deux joueurs russes, le prince Savine et le prince Otchakoff, offrait aux curieux et à la chronique les péripéties les plus émouvantes.

C'était pendant l'hiver précédent que le prince Otchakoff avait fait son apparition dans le monde parisien, et en quelques mois, par ses gains ou ses pertes, surtout par le sang-froid imperturbable et le sourire dédaigneux avec lesquels il acceptait une culotte de cinq cent mille francs, il s'était conquis une réputation tapageuse qui avait failli donner la jaunisse au prince Savine, habitué depuis de longues années à se considérer orgueilleusement comme le seul Russe digne d'occuper la badauderie parisienne.

C'était un petit homme chétif et maladif que ce prince Otchakoff et qui, n'ayant pas vingt-cinq ans,

[1] L'épisode qui précède a pour titre : *la Duchesse d'Arvernes.*

paraissait en avoir quarante, bien qu'il fût blond et imberbe. Dans ce Paris où l'on rencontre tant de physionomies ennuyées et vides, on n'avait jamais vu un homme si triste, et rien qu'à le regarder avec ses traits fatigués, ses yeux éteints, son visage jaune et ridé, son attitude morne, on était pris d'une irrésistible envie de bâiller.

Après avoir essayé de tout il avait trouvé qu'il n'y avait que le jeu qui lui donnât des émotions, et il jouait pour se sentir vivre autant que pour faire du bruit en ce monde, ce qui était sa grande, sa seule ambition.

Sa santé étant misérable, sa fortune étant inépuisable, le jeu était le seul excès qu'il pût se permettre, et il jouait comme d'autres s'épuisent, s'indigèrent ou s'enivrent.

Comme tant d'autres, il aurait pu se faire un nom en achetant des collections de tableaux ou de potiches qui l'auraient ennuyé, en prenant une maîtresse en vue qui l'aurait affiché, en montant une écurie de course qui l'aurait dupé ; mais en esprit pratique qu'il était, il avait trouvé que le plus simple encore et le moins fatigant, était d'abattre nonchalamment une carte, de pousser une liasse de billets de banque à droite ou à gauche et de dire sans se presser : « Je tiens. »

Et ce calcul s'était trouvé juste. En six mois ce nom d'Otchakoff était devenu célèbre, les journaux l'avaient cité, tambouriné, trompété, et la foule moutonnière l'avait répété. Ce jeune homme, qui n'avait jamais fait autre chose dans la vie que de tourner une carte et de combiner un coup, était devenu un personnage.

Mais une réputation ne surgit pas ainsi sans sus-

citer la jalousie et l'envie : le prince Savine, qui de
très bonne foi croyait être le seul digne de représenter avec éclat son pays à Paris, avait été exaspéré par
ce bruit. Si encore cet intrus, qui venait prendre une
part, et une très grosse part de cette célébrité mondaine qu'il voulait pour lui tout seul avait été Anglais,
Turc, Mexicain, il se serait jusqu'à un certain point
calmé en le traitant de sauvage ; mais un Russe ! un
Russe qui se montrait plus riche que lui, Savine ! un
Russe qu'on disait, et cela était vrai, d'une noblesse
plus haute et plus ancienne que la sienne à lui Savine ! Il fallait que n'importe à quel prix, même au
prix de son argent, auquel il tenait tant, il défendît sa
position menacée et se maintînt au rang qu'il avait
conquis, qu'il occupait sans rivaux depuis plusieurs
années et qui le rendait si glorieux.

Alors, lui toujours si rogue et si gonflé, s'était fait
l'homme le plus aimable du monde, le plus affable, le
plus gracieux avec quelques journalistes qu'il connaissait, et il les avait bombardés d'invitations à déjeuner, ne s'adressant, bien entendu, qu'à ceux qu'il
savait assez vaniteux pour être fiers d'une invitation à
l'hôtel Savine et en situation de parler de ses déjeuners dans leurs chroniques et aussi de tout ce qu'il
voulait qu'on célébrât : son luxe, sa fortune, sa noblesse, son goût, son esprit, son courage, sa force, sa
santé, sa beauté.

Puis, après s'être assuré le concours de cette fanfare, il avait commencé sa manœuvre.

Trois jours après une perte énorme subie par Otchakoff avec son flegme ordinaire, Raphaëlle, la
maîtresse de Savine, avait vu arriver un matin dans
la cour de son hôtel deux chevaux russes superbes,
deux de ces puissants trotteurs qui battent, en se

jouant, les anglais comme les arabes, et Savine n'avait pas tardé à paraître. Comme Raphaëlle menacée d'une angine disait qu'elle était désolée de ne pas pouvoir faire atteler ses chevaux ce jour même et de sortir, il s'était fâché. C'était justement l'ouverture de la réunion de printemps à Longchamp, et il voulait que ses chevaux fussent vus de tout Paris à cette réunion à l'aller et au retour ; il ne les avait fait venir de son haras et ne les avait donnés que pour cela. « Si vous ne pouvez pas vous en servir, avait-il dit, je les garde pour moi, je m'en sers aujourd'hui, et, une fois qu'ils seront entrés dans mes écuries, ils n'en sortiront pas. En vous enveloppant bien, vous n'aurez pas trop froid : il ne faut pas s'exagérer son mal ou l'on se priverait de tout. » Au risque d'en mourir, car il soufflait un vent glacial, Raphaëlle avait été aux courses, et à l'aller comme au retour ses trotteurs à la robe grise avaient provoqué l'admiration des hommes et l'envie des femmes.

Il fallait continuer, car, de son côté, Otchakoff continuait de jouer, perdant toutes les nuits ou gagnant des coups de trois ou quatre cent mille francs, tantôt contre celui-ci, tantôt contre celui-là, sans jamais lasser l'admiration de la galerie, qui répétait toujours son même mot : « Cet Otchakoff, quel estomac ! » ce à quoi Savine répondait toutes les fois qu'il pouvait répondre, en haussant les épaules et en disant que si Otchakoff, avait de l'estomac devant un tapis vert, il n'en avait pas devant une nappe blanche, le pauvre diable étant incapable de boire seulement les quatre ou cinq bouteilles de champagne qui, chez un vrai Russe, remplace l'acte de naissance ou le passeport pour prouver la nationalité.

Pour continuer la lutte, sinon avec économie, au

moins d'une façon qui ne fût pas nuisible à ses intérêts, Savine qui depuis longtemps se contentait des collections qu'il avait recueillies par héritage, s'était mis à acheter des œuvres d'art de toutes sortes : tableaux, bronzes, livres, curiosités, n'exigeant d'elles que quelques qualités spéciales : d'être authentiques, d'être dans un parfait état de conservation, enfin de coûter très cher, de telle sorte que lorsqu'il voudrait les revendre, — ce qu'il espérait bien faire un jour, tirant ainsi d'elles deux réclames, l'achat et la vente, — il pût le faire avec bénéfice, sans autre perte que celle des intérêts.

Alors, chaque fois qu'il avait fait une acquisition de ce genre, les journaux l'avaient annoncée et célébrée : le prince Savine, quel Mécène ! Il est vrai que ce Mécène ne répandait ses bienfaits que sur des artistes morts depuis longtemps : Hobbema, Velasquez, Paul Veronèse et autres qui ne lui savaient aucun gré de ses largesses.

Mais un seul coup de baccara faisait oublier Mécène, et Otchakoff, en une nuit heureuse ou malheureuse, s'imposait à la curiosité publique d'une façon autrement vivante et palpitante en perdant son argent que s'il l'avait dépensé à acheter des Rubens ou des Titien.

Ce fut alors que Savine exaspéré et perdant la tête, se décida à lutter contre son rival en employant les mêmes armes que celui-ci, c'est-à-dire à coups de millions.

Otchakoff, ne trouvant plus à jouer des grosses parties à Paris pendant la saison d'été, était venu à Bade jouer contre la banque, et Savine l'avait suivi, se disant qu'un homme habile et prudent qui joue contre une banque de jeu ne doit perdre que dans une certaine mesure qui peut se calculer mathématiquement, et même qu'il peut gagner.

Le tout était donc d'être cet homme habile et prudent.

Heureusement, les professeurs de systèmes tous plus infaillibles les uns que les autres ne manquent pas pour ceux qui veulent jouer à coup sûr ; il y en a à Paris, et à cette époque il y en avait dans toutes les villes d'eaux où l'on jouait : à Bade, à Hombourg, à à Wiesbaden, à Ems, à Spa, où ils tenaient boutiques de renseignements et de leçons.

Dans un de ses séjours à Bade, Savine avait rencontré un de ces professeurs : un vieux gentilhomme français de grand nom et de belle mine qui, après avoir perdu plusieurs fortunes au jeu, offrait aux jeunes gens qui voulaient bien l'écouter « une rectitude de combinaisons inexorables » pour faire sauter la banque ; mais alors, ne pensant pas à jouer, il s'en était débarrassé en lui faisant l'aumône de quelques florins que le vieux professeur allait perdre avec une « rectitude inexorable » ou qu'il employait à faire insérer dans les journaux des annonces pour tâcher de trouver des actionnaires qui lui permissent d'essayer en grand son système.

Arrivé à Bade il avait cherché son homme aux « combinaisons inexorables », ce qui n'était pas difficile, car on était sûr de le trouver à la *Conversation*, assis sur une chaise devant la table de trente-et-quarante, suivant le jeu auquel il ne pouvait pas prendre part et notant les coups sur un carton qu'il perçait d'une épingle.

Le marquis de Mantailles était si bien absorbé dans son travail qu'il n'avait pas vu Savine, et qu'il avait fallu que celui-ci lui frappât sur l'épaule pour appeler son attention; mais alors il avait vivement quitté le jeu pour faire ses politesses au prince, qui l'avait emmené dans les jardins, ne voulant pas qu'on le vît en conférence avec le vieux professeur de jeu, ni qu'on surprît un seul mot de leur entretien.

— Six cent mille francs seulement, prince, s'écria-t-il, mettez six cent mille francs seulement à ma disposition, et le monde est à nous.

Mais Savine avait tout de suite éteint ce beau feu : il n'apporterait pas ces six cent mille francs, il n'en apporterait pas cinquante mille, pas même dix mille; mais il était disposé, dans un but moral et pour sauver les malheureux qui se ruinaient, à essayer le système des « combinaisons inexorables, » seulement il voulait l'essayer lui-même; bien entendu il le payerait... s'il gagnait.

Le lendemain matin, le marquis de Mantailles s'était présenté à la porte du pavillon que le prince Savine occupait sur le *Graben*, et tout de suite il avait été introduit; Savine, bien que mal éveillé, avait remarqué qu'il était porteur d'une sorte de petite boîte plate enveloppée dans une serviette de serge grise et d'un petit sac de toile comme ceux dont se servent les joueurs de loto.

— Je ne recevrai personne, dit Savine au domestique qui avait introduit le marquis.

Pendant ce temps, le vieux joueur avait précieusement déposé sa boîte et son sac sur une table; puis, le domestique étant sorti, il s'était approché du lit de Savine : sa physionomie s'était transfigurée; il avait l'air d'un pauvre vieux bonhomme usé, écrasé en entrant, maintenant il s'était relevé, c'était un homme digne et fier, inspiré, sûr de lui.

— Avant tout, je dois vous montrer par l'expérience

la rigoureuse exactitude de ce que je viens de vous expliquer, et c'est dans ce but que je me suis muni de différents objets utiles à ma démonstration.

Ces objets utiles à la démonstration des « combinaisons inexorables » étaient une petite roulette, un tapis de drap divisé comme le sont les tables de trente-et-quarante, six jeux de cartes, et enfin, dans le sac en toile, des haricots blancs et rouges.

Aussitôt que le professeur eut étalé son tapis sur une table et disposé en deux masses ses haricots, les rouges pour Savine, les blancs pour lui, la démonstration commença; à onze heures, Savine avait deux cent-quarante haricots gagnés contre la banque, c'est-à-dire deux cent-quarante mille francs.

Le lendemain, la démonstration continua; puis le surlendemain, pendant dix jours, et au bout de ces dix jours Savine avait gagné dix-neuf cent cinquante haricots, c'est-à-dire près de deux millions de francs.

L'expérience était décisive; maintenant c'étaient de vrais billets de banque que Savine pouvait risquer; mais, chose extraordinaire, au lieu de gagner il perdit.

Et cela était d'autant plus exaspérant que, ce jour-là, Otchakoff fit sauter la banque au milieu de l'enthousiasme général.

Le lendemain Savine perdit encore, puis le troisième jour, puis le quatrième.

— Courage, disait le marquis de Mantailles, plus vous perdez, plus vous avez de chance de gagner; l'équilibre ne peut pas ne pas se rétablir.

Cependant il ne se rétablit point; au bout de quinze jours, Savine avait perdu cinq cent mille francs, et ce qui lui était plus sensible encore que cette perte d'argent, il les avait perdus sans que cela fît sensation et tapage.

— Il n'a pas de chance, le prince Savine, disait-on.
— Et pourtant il est prudent.

Prudent et malheureux, c'était trop; quelle honte!

Cependant il n'abandonna pas la lutte; mais, puisque le jeu ne soulevait pas le tapage qu'il avait espéré, il chercha un autre moyen pour forcer l'attention publique à se fixer sur lui, et il crut le trouver en s'attachant très ostensiblement à une jeune fille, mademoiselle Corysandre de Barizel, qui, par sa beauté éblouissante, était la reine de Bade, comme Otchakoff en était le roi par son audace au jeu.

II

C'était aussi l'hiver précédent, presque en même temps qu'Otchakoff, que la belle Corysandre, sous la conduite de sa mère, la comtesse de Barizel, avait fait son apparition à Paris.

Elle venait, disait-on, d'Amérique, de la Louisiane, où son père, le comte de Barizel, qui descendait des premiers colons français établis dans ce pays, avait possédé d'immenses propriétés, aux mains de sa famille depuis près de deux cents ans; le comte avait été tué dans la guerre de Sécession, commandant une brigade de l'armée du Sud, et sa veuve et sa fille avaient quitté l'Amérique pour venir s'établir en France, où elles voulaient vivre désormais.

C'était dans une des deux grandes fêtes que donnait tous les ans le financier Dayelle qu'elles avaient paru pour la première fois.

Bien que Dayelle ne fût qu'un homme d'argent, un enrichi, les fêtes qu'il donnait dans son hôtel de la rue de Berry comptaient parmi les plus belles et les mieux réussies de Paris. Quand on avait un grand nom ou quand on occupait une haute situation on se moquait bien quelquefois, il est vrai, de Dayelle en rappelant d'un air dédaigneux qu'il avait commencé la vie par être commis chez un marchand de toile, puis fabricant de toile lui-même, puis filateur de lin, puis banquier, puis l'un des grands faiseurs de son temps; mais on n'en recherchait pas moins les invitations de ce parvenu qui, deux fois par an, pour chacune de ses fêtes, ne dépensait pas moins de cent mille francs en décorations nouvelles, en fleurs, et surtout en artistes qu'on n'entendait que chez lui.

Ce n'était pas seulement les meilleurs artistes que Dayelle tenait à offrir à ses invités, c'était encore tout ce qui, à un titre quelconque : gloire, talent, beauté, fortune, promettait d'arriver bientôt à la célébrité; il ne fallait pas être contesté, mais d'autre part il ne fallait pas non plus être consacré, puisqu'il avait la prétention d'être lui-même le consacrant. Aussi en allant chez lui s'attendait-on toujours à quelque surprise. Quelle serait-elle? On n'en savait rien, car il la cachait avec soin pour que l'effet produit fût plus grand; mais enfin on savait qu'on en aurait une qui, pour ne pas figurer sur le programme, faisait cependant partie obligée de ce programme.

Celle que causa la beauté de Corysandre fut des plus vives et pendant huit jours elle fournit le sujet de toutes les conversations.

— Vous avez vu cette jeune Américaine avec sa mère?

— Parbleu, seulement ce n'est pas une Américaine,

c'est une Française, elle est d'origine française : il y a encore dans le Poitou des Barizel de très vieille et très bonne noblesse, et c'est d'un membre de cette famille qui, il y a plus de deux cents ans, alla s'établir en Amérique, que descend cette belle jeune fille.

— Riches les Barizel?

— On le dit : cinq ou six cent mille francs de rente; mais je n'en sais rien. Si vous avez des prétentions à la main de cette belle fille, ne tablez donc pas sur ce que je vous dis; ces fortunes d'Amérique ressemblent souvent aux bâtons flottants. La seule chose certaine, c'est que la mère a acheté un terrain dans les Champs-Elysées où elle va, dit-on, faire construire un hôtel.

— Ça c'est quelque chose.

— C'est beaucoup si l'hôtel est construit; mais s'il ne l'est pas, si on en voit jamais que le plan, ce n'est rien. J'ai connu des gens qui, avec un terrain et un plan qu'ils montraient à propos et dont ils parlaient, ont pendant de longues années fait croire à une fortune qui n'existait pas et n'avait jamais existé.

— C'est pour cette fortune que Dayelle l'a invitée à sa fête.

— Il l'aurait bien invitée pour la beauté de la fille, sans doute.

— Je n'ai jamais vu d'aussi beaux cheveux blonds.

— Il n'y a plus de blondes.

— Au moins il n'y en a plus de ce blond; il y a des blondes châtain, des blondes cendré, il n'y a plus de blondes pures, de ce blond de moissons mûries par le soleil; c'est ce qu'on peut appeler la sincérité du blond.

— C'est déjà quelque chose d'avoir de la sincérité dans les cheveux.

— Ce serait peu, mais elle paraît en avoir ailleurs : ainsi dans son front si pur, dans ses yeux naïfs et son regard limpide, dans sa bouche innocente, dans son attitude modeste. Naïve, douce, modeste et admirablement belle d'une beauté qui s'impose par l'éclat et la majesté, voilà une réunion qui est rare. Maintenant a-t-elle cette sincérité dans le cœur et dans l'esprit? Cela, je l'ignore, elle ne dit rien ou presque rien : et sous ce rapport il est difficile de la juger; je ne parle que de ce j'ai vu, et ce que j'ai vu, ce qui m'a frappé, ce qui m'a ébloui c'est sa beauté, c'est cette chevelure blonde, ces yeux bruns sous un sourcil pâle, ce teint d'une blancheur veloutée, enfin c'est, comme disaient nos pères, ce port de reine bien curieux vraiment, bien extraordinaire chez une jeune fille qui n'a pas dix-huit ans.

— En a-t-elle même dix-sept?
— La mère dit dix-huit.
— On a vu des mères vieillir leurs filles pour s'en débarrasser plus vite.

La mère est encore fort bien.
— Un peu empâtée.
— Une créole.
— Est-elle créole?
— Elle en a l'air.
— Elle a même l'air plus que créole.
— C'est peut-être une *octoroon*.
— Qu'est-ce que c'est que ça, une *octoroon*?
— C'est la descendante d'un blanc et d'une négresse arrivée à la huitième génération; chez elle le sang noir a si bien disparu qu'il n'en reste plus trace, même pour l'œil exercé d'un créole; ni la paume de sa main, ni ses ongles ne disent plus rien de son origine.

C'était cette belle Corysandre qui, lorsque les salons s'étaient fermés à Paris, était venue avec sa mère passer la saison à Bade.

Et là on avait parlé d'elle comme on en avait parlé à Paris, car s'il est des gens qui passent partout inaperçus, il en est d'autres qui ne peuvent faire un pas sans provoquer le tapage et la curiosité.

Cependant, leur installation fort modeste dans un petit chalet des allées de Lichtenthal n'avait rien du faste insolent de quelques étrangers qui semblent n'être venus à Bade que pour y trouver le plaisir de dépenser leur argent avec ostentation : trois domestiques noirs, un homme et deux femmes ; une calèche louée au mois ; il n'y avait certes pas là de quoi forcer l'attention ; avec cela un cercle de relations assez banal, une loge au théâtre, une heure de station à la musique, une promenade rapide dans les salons de la Conversation sans jamais risquer un florin à la table de la roulette, tous les matins la messe à l'église catholique, c'était tout.

Il était impossible de mener une vie plus simple et cependant .

Cependant toutes les fois que madame de Barizel et sa fille se montraient quelque part, il n'y avait plus d'yeux que pour elles ou tout au moins pour Corysandre, et instantanément c'était d'elles qu'on s'occupait.

— Pourquoi parle-t-on tant d'elle, même dans les journaux ?

— Notre temps est celui de la réclame ; tout finit par se placer avec des annonces bien faites et souvent répétées : la mère s'entoure de journalistes.

S'il n'était pas rigoureusement exact de dire que madame de Barizel recherchait les journalistes, au moins était-ce vrai en partie et particulièrement pour un correspondant de journaux français et américains nommé Leplaquet.

Ancien médecin dans la marine de l'Etat, ancien

directeur d'un journal français à Bâton-Rouge, Leplaquet était bien réellement le commensal de madame de Barizel et en quelque sorte son homme d'affaires, au moins pour certaines affaires. On disait et il le racontait lui-même, qu'il l'avait connue en Amérique, où il avait été son ami et p us encore l'ami de M. de Barizel ; à propos de cette liaison ancienne il était même plein d'histoires plus ou moins intéressantes qu'il contait volontiers, même sans qu'on les lui demandât, et dans lesquelles la grosse fortune et la haute situation de son ami le comte de Barizel, un type d'honneur et d'intrépidité, remplissaient toujours une place considérable ; en Amérique, où lui Leplaquet, était un personnage, il n'avait connu que des personnages, et parmi les plus élevés, son bon ami Barizel.

Ces histoires, on les écoutait parce qu'elles étaient généralement bien dites et avec une verve méridionale qui s'imposait ; mais on les eût peut-être mieux accueillies et avec plus de confiance si le conteur avait été plus sympathique. Malheureusement ce n'était pas le cas de Leplaquet, qui, avec sa face plate, son front bas, ses yeux fuyants, son air sombre, son attitude hésitante, inspirait plutôt la défiance que la sympathie, la répulsion que l'attraction.

D'autre part, le trop d'empressement qu'il mettait à les conter à tout propos et souvent hors de propos leur nuisait aussi : on s'étonnait que cet homme qui, ordinairement, disait du mal de tout le monde, cherchât si obstinément les occasions de dire du bien de la seule madame de Barizel.

De même on cherchait aussi pourquoi il déployait tant de zèle à racoler des convives pour les dîners de madame de Barizel.

Bien entendu, c'était dans son monde qu'il les prenaît, ces convives, parmi les artistes, les musiciens, les peintres, les sculpteurs, surtout parmi les journalistes, ses confrères, français ou étrangers ; il suffisait qu'on tînt une plume, quelle qu'elle fût, pour être invité par lui chez madame de Barizel.

Bien que des invitations de ce genre fussent assez fréquentes à Bade, où plus d'une femme en vue employait ses amis à l'enrôlement d'une petite cour composée de gens qui avaient un nom, la persistance et l'activité que Leplaquet apportait à ces enrôlements étaient si grandes qu'elles ne pouvaient pas ne pas provoquer un certain étonnement. C'était à croire qu'il guettait ceux qu'il pouvait inviter, car dès qu'ils arrivaient et à leurs premiers pas dans Bade, il sautait sur eux et les enveloppait.

Le lendemain, l'invité de Leplaquet s'asseyait à la droite de la comtesse de Barizel, qui se montrait une femme supérieure dans l'art de chatouiller la vanité littéraire de son convive, dont la veille elle ne connaissait même pas le nom, lui répétant avec une grâce pleine de charme la leçon qu'elle avait apprise de Leplaquet ; et le surlendemain, au sortir du lit, de bonne heure, encore sous l'influence des beaux yeux de Corysandre, les oreilles encore chaudes des compliments de la comtesse, il envoyait à son journal une correspondance consacrée à la gloire des Barizel.

III

Une maison hospitalière comme l'était celle de madame de Barizel devait s'ouvrir facilement pour le prince Savine.

En relations avec Dayelle depuis longtemps, Savine n'eut qu'à attendre une visite de celui-ci à Bade pour se faire présenter à la comtesse, et bientôt on le vit partout aux côtés de la belle Corysandre.

Ce ne fut qu'un cri :

— Le prince Savine va épouser mademoiselle de Barizel.

C'était ce que Savine voulait. On parlait de lui, on s'occupait de lui, lorsqu'il paraissait quelque part, il avait la satisfaction enivrante pour sa vanité de voir qu'il faisait sensation ; il était revenu à ses beaux jours, Otchakoff serait éclipsé.

Pensez-donc, un mariage entre le riche Savine et la belle Corysandre, quel inépuisable sujet de conversation !

Il levait les yeux dans un mouvement d'extase, mais il ne répondait pas.

Cette femme adorable serait-elle la sienne? Serait-il ce mari bienheureux?

Cela ne faisait pas de doute pour aucun de ceux qui avaient assisté à ces explosions d'enthousiasme, et cependant personne ne pouvait dire que Savine s'était nettement et formellement prononcé à ce sujet.

Il voulut davantage, mais, sans s'engager, sans qu'un jour madame de Barizel ou même tout simplement le premier venu pussent s'appuyer sur un fait positif et précis pour soutenir qu'il avait voulu être le mari de Corysandre, car il avait une peur effroyable des responsabilités, quelles qu'elles fussent.

Si ordinairement et en tout ce qui ne lui était pas personnel, il n'avait que peu d'imagination, il se montrait au contraire fort ingénieux et très fertile en ressources, en inventions, en combinaisons pour tout ce qui s appliquait immédiatement à ses intérêts ou devait les servir.

Ce qu'il trouva ce fut une fête de nuit en pleine forêt, avec bal et souper, organisée en l'honneur de Corysandre. En choisissant un endroit pittoresque qui ne fût pas trop éloigné de Bade, de façon qu'on pût y arriver facilement, il était sûr à l'avance de voir ses invitations recherchées avec empressement. Sans doute la dépense qu'entraînerait cette fête serait grosse, et c'était là pour lui une considération à peser ; mais, tout compte fait, elle ne lui coûterait pas plus qu'une séance malheureuse, comme celles qu'il avait eues en ces derniers temps à la table de trente-et-quarante, et l'effet produit ne pouvait pas manquer d'être considérable et retentissant. D'ailleurs il n'était pas dans son intention de prodiguer ses invitations : plus elles seraient rares, plus elles seraient précieuses, et les malheureux qu'il ferait parleraient de lui autant que les heureux, — ce qu'il voulait.

Après avoir soigneusement étudié les environs de Bade, l'emplacement qu'il adopta fut un petit plateau boisé situé entre le vieux château et l'entassement de roches sillonnées de crevasses qu'on appelle les Rochers ; il y avait là une clairière entourée de superbes sapins au tronc et aux rameaux recouverts d'une mousse blanche, qui pendait çà et là en longs fils, et dont le sol était à peu près uni, c'est-à-dire tout à fait à souhait pour qu'on y pût danser et pour qu'on y dressât les tentes sous lesquelles on servirait les tables du souper.

En moins de huit jours, tout fut organisé et Savine eut la satisfaction de se voir poursuivi et assiégé de demandes d'invitations.

Quel chagrin, quel désespoir pour lui de refuser ;

mais le nombre des invités avait été fixé à cent par suite de l'impossibilité de dresser sur ce terrain tourmenté des tentes assez grandes pour recevoir autant de convives qu'il aurait désiré. Ce désespoir avait été tel qu'il s'était décidé à porter le nombre de cent à cent cinquante; puis, devant les instances dont il avait été accablé, et pour ne peiner personne, de cent cinquante à deux cents.

Mais s'il se donne le plaisir pour lui très doux de refuser de hauts personnages qui ne pouvaient pas le servir, par contre il n'eut garde de ne pas s'assurer la présence des journalistes qui se trouvaient en ce moment à Bade.

En réalité c'était pour eux que la fête était donnée.

Aussi ce fut entre eux et Corysandre que pendant cette fête il se partagea, n'ayant d'attentions et de gracieusetés que pour elle et pour eux; pour tous ses autres invités, affectant une morgue hautaine.

Mais tandis qu'avec Corysandre il affichait l'empressement, l'entourant, l'enveloppant, ne la quittant presque pas, de façon à bien marquer l'admiration et l'enthousiasme qu'elle lui inspirait, avec les journalistes, au contraire, il se tenait sur la réserve et c'était seulement quand il croyait n'être pas vu ou entendu qu'il leur témoignait sa bienveillance, prenant toutes les précautions pour qu'on ne pût pas supposer qu'il était en relations suivies avec ces gens-là.

— Comment trouvez-vous cette petite fête?
— Admirable.
— Vous en direz quelques mots?
— C'est-à-dire que je lui consacrerai mon prochain article tout entier.
— Avec discrétion, n'est-ce pas? C'est un service que je vous demande; si vous pouvez ne pas parler de

moi, n'en parlez pas; j'ai l'horreur de tout ce qui ressemble à la réclame.

— Si cela vous contrarie trop, je peux ne rien dire de cette fête.

— Oh! non, je ne veux pas vous demander ce sacrifice : je comprends qu'un sujet d'article est chose précieuse, et je ne veux pas vous priver de celui-là; seulement je vous prie d'observer une certaine réserve en tout ce qui me touche personnellement, ou mieux, vous voyez que j'agis avec vous en toute franchise, je vous prie si vous n'envoyez pas votre article tout de suite, de me le lire. Voulez-vous?

— Volontiers.

— Comme cela je serai responsable de ce que vous aurez dit et je ne pourrai avoir pour votre obligeance et votre sympathie que des sentiments de reconnaissance. A demain, n'est-ce pas?

Le lendemain, aux heures qu'il avait eu soin d'échelonner pour que ceux qui devaient trompéter son nom ne se trouvassent point nez à nez, il entendit la lecture des différents articles qui allaient chanter sa gloire aux quatre coins du monde; et alors ce furent de sa part des éloges sans fin.

— Charmant, adorable! quel talent; mon Dieu! C'est une perle, cet article, je n'ai jamais rien lu d'aussi joli, et quelle délicatesse de touche, quelle grâce! Je ne risquerai qu'une observation. Vous permettez, n'est-ce pas?

— Comment donc.

— C'est une prière que je veux dire : la réserve que je vous avais demandée, vous ne l'avez peut-être pas observée aussi complète que j'aurais voulu, mais passons; ce que je désire, ce n'est pas une suppression, c'est une addition : je serais bien aise que vous glissiez un mot sur mon titre et sur le rang que j'occupe dans la noblesse russe; il y a tant de princes russes d'une noblesse douteuse, — ce n'est pas positivement pour Otchakoff que je dis cela, — je ne voudrais pas que le public français, mal instruit de ces choses, me confondît avec ces gens-là; voulez-vous?

— Avec plaisir.

— Alors je vais vous donner des renseignements... authentiques.

Avec le second les éloges reprirent:

— Charmant, adorable! quel talent, mon Dieu!

Il ne présenta aussi qu'une observation, « non pour demander une suppression, mais pour indiquer une addition qui lui serait agréable ».

— Ce serait de glisser un mot sur ma fortune, il y a tant de fortunes russes peu solides que je ne voudrais pas qu'on confondît la mienne avec celles-là, et qu'on crût que parce que je donne des fêtes je me livre à des prodigalités et à des folies; si vous le désirez je vais vous donner des renseignements... authentiques. Pour ma noblesse, il est inutile d'en rien dire, elle est, grâce à Dieu, bien connue.

Avec le troisième, il commença aussi par des éloges et ce ne fut qu'après avoir épuisé toute sa collection d'adjectifs qu'il demanda une petite addition, non pour parler de sa noblesse ou de sa fortune : elles étaient, grâce à Dieu, bien connues; mais pour qu'on rappelât son duel avec le comte de San-Estevan et pour qu'on glissât un mot discret sur la fermeté et le courage qu'il avait montrés en cette circonstance.

Avec le quatrième, l'addition ne dut porter ni sur la noblesse, ni sur la fortune, ni sur son courage, toutes choses qui, grâce à Dieu, étaient de notoriété publique, mais sur sa générosité ; parce qu'il donnait des fêtes qui lui coûtaient fort cher, il ne voulait pas qu'on crût qu'il ne pensait pas aux malheureux.

Otchakoff était battu.

IV

On ne pouvait pas parler ainsi du mariage de Savine avec la belle Corysandre sans que ce bruit arrivât aux oreilles de la personne qui justement avait le plus grand intérêt à l'apprendre : Raphaëlle, la maîtresse du prince, retenue à Paris par le rôle qu'elle jouait dans une pièce en vogue, et aussi parce que son amant n'avait pas voulu l'emmener avec lui.

Mais elle connaissait trop bien son prince pour admettre que ce mariage fût possible : Savine ne se marierait que quand il serait impotent, et ce serait pour avoir une garde-malade sûre, dont il provoquerait la sollicitude, l'intérêt et les soins par toutes sortes de belles promesses, que naturellement il ne tiendrait pas. Quant à penser qu'il était pris par l'amour et la passion, cette idée était pour elle si drôle et si invraisemblable qu'elle ne s'y arrêtait même pas : Savine amoureux, Savine passionné ; cela la faisait rire aux éclats.

Ce fut même par un de ces éclats de rire qu'elle accueillit la première fois cette nouvelle, quand une de ses bonnes amies vint la lui annoncer hypocritement avec des larmes dans la voix, mais aussi avec la juste satisfaction dans le cœur qu'éprouve une pauvre femme qui n'a pas eu en ce monde la chance à laquelle elle avait droit, à voir enfin abaissée une de celles qui lui ont volé sa part de bonheur.

Cependant, à la longue et peu à peu, à force d'entendre et de lire le même mot sans cesse répété, « le mariage du prince Savine avec mademoiselle de Barizel », elle finit par s'inquiéter. Un bruit aussi persistant ne pouvait pas se propager ainsi sans reposer sur quelque chose de sérieux.

La prudence exigeait qu'elle vît clair en cette affaire.

Ce n'était point un rôle facile à remplir que celui de maîtresse de Son Excellence le prince Vladimir Savine; elle le savait mieux que personne, et depuis longtemps elle l'eût abandonné sans certains avantages auxquels elle tenait assez fortement pour tout supporter. Et il y avait des femmes qui l'enviaient! Si elles savaient de quel prix, de quels dégoûts, de de quelles fatigues, de quels efforts elle payait son luxe, ses diamants, ses équipages, ses toilettes, son hôtel des Champs-Élysées! Mais on ne voyait que la surface brillante de ce qui s'étalait insolemment en public; elle seule connaissait le fond des choses, le bourbier dans lequel elle se débattait, comme elle seule connaissait la cravache qui plus d'une fois avait bleui sa peau.

Après avoir bien réfléchi à la situation, Raphaëlle trouva que la seule personne qu'elle pouvait charger de cette enquête délicate était son père.

Depuis qu'elle habitait son hôtel des Champs-Elysées, elle avait été obligée de se séparer de sa famille, Savine n'étant pas homme à supporter une communauté que le duc de Naurouse et Poupardin avaient bien voulu tolérer : il ne reconnaissait pas à sa maîtresse le droit d'avoir un père et une mère, pas plus qu'il ne lui reconnaissait celui d'avoir d'autres amants elle devait être à lui, entièrement à sa disposition, sans distraction du matin au soir et du soir au matin; s'il permettait qu'elle restât au théâtre, c'était parce qu'il était flatté dans sa vanité de l'entendre applaudir et de lire son nom en vedette sur les colonnes du boulevard ou dans les réclames des journaux. C'était une grâce qu'il faisait au public comme il lui en avait fait une du même genre en exposant ses trotteurs dans les concours hippiques. Qui aurait osé dire qu'il n'était pas libéral et qu'il n'usait pas noblement de sa fortune ?

Ne pouvant pas demeurer avec leur fille, M. et madame Houssu avaient loué un logement dans la rue de l'Arcade, où M. Houssu avait continué son commerce de prêts en y joignant un bureau de « renseignements intimes et de surveillances discrètes. » Une circulaire qu'il avait largement répandue expliquait ce qu'étaient ces renseignements intimes et ces surveillances discrètes, rien autre chose que l'espionnage au profit des jaloux : maris, femmes, maîtresses, qui voulaient savoir s'ils étaient trompés et comme ils l'étaient. Mais cela n'était point dit crûment, car M. Houssu, qui avait des formes et de la tenue, aimait le beau style aussi bien que les belles manières. Peut-être, dans un autre quartier, ce beau style qui mettait toutes choses en termes galants eût-il nui à son industrie; mais sa clientèle se composait, pour la meilleure part, de cuisinières qui fréquentaient le marché de la Madeleine, de femmes de chambre, de quelques cocottes dévorées du besoin d'apprendre ce que faisaient leurs amis aux heures où elles ne pouvaient par les voir, et tout ce monde trouvait les circulaires de M. Houssu aussi claires que bien écrites; c'était encore plus précis que les oracles des tireuses de cartes et des chiromanciens, auxquels ils avaient foi. D'ailleurs, quand on avait été une fois en relations avec M. Houssu, on retournait le voir volontiers : sa rondeur militaire, son apparente bonhomie, la façon dont il jetait sa croix d'honneur au nez de ses clients en avançant l'épaule gauche, qu'il faisait bomber, inspiraient la confiance.

Maintenant que Raphaëlle était séparée de son père et de sa mère, elle ne pouvait plus, comme au temps où elle était la maîtresse du duc de Naurouse, entrer chez eux aussitôt qu'elle avait un instant de liberté et s'installer en caraco au coin du poêle pour voir sauter le foie ou mijoter le marc de café; mais toutes les fois que cela lui était possible elle se sauvait de son hôtel des Champs-Élysées pour accourir déjeuner dans le petit entresol de la rue de l'Arcade; c'était avec joie qu'elle échappait aux valets à la tenue correcte, aux sourires insolents et railleurs, que son amant lui faisait choisir par son intendant, et qu'elle venait tenir elle-même la queue de la poêle où cuisait le déjeuner paternel; c'était là seulement, qu'entre son père et sa mère et quelques amis de ses jours d'enfance, elle redevenait elle-même, reprenant ses habitudes, ses plaisirs, ses gestes, son langage d'autrefois, qui ne ressemblaient en rien, il faut le dire, à ceux de l'hôtel des Champs-Élysées et de sa position présente.

Décidée à charger son père d'une surveillance intime auprès de Savine, elle vint un matin rue de l'Arcade à l'heure du déjeuner, arrivant comme à l'ordinaire les bras pleins et les poches bourrées de provisions de toutes sortes liquides et solides.

Un des grands plaisirs de M. Houssu était, lorsque

ses clients lui en laissaient le temps, de faire lui-même sa cuisine, ne trouvant bon que ce qu'il avait préparé de sa main.

Lorsque Raphaëlle entra, il était en manches de chemise, occupé à couper du lard en petits morceaux.

— Tu viens déjeuner avec nous, dit-il gaiement, eh bien, je vais te faire une omelette au lard dont tu me diras des nouvelles; mais qu'est-ce que tu nous apportes de bon?

Abandonnant son lard, il passa l'inspection des provisions que Raphaëlle venait de poser sur sa table.

— Un jambon de Reims, bonne affaire, voilà qui change ma stratégie culinaire, c'est un renfort qui arrive à un général au moment de livrer bataille ; je vais mettre quelques tranches de jambon dans l'omelette, tu vas voir ça; — il développa deux bouteilles; — *vermouth, vieux rhum*, fameuse idée, tu es une bonne fille, tu penses à tes parents, c'est bien, c'est très bien : si nous prenions un vermouth avant déjeuner, ça nous ouvrirait l'appétit.

Sans attendre une réponse, il se mit à déboucher la bouteille de vermouth.

— Non, dit Raphaëlle, j'aime mieux une absinthe.

— Il n'y en a plus ; nous avons fini le reste hier.

— Eh bien, on va aller en chercher.

Tirant une pièce d'argent de son porte-monnaie, elle la tendit à sa mère qui essuyait la vaisselle mélancoliquement dans un coin.

Madame Houssu se leva et ayant pris une fiole en verre blanc, elle sortit pendant que Raphaëlle défaisant son chapeau et sa robe — une robe de Worth, — les accrochait à un clou, entre deux casseroles.

— C'est ça, ma fille, mets-toi à ton aise, dit M. Houssu, il fait chaud.

Mais à ce moment madame Houssu rentra sans la fiole.

— Et l'absinthe ? demanda Raphaëlle.

— J'ai envoyé la fille de la concierge.

— Quelle bêtise ! elle va licher la bouteille, s'écria Raphaëlle.

— Allons, ma fille, dit M. Houssu, ne porte pas des jugements aventureux sur cette enfant, à son âge...

— Avec ça qu'à son âge je n'en faisais pas autant !

Le feu était allumé, les œufs étaient battus : l'omelette fut vite cuite ; le temps de boire les trois verres d'absinthe, et l'on put se mettre à table : M. Houssu au milieu, les manches de sa chemise retroussées jusqu'aux coudes, le col déboutonné ; à sa droite, madame Houssu, correctement habillée ; à sa gauche, Raphaëlle, imitant le débraillé paternel et ayant pour tout costume sa chemise et un jupon blanc.

M. Houssu commença par servir sa fille avec un air triomphant.

— Goûte-moi ça, dit-il, est-ce moelleux, est-ce soufflé ? Tu as eu une fameuse idée de venir déjeuner avec nous.

— J'ai à te parler.

— Eh bien, ma fille, parle en mangeant, comme je t'écouterai.

— Tu as lu ce que les journaux disent du prince ?

— Qu'il allait épouser une jeune Américaine.

— Il n'y a pas de fumée sans feu ; en tout cas l'affaire mérite d'être éclaircie et je compte sur toi pour ça. Tu vas partir pour Bade et m'organiser une surveillance intime, comme tu dis dans tes circulaires, autour du prince Savine et de madame de Barizel, cette Américaine.

— Moi ! ton père !

— Eh bien ?

— C'est à ton père que tu fais une pareille proposition !

— A qui veux-tu que je la fasse ?

Vivement, violemment, M. Houssu se tourna vers elle en jetant son épaule gauche en avant par le geste qui lui était familier lorsqu'il voulait mettre sa décoration sous les yeux d'un client qu'il fallait éblouir.

— Tu ne parlerais pas ainsi, s'écria-t-il en frappant sa chemise de sa large main velue, si le signe de l'honneur brillait sur cette poitrine.

— Puisqu'il n'y brille pas, écoute-moi et ne dis pas de bêtises. On raconte que Savine va se marier. S'il est quelqu'un que cela intéresse, c'est moi, n'est-ce pas ?

M. Houssu toussa sans répondre.

— Dans ces conditions, continua Raphaëlle, il faut que je sache à quoi m'en tenir, et comme je ne peux pas aller à Bade voir par moi-même comment les choses se passent, je te demande de me remplacer.

— Moi, l'auteur de tes jours ?

— Encore, s'écria Raphaëlle, impatientée, tu m'agaces à la fin en nous la faisant à la paternité. En voilà-t-il pas, en vérité, un fameux père qui abandonne sa fille pendant vingt ans, c'est-à-dire quand elle avait besoin de lui, et qui ne s'occupe d'elle que quand elle commence à sortir de la misère, c'est-à-dire quand il voit qu'il peut avoir besoin d'elle et qu'elle est en état de l'obliger.

M. Houssu s'arrêta de manger, et, repoussant son assiette, il se croisa les bras avec dignité.

— Si c'est pour le jambon de Reims que tu dis ça, s'écria-t-il, c'est bas ; nous aurions mangé notre omelette, ta mère et moi, tranquillement, amicalement, comme mari et femme ; nous n'avions pas besoin de tes cadeaux, tu peux les remporter. Si je mangeais maintenant une seule bouchée de ton jambon, elle m'étoufferait.

Du bout de sa fourchette, il piqua les morceaux de jambon ; puis, après les avoir poussés sur le bord de son assiette, il se mit à manger les œufs stoïquement, sous les yeux de sa femme, qui n'osait pas soutenir sa fille comme elle en avait envie, de peur de fâcher ce bel homme, qu'elle s'imaginait avoir reconquis depuis qu'il l'avait épousée.

Pendant quelques minutes le silence ne fut troublé que par le bruit des couteaux et des fourchettes, car cette altercation qui venait de s'élever entre le père et la fille ne les empêchait ni l'un ni l'autre de manger.

La première, Raphaëlle, reprit la parole :

— Allons, père Houssu, dit-elle d'un ton conciliant, tout ça c'est des bêtises ; ne laisse pas ton jambon refroidir, il ne vaudrait plus rien ; mange-le en m'écoutant et tu vas voir que je n'ai jamais eu l'intention de te rien reprocher.

— Si c'est ainsi...

— Puisque je te le dis.

Ramenant vivement les tranches de jambon dans son assiette, il en plia une en deux et la porta à sa bouche.

— Je reprends maintenant mon affaire, continua Raphaëlle. En voyant que l'on persistait à parler du mariage de Savine avec cette Américaine, j'ai pensé que tu pourrais aller à Bade et que tu verrais ce qu'il y avait de vrai là-dedans. Personne ne peut faire cela mieux que toi. Est-ce que ça ne rentre pas dans ton métier ? Que la scène se passe à Bade ou à Paris, c'est la même chose ; seulement, tu auras peut-être plus de mal là-bas, en pays étranger, que tu n'en aurais à Paris, où tu es chez toi.

— Ça c'est sûr.

— Aussi les prix de Bade ne peuvent-ils pas être ceux de Paris. Cela ne serait pas juste.

Elle fit une pause et le regarda, mais sans affectation. Il parut ne pas remarquer ce regard, qui était plutôt une affirmation qu'une interrogation, et il continua de manger.

— Ce que tu auras à faire, poursuivit Raphaëlle, je n'ai pas à te l'indiquer, c'est ton métier et il me semble qu'il est plus facile d'observer un homme comme Savine, qui vit au grand jour, en représentation, comme si le monde était un théâtre sur lequel il doit se faire applaudir, que de suivre à la piste une femme qui se cache de son mari ou une maîtresse qui se défie de ses amants.

— On a des moyens à soi, dit M. Houssu sentencieusement.

— Enfin c'est ton affaire ; moi, ce qui me touche, c'est de savoir si véritablement Savine est amoureux de mademoiselle de Barizel, ce qui, je te le dis à l'avance, m'étonnerait joliment, étant donné le personnage, ou bien s'il ne s'occupe pas seulement de cette jeune fille, qu'on dit magnifique, précisément parce qu'elle est magnifique et parce que d'autres s'occupent d'elle. Et puis, ce qui me touche aussi, mais pour le cas seulement où le prince te paraîtrait pris, c'est de savoir ce que sont ces deux femmes ;

2.

la fille et la mère ; si ce sont vraiment des honnêtes femmes ou bien si ce ne sont pas tout simplement des aventurières qui visent la grosse fortune de Savine. Sur ces deux points : Savine amoureux et madame de Barizel honnête ou aventurière, il me faut des renseignements certains ; n'épargne donc rien, je suis décidée à payer le prix.

De nouveau elle le regarda en appuyant sur ses dernières paroles de façon à les bien enfoncer.

Pendant quelques minutes M. Houssu resta silencieux, n'ouvrant la bouche que pour manger, ce qu'il faisait consciencieusement avec un bruit de mâchoires régulier comme le tic tac d'un moulin.

— Si tu m'avais parlé ainsi tout d'abord j'aurais compris ; tandis que j'ai été suffoqué, indigné, tu sais, moi, quand il s'agit de l'honneur, le sang ne me fait qu'un tour et je m'emporte ; quand on a été soldat, vois-tu, on l'est toujours ; et la proposition que tu me faisais ou plutôt que je m'imaginais que tu me faisais n'était pas de celles qu'écoute froidement un soldat, un légionnaire.

Il se frappa la poitrine, qui résonna comme un coffre.

— Du moment qu'il s'agit seulement de savoir, continua M. Houssu, si le prince Savine ne poursuit pas un mariage, je suis ton homme, car tu as des droits à faire valoir.

— Un peu.

— Et quel autre qu'un père peut mieux les défendre ? Puisque l'occasion se présente, je ne suis pas fâché de m'expliquer une bonne fois pour toutes sur ta liaison avec le prince Savine. Si j'ai toléré cette liaison, c'est d'abord parce qu'il faut laisser une certaine liberté à une artiste, et puis c'est parce que j'ai toujours cru à la parfaite innocence de cette liaison, ce qui est bien naturel entre une femme comme toi et un homme comme lui.

— Tout ce qu'il y a de plus naturel.

— Eh bien ! ton père te tend la main.

Et, de fait, il la lui tendit, grande ouverte, avec un geste de théâtre.

— Il fera son devoir, compte sur lui ; il saura empêcher ce mariage avec cette Américaine ; il saura aider le tien ; il saura même... s'il le faut... l'exiger.

— Contente-toi d'empêcher celui de mademoiselle de Barizel, s'il est vrai qu'il doive se faire.

— Là-dessus je ne prendrai conseil que de ma conscience de père.

— Quand peux-tu partir ?

— Tout de suite, si tu veux.

Mais il se reprit :

— Demain, après-demain, dans quelques jours.

— Pourquoi pas ce soir ?

— Tu n'aurais pas dû me faire cette question, mais avec toi il ne faut pas de fausse honte et j'aime mieux te dire qu'avant de partir il me faut réunir les fonds nécessaires, non seulement à mon voyage, mais encore à l'achat de certaines indiscrétions qu'il me faudra peut-être payer cher.

— Ce n'est pas ainsi que les choses doivent se passer : le voyage et les indiscrétions, c'est moi qui les paye.

— Oh ! non, pas de ça ; pas d'argent entre nous.

Mais sans lui répondre, elle alla à sa robe et, ayant fouillé dans la poche, elle en tira un petit paquet de billets de banque qu'elle remit à M. Houssu.

Celui-ci fit mine de le refuser, mais à la fin il l'accepta.

— Alors, dit-il, je puis partir ce soir, et dès demain, me mettre en chasse.

— Tu sais, dit Raphaëlle, pas de roulette, hein !

— Jouer l'argent de mon enfant !

— Ne te fâche pas, et finis de déjeuner, que nous fassions un besigue.

V

M. Houssu avait promis à sa fille de lui écrire dès le lendemain ; cependant huit jours s'écoulèrent sans nouvelles.

— Il a joué, pensa-t-elle, et il n'a pas d'argent pour acheter les indiscrétions de l'entourage de madame de Barizel.

Elle connaissait son père et savait quel cas on devait faire de ses nobles paroles sur l'honneur et le sentiment paternel : pendant trente ans M. Houssu n'avait eu souci que de vivre aux dépens des femmes qu'il subjuguait par sa belle prestance militaire ; puis un jour, ayant eu l'heureuse chance d'être décoré, il s'était tout à coup imaginé qu'il devait mettre un certain accord sinon entre sa vie, au moins entre son langage et sa nouvelle position ; de là cette phraséologie qu'il avait adoptée sur l'honneur (dont il se croyait le représentant sur la terre), le devoir, la délicatesse, la fierté, tous sentiments qu'ils connaissait de nom mais sans avoir des idées bien précises sur ce qu'ils pouvaient être ; de là aussi son parti pris de paraître ignorer la situation vraie de sa fille et de tout s'expliquer ou plutôt de tout expliquer aux autres par « la liberté d'artiste ». Quoi de plus facile à comprendre que sa fille possédât un hôtel aux Champs-Elysées : n'était-elle pas artiste et ne sait-on pas que les artistes gagnent ce qu'elles veulent? Quoi de plus naturel qu'on lui donnât des diamants, des chevaux, des bijoux : n'a-t-on pas toujours comblé les artistes de cadeaux? Chacun applaudit à sa manière, celui-ci les mains vides, celui-là les mains pleines. Malgré cette attitude et le langage qu'il avait adopté, il n'en était pas moins toujours l'homme d'autrefois, c'est-à-dire parfaitement capable « de jouer l'argent de son enfant », comme autrefois il jouait et dépensait l'argent « de celles qu'il aimait ».

Cependant elle se trompait : s'il avait joué et il n'avait eu garde de ne pas le faire dès son arrivée, il avait néanmoins obtenu certaines indiscrétions sur la famille Barizel et le prince Savine ; seulement, au lieu de les obtenir rapidement en les payant, il avait été obligé, une fois qu'il avait été ruiné par la roulette, de manœuvrer avec lenteur et de remplacer par de l'adresse l'argent qu'il n'avait plus; de sorte que ç'avait été après toute une semaine d'attente qu'elle avait reçu la lettre promise, une longue lettre en belle écriture moulée, épaisse et carrée, qu'il avait apprise au régiment et qui lui avait valu la faveur de son major pendant son service.

« Ma chère fille,
» Misère et compagnie.
» Voilà ce que j'ai à te dire de l'Américaine et de
» sa fille.
» Une pareille découverte vaut bien les quelques
» jours d'attente que j'ai eu le chagrin de t'imposer

» malgré moi, je pense, et tu ne m'en voudras pas
» d'un retard causé uniquement par les difficultés de
» ma tâche.

» Car elle était difficile, je t'en donne ma parole;
» difficile avec les Américaines, difficile avec le prince.

» Et de ce côté même assez difficile pour que je ne
» puisse pas encore répondre d'une façon précise à ta
» question : — Est-il amoureux? Veut-il se marier?

» Je suis honteux de ne pouvoir pas te donner
» encore cette réponse ; mais puisque tu connais le
» personnage, tu sais qu'il n'y a pas qu'à regarder
» dans son jeu pour le deviner.

» Comment, vas-tu te demander, en a-t-il appris si
» long sur les Américaines et si peu sur le prince?

» Tu ne serais pas ma fille, je ne te dirais rien là-
» dessus, mais un père ne doit pas avoir de secrets
» pour son enfant : le fond du métier, c'est de savoir
» faire causer les domestiques ; sans doute il ne faut
» pas accepter bouche ouverte tout ce qu'ils racontent,
» ni en bien ni en mal ; en bien, parce qu'ils peuvent
» vouloir faire mousser leurs maîtres (ce qui est rare) ;
» en mal parce qu'ils peuvent les dénigrer à plaisir,
» sans esprit de justice (ce qui est fréquent); mais
» enfin en se tenant sur ses gardes, on peut avec eux
» serrer la vérité de bien près. J'ai donc fait causer les
» domestiques de l'Américaine, mais je n'ai pas pu
» employer le même système avec ceux du prince, qui
» me connaissent; de là cette diversité dans mes ren-
» seignements. Il est bien évident, n'est-ce pas, que
» je n'ai pas pu m'adresser aux domestiques du
» prince, qui auraient été surpris de mes questions et
» qui auraient pu bavarder, qui auraient sûrement
» bavardé, comme je me suis adressé à ceux de l'Amé-
» ricaine, qui, ne me connaissant pas, n'ont point

» pensé à se tenir en défiance et sont tombés dans
» tous les traquenards que j'ai eu l'idée de leur tendre.

» Comment j'ai fait causer ces domestiques, cela
» n'a pas d'intérêt pour toi ; cependant, je dois te dire,
» pour que tu comprennes le mérite que j'ai eu à
» cela, que ce sont des noirs très dévoués à leur maî-
» tresse. Ce qui te touche, n'est-ce pas, ce sont les
» résultats de ces causeries ? Les voici :

» Bien que madame de Barizel ait une fille de seize
» ou dix-sept ans, la belle Corysandre, ce n'est point
» une vieille femme : c'est au contraire, une personne
» très agréable, qui a dû être fort jolie en sa jeunesse
» et qui présentement est encore assez bien pour
» avoir trois amants (je ne parle que de ceux qui sont
» en pied), deux que tu connais parfaitement : le
» financier Dayelle et le banquier Avizard, et un
» troisième que tu as peut-être vu ou dont tu as peut-
» être entendu parler, un correspondant de journaux
» nommé Leplaquet. Comment s'est-elle fait aimer de
» ces trois hommes si différents ? Cela je n'en sais
» rien et ce serait à creuser, mais ce qu'il y a de cer-
» tain c'est que tous les trois l'aiment au point de ne
» pas se gêner : au contraire, ils s'aident les uns les
» autres ; Dayelle qui, il y a quelques années, était
» en guerre avec Avizard, est maintenant au mieux
» avec lui et tous les deux mettent leur influence et
» leurs relations, peut-être même leur bourse au service
» de Leplaquet ; et il y a des braves gens qui s'ima-
» ginent que quand plusieurs hommes aiment la même
» femme ils doivent être ennemis, c'est amis, au
» contraire, qu'ils sont, compères, associés le plus
» souvent, au moins quand la femme est habile. Et jus-
» tement madame de Barizel est une maîtresse femme.
» De ces trois amants en titre il y en a deux qui veulent

» l'épouser, Avizard et Leplaquet, et ceux-là elle les
» fait patienter en leur disant qu'elle ne peut devenir
» leur femme que quand elle aura marié sa fille; et il
» y en a un troisième qu'elle veut elle-même épouser,
» Dayelle, qui, veuf, père d'un fils en âge de prendre
» femme, n'est point porté au mariage, mais qu'elle
» espère enlever en mariant sa fille à un grand per-
» sonnage qui éblouira Dayelle, orgueilleux comme
» un dindon (qu'il n'est pas pour le reste) de son
» grand nom, de sa grande situation dans le monde;
» beau-père du prince...

» Tu vois, n'est-ce pas, comment les choses se pré-
» sentent et combien un mariage avec notre prince les
» arrangerait?

» Ce qu'il y a d'ingénieux dans le plan de madame
» de Barizel, c'est que tous ceux qui l'entourent ont
» intérêt à ce que ce mariage se fasse : Dayelle pour
» avoir tout à lui madame de Barizel qui présentement
» le scie à chaque instant avec : « Ma fille, c'est pour
» ma fille, c'est à cause de ma fille. » Avizard et Le-
» plaquet pour épouser madame de Barizel; de sorte
» que, non seulement madame de Barizel et sa fille,
» la belle Corysandre, poursuivent ce mariage, mais
» encore que Dayelle, Avizard, Leplaquet et d'autres
» encore peut-être que je ne connais pas y poussent
» de toutes leurs forces : Dayelle et Avizard, en met-
» tant dans le jeu de madame de Barizel leur influence
» et leurs relations, Leplaquet en apportant dans l'as-
» sociation un esprit d'intrigue et de ruse, une ingé-
» niosité de moyens qui paraissent très remarquables.

» Voilà la situation de madame de Barizel et de sa
» fille telle que je la démêle au milieu de tous les
» renseignements, souvent contradictoires, que je
» suis parvenu à réunir depuis que je suis ici.

» Tu vois qu'elle est redoutable.
» Mais ce qui la rend plus dangereuse encore c'est :
» 1° La détresse d'argent des Américaines ;
» 2° La beauté de la jeune fille.
» C'est une vieille vérité que le succès n'appartient
» qu'à ceux qui sont aux abois, parce qu'ils risquent
» tout. Eh bien ! c'est là justement le cas de madame de
» Barizel d'être aux abois pour l'argent : il est vrai que
» les apparences ne sont pas d'accord avec ce que je
» te dis là, mais ce n'est pas les apparences qu'il faut
» croire : on parle d'un terrain à Paris sur lequel
» madame de Barizel va faire construire un hôtel
» magnifique, on parle de grosses sommes déposées
» chez Dayelle et Avizard, on parle d'une fortune
» considérable en Amérique ; mais tout cela est
» propos en l'air. La réalité, c'est qu'on vit d'expé-
» dients, avec largesse pour ce qui doit frapper les
» yeux, avec une avarice dans tout ce qui est caché,
» dont on n'aurait pas idée dans le ménage bourgeois
» le plus pauvre. Si ma lettre n'était pas déjà si
» longue, j'entrerais à ce sujet dans des détails carac-
» téristiques que je réserve pour te les conter : tu
» verras ce qu'est la misère cachée de certains per-
» sonnages qui éblouissent le monde ; vrai, c'est
» curieux et amusant ; ça nous venge, nous autres,
« gens d'honneur.
» En te disant que la beauté de mademoiselle de
» Barizel est merveilleuse, ce n'est pas de l'exagéra-
» tion ; il faut la voir pour admettre qu'une créature
» humaine peut être aussi admirablement belle. Il est
» vrai, et je l'ajoute tout de suite, qu'elle n'a pas l'air
» très intelligent, on prétend même qu'elle est un peu
» bête ; mais enfin la beauté reste, éblouissante ; c'est
» un homme qui s'y connaît qui lui donne ce certificat

» Tout cela, n'est-ce pas : les projets de madame de
» Barizel, ses relations, sa détresse d'argent, la beauté
» de sa fille font qu'un mariage avec le prince Savine
» paraît avoir bien des chances pour lui?

» Le prince veut-il ce mariage?

» Toute la question est là, et je t'ai dit que je ne
» pouvais pas la résoudre ; mais ne le voulût-il pas, il
» me semble qu'on peut croire qu'il sera amené un
» jour ou l'autre à se laisser faire de force ou de
» bonne volonté : il doit être bien difficile de résister
» à des femmes dangereuses comme celles-là, la
» mère pour son habileté, la fille pour sa beauté.

» La seule chose certaine, c'est qu'il ne les quitte
» pas, ce qui est un indice grave.

» Pour le soustraire à cette influence qui menace
» de l'envelopper, il faudrait qu'on lui fît connaître
» ces deux femmes. Mais comment? je n'ai pas des
» faits précis à lui mettre sous les yeux de façon à
» les lui crever. Depuis qu'elles sont en France, elles
» s'observent d'autant mieux qu'elles n'y sont venues
» que pour faire, l'une et l'autre, un grand mariage.
» Ce serait en Amérique qu'il faudrait faire une en-
» quête, à Bâton-Rouge, à la Nouvelle-Oriéans, là
» où s'est écoulée la jeunesse de madame de Barizel ;
» c'est là que sont les cadavres, et si j'en crois le peu
» que j'ai pu recueillir, ils ne seraient pas difficiles à
» déterrer.

» Tandis qu'ici c'est le diable : il faut chercher,
» combiner, se donner un mal de galérien et pour pas
» grand'chose.

» Et pendant ce temps-là notre prince se trouve
» serré de plus en plus.

» Dis-moi ce que je dois faire ; surtout envoie-moi
» les moyens de faire quelque chose, car je suis au

» bout de mes ressources. C'est étonnant comme l'ar-
» gent file.

» Je t'embrasse avec les sentiments d'un père affec-
» tueux et dévoué.

« HOUSSU. »

A cette longue lettre, Raphaëlle répondit par une dépêche télégraphique qui ne contenait que deux mots :

« Reviens immédiatement. »

M. Houssu arriva à Paris le vendredi soir, et le samedi matin il s'embarquait au Havre sur le transatlantique en partance pour New-York. Raphaëlle avait jugé la situation assez menaçante pour aller en Amérique déterrer les cadavres qui devaient lui rendre son prince.

VI

Le jour même où la ville de Bade avait le malheur de perdre M. Houssu, rappelé par sa fille, elle recevait un hôte dont le *Badeblatt* annonçait l'arrivée en ces termes :

« Le train d'hier soir nous a amené une des personnalités les plus en vue du grand monde parisien : M. le duc de Naurouse, qui revient d'un long voyage autour du monde. A peine débarqué à Trieste, M. le duc de Naurouse s'est mis en route pour Bade, où il compte, nous dit-on, faire un séjour d'un mois ou deux et se reposer des fatigues de ses voyages. Tout donne à espérer que M. le duc de Naurouse montera un des chevaux engagés dans notre grand steeple-chase qui s'annonce comme devant jeter cette année un éclat plus vif encore que les années précédentes, aussi bien par le nombre et le mérite des concurrents, que par la réputation des gentlemen qui doivent les monter. »

Si la nouvelle n'était pas entièrement vraie, et particulièrement pour le grand steeple-chase d'Iffetzheim dont on était loin encore, et auquel le duc de Naurouse ne pensait pas, au moins l'était-elle dans ses autres parties : il était vrai que le duc de Naurouse était de retour de son voyage autour du monde et il était vrai aussi qu'à peine débarqué à Trieste il était monté en wagon pour venir directement à Bade, au lieu de rentrer en France.

Avant de rentrer à Paris, il était bien aise de savoir ce qui s'était passé en son absence, un peu mieux et d'une façon plus détaillée et plus précise que les quelques lettres qu'il avait reçues n'avaient pu le lui apprendre.

Qu'avait fait la duchesse d'Arvernes après son départ ?

A cette question, qu'il s'était si souvent posée et avec tant d'émotion pendant les longues heures mélancoliques de la traversée, en restant appuyé sur le plat-bord à voir la mer immense fuir derrière lui ou à suivre le vol capricieux des nuages dans les horizons sans bornes, il n'avait jamais eu d'autres réponses que celles qu'il se donnait lui-même en arrangeant les combinaisons de son imagination surexcitée, c'est-à-dire rien que le rêve.

Cependant son ami Harly, avant qu'il quittât Paris,

lui avait promis de le tenir exactement au courant de ce qui se passerait.

Mais en quittant Paris le duc de Naurouse croyait aller à New-York, et c'était à New-York que Harly devait lui écrire, tandis que c'était à Rio-Janeiro qu'il avait été. Aussitôt débarqué à Rio-Janeiro, il avait employé tous les moyens pour que ses lettres le rejoignissent : mais la hâte qu'il avait mise à expédier des dépêches de tous les côtés avait embrouillé les choses : les lettres n'étaient point arrivées en temps là où il devait les trouver ; il les avait fait suivre ; elles s'étaient égarées ; si bien qu'il n'avait pas reçu la moitié de celles qui lui avaient été écrites. Celles qui étaient adressées à New-York avaient été le chercher à Rio-Janeiro ; celles qui avaient été à Rio-Janeiro ne l'avaient pas rejoint à San-Francisco ; celles de Yokohama n'étaient pas arrivées ; celles de Calcutta, qu'il avait fait venir à Singapore, étaient en retard lorsque le vapeur qui le portait avait passé le détroit ; et ainsi de suite jusqu'à Alexandrie.

De tout cela il était résulté une conversation à bâtons rompus et tellement embrouillée qu'elle était à peu près inintelligible.

Comment madame d'Arvernes avait-elle supporté leur séparation ? L'aimait-elle toujours ? Avait-elle un nouvel amant ? S'était-elle consolée ?

Pour lui il était bien guéri, radicalement guéri et, le voyage avait achevé le désenchantement qui avait commencé avant son départ.

Mais après tout il l'avait aimée, et si elle n'avait point été pour lui la maîtresse qu'il avait rêvée, c'était près d'elle cependant, par elle qu'il avait eu quelques journées de bonheur.

Et comment l'en avait-il payée ?

Avec la violence passionnée qu'elle mettait dans tout, avait-elle pu envisager froidement les choses? N'en était-elle pas encore au moment où, sur la jetée du Havre, quand elle l'avait vu emporté par le *Rosario* elle avait tendu vers lui ses mains désespérées dans un mouvement où il y avait autant de colère que de douleur?

Voilà pourquoi, avant de rentrer en France, il avait voulu passer par Bade, où il avait chance de rencontrer quelqu'un de son monde et de le faire parler sans l'interroger trop directement : s'il n'obtenait point des réponses précises, il demanderait à Harly de lui écrire exactement quelle était la situation vraie et alors il saurait ce qu'il devait faire : rentrer à Paris où rien ne l'appelait d'ailleurs un jour plutôt qu'un autre, ou bien aller passer quelques mois dans son château de Varages ou dans celui de Naurouse.

A peine installé à l'hôtel, dans un appartement assez modeste, son premier soin fut de demander les derniers numéros du *Badeblatt* et de chercher sur la liste des étrangers quels étaient ceux de ses amis qui étaient arrivés à Bade en ces derniers temps.

Le nom de Savine lui sauta tout d'abord aux yeux, mais il ne s'y arrêta point, aimant mieux s'adresser à un ami avec lequel il n'aurait point à se tenir sur ses gardes et à peser ses paroles comme s'il était devant un juge d'instruction.

Cependant, comme il ne trouva point cet ami, il fallut bien qu'il revînt à Savine, sous peine d'attendre que le hasard amenât à Bade quelqu'un qu'il pourrait interroger librement.

Ne voulant point attendre, il se rendit au *Graben*, se promettant de veiller sur son impatience.

Mais Savine n'était point chez lui ; il était à la *Conversation* occupé à essayer de faire triompher la morale publique à la table de trente-et-quarante en opérant d'après les combinaisons inexorables du marquis de Mantailles.

Le duc de Naurouse se rendit à la Conversation : c'était l'heure où la musique jouait sous le kiosque qui s'élève devant la maison de Conversation. Autour de ce kiosque et sur la terrasse du café, assis sur des chaises ou se promenant lentement, se pressait en une élégante cohue un public nombreux qui réunissait à peu près toutes les nationalités des deux mondes, mais qui cherchait bien manifestement à se rattacher par la toilette à deux seuls pays : les hommes à l'Angleterre, les femmes à Paris.

Le duc de Naurouse connaissait trop bien cette société cosmopolite qu'on rencontre dans toutes les villes d'eaux à la mode pour le regarder avec curiosité et l'étudier avec intérêt ; pendant son absence ce monde n'avait pas changé, il était toujours le même. Cependant, quoiqu'il ne promenât sur cette assemblée qu'un regard nonchalant et indifférent, ses yeux furent tout à coup irrésistiblement attirés et retenus par la beauté d'une jeune fille, si éclatante, si éblouissante qu'elle le frappa d'une sorte de commotion et l'arrêta sur place. Alors il la regarda longuement : elle paraissait avoir dix-sept ou dix-huit ans ; elle était blonde, avec des yeux bruns ombragés par des sourcils pâles et soyeux ; l'expression de ces yeux était la tendresse et la bonté ; elle était de grande taille et se tenait noblement, dans une attitude modeste cependant et qui n'avait rien d'apprêté, naturelle au contraire et gracieuse ; près d'elle était assise une femme jeune encore, sa mère sans doute, pensa le duc de Naurouse, bien qu'il n'y eût entre elles aucune ressemblance, la mère ayant l'air aussi dur que la fille l'avait doux.

Cependant, comme il ne pouvait rester ainsi campé devant elles en admiration, il continua d'avancer, se promettant de revenir sur ses pas et de repasser devant elles : il chercherait Savine plus tard ; il était sorti de son hôtel assez mélancoliquement, trouvant tout triste et morne, se demandant ce que ces gens qu'il rencontrait pouvaient bien faire dans un trou comme Bade, et voilà que tout à coup une éclaircie s'était faite en lui et autour de lui, il se sentait gai, dispos ; le ciel, de gris qu'il était, avait instantanément passé au bleu ; cette verdure qui l'entourait était aussi fraîche aux yeux qu'à l'esprit, ce paysage entouré de montagnes aux sommets sombres était charmant ; cette chaude journée d'été le pénétrait de bien-être ; ce pays de Bade était le plus gracieux de la terre ; il était heureux de se retrouver au milieu de ce monde ; comme les yeux de ces femmes, c'est-à-dire de cette jeune fille ressemblaient peu aux yeux noirs, cuivrés, allongés, arrondis qu'il avait vus dans son voyage.

C'était tout en marchant sans rien regarder autour de lui qu'il suivait l'éveil de ces sensations ; il allait arriver au bout de sa promenade et revenir sur ses pas, lorsqu'un nom, le sien, prononcé à mi-voix le frappa :

— Roger !

Il tourna les yeux du côté d'où cette voix, qui avait résonné dans son cœur, était partie.

La secousse qui l'avait frappé ne l'avait point trompé : c'était elle ; c'était madame d'Arvernes, qui l'appelait ; le dernier mot qu'elle avait crié lorsqu'ils s'étaient séparés, son nom, était celui qu'elle prononçait après une si longue absence, comme si toujours, depuis qu'il s'était éloigné emporté par le *Rosario*, elle l'avait répété. Cet appel le remua, et durant quelques secondes il resta abasourdi.

Mais il n'y avait pas à hésiter; elle était là, le regardant, penchée en avant, à demi soulevée sur sa chaise. Il alla à elle, sans bien voir quelle était l'expression vraie de ce visage ému.

Comme il approchait, elle lui tendit les deux mains :
— Vous ici !
— J'arrive.
— Et moi aussi. Quel bonheur !

Il avait la main dans celles qu'elle lui tendait, et il restait incliné vers elle, n'osant trop ni la regarder, ni parler.

Autour d'eux un mouvement de curiosité s'était produit, tant avait été vif l'élan de leur abord; des centaines d'yeux les examinaient avidement et déjà les oreilles s'ouvraient pour écouter les paroles qu'ils allaient échanger; madame d'Arvernes eut conscience de ce qui se passait, et bien que par principe et par habitude elle ne prît jamais souci de ceux qui l'entouraient, elle jugea que ce n'était pas le moment de se donner en spectacle.

— Votre bras ? dit-elle à Roger.

En même temps qu'elle s'était levée et, sans attendre sa réponse, elle lui avait pris le bras.

Ils s'éloignèrent, au grand ébahissement des curieux désappointés.

Tout d'abord ils marchèrent silencieux l'un et l'autre, elle s'appuyant doucement sur lui en le pressant contre elle, ce qui était loin de lui rendre le calme.

Ce fut seulement après être sortis de la foule qu'elle prit la parole : se haussant vers lui, mais sans le regarder, elle murmura :

3.

— *Carino, Carino,* enfin je te revois !

Il ne répondit pas, ne sachant que dire et se demandant où allait aboutir cet entretien commencé sur ce ton. Ce qu'il avait redouté se réalisait-il donc ? L'aimait-elle encore ? Pour lui il était ému par cette pression de son bras et plus encore par ce nom de *Carino* qu'elle avait si souvent prononcé et qui évoquait tant de souvenirs passionnés ; mais le sentiment qu'il éprouvait ne ressemblait en rien à l'amour.

— Que je suis heureuse de te revoir ! continua-t-elle. Et toi que ressens-tu, en me retrouvant, en m'entendant ? Tu ne dis rien.

— Un sentiment de grande joie, dit-il franchement.

Elle s'arrêta et, tournant à demi la tête, elle le regarda en face, plongeant dans ses yeux.

— Vrai, dit-elle, c'est vrai ?

Mais elle ne trouva pas sans doute dans ces yeux ce qu'elle y cherchait, car elle baissa la tête et reprit son chemin.

— Tu ne me demandes pas ce que je suis devenue sur la jetée du Havre, dit-elle, quand j'ai vu le vapeur qui t'emportait s'éloigner, me laissant là désespérée, anéantie, folle. Comment as-tu pu avoir ce courage féroce ? Comment as-tu pu m'abandonner, — elle baissa la voix, — et au lit encore ?

Avant qu'il eut répondu à ces questions qui étaient pour lui terriblement embarrassantes, il fut distrait par un signe de la main gauche que venait de faire madame d'Arvernes. Machinalement il regarda à qui ce signe était adressé, il vit que c'était à un jeune homme qui se trouvait à une courte distance et qui, bien évidemment, avait été arrêté par madame d'Arvernes au moment même où il s'approchait d'eux : ce jeune homme était un grand beau garçon, solide et bien bâti, de tournure élégante, à la mine fière, avec des yeux au regard velouté.

Madame d'Arvernes avait suivi le mouvement du duc de Naurouse et elle avait très bien senti qu'il examinait curieusement ce jeune homme ; elle se mit à sourire et, prenant un ton enjoué :

— Sans lui, je ne me serais pas consolée. Le vicomte de Baudrimont. Je te le présenterai, mais pas tout de suite ; il nous gênerait.

Ces quelques paroles avaient été une douche glacée qui s'était abattue sur les épaules de Naurouse. Eh quoi, c'était quand il cherchait des mots adoucis et des périphrases pour lui répondre, qu'elle lui montrait si franchement son consolateur, ce beau garçon aux yeux passionnés ! Et un moment il avait eu peur d'elle !

— Comment le trouves-tu ? demanda madame d'Arvernes.

Cette interrogation acheva de lui rendre sa raison.

— Charmant, dit-il en riant.

— N'est-ce pas ! Comme tu dis, il est charmant ; beau garçon, tu vois qu'il l'est ; bon, tendre, confiant, il l'est aussi ; c'est une excellente nature, mais malgré toutes ses qualités, et elles sont réelles, elles sont nombreuses, tu sais, ce n'est pas toi. Ah ! Roger, comme je t'ai aimé et comme tu m'as fait souffrir ! Si ce garçon n'avait pas été là, je serais devenue folle.

— Il était là.

— Heureusement ; mais enfin ce n'est pas toi, mon Roger.

Disant cela, elle fixa sur son Roger un regard dans lequel il y avait tout un monde de souvenirs et même peut-être autre chose que des souvenirs ; mais l'heure de l'émotion était passée ; maintenant il était décidé à **prendre la situation gaiement.**

— Ah! pourquoi es-tu parti? continua madame d'Arvernes, nous nous aimerions toujours. Moi, jamais je ne me serais séparée de toi. Mais tu as voulu être chevaleresque. Quelle folie! Tu vois à quoi a servi ce sacrifice; car cela a été un sacrifice pour toi, n'est-ce pas?

— N'as-tu pas vu ma lutte, mes hésitations après que j'avais donné ma parole, ma douleur, mon désespoir? Que pouvais-je?

— C'est vrai et je suis injuste en demandant à quoi a servi ton sacrifice. Je ne suis pas pour M. de Baudrimont ce que j'étais pour toi; il n'est pas pour moi ce que tu étais; je ne suis pas fière de lui comme je l'étais de toi; je ne m'en pare pas. Pour le monde, il n'y a rien à blâmer : les convenances sont sauves, c'est plat, c'est bourgeois. M. d'Arvernes est heureux. Mais toi, comment t'es-tu consolé? Qui t'a consolé?

— Personne.

Elle le regarda avec un sourire équivoque en se serrant contre lui :

— Ah! Carino, murmura-t-elle.

Mais cette pression, qui naguère le secouait de la tête aux pieds, arrêtait le sang dans ses veines et contractait tous ses nerfs, le laissa insensible et froid.

Il y eut un moment de silence, puis elle reprit :

— Nous allons dîner ensemble...

— Mais...

—... Oh! avec lui, je ne veux pas lui faire ce chagrin, il est déjà bien assez malheureux de notre entretien. Maintenant j'ai une grâce à te demander : il voudra se lier avec toi...

—... Mais...

—... Il veut ce que je veux. Laisse-toi faire; accepte-le. Il ne verra que par toi; tu le guideras, tu l'empêcheras de faire des folies, il est si jeune, tu me le garderas.

Comme il ne répondait pas, elle lui secoua le bras
— Tu ne veux pas?
— Au fait, cela est drôle.

A ce moment le jeune vicomte de Baudrimont les croisa de nouveau, madame d'Arvernes l'appela d'un signe et la présentation fut vite faite.

— M. de Naurouse veut bien me faire l'amitié de dîner avec nous, dit-elle, il nous contera son voyage.

VII

Roger se réveilla le lendemain matin maussade et triste.

Il voulut se rendormir; mais il se tourna et se retourna sur son lit sans pouvoir fermer les yeux : ce qui s'était passé la veille, ce qu'il avait entendu, l'insouciance de madame d'Arvernes, l'inquiétude du jeune Baudrimont, tout cela s'agitait confusément dans sa tête troublée.

Enfin il se leva, se demandant à quoi il allait employer sa journée. Il n'avait plus à chercher Savine; il savait; et même ce que Savine pourrait lui dire ne ferait qu'irriter sa méchante humeur au lieu de l'adoucir; il ne tenait pas à ce qu'on lui racontât les amours de madame d'Arvernes avec le vicomte de Baudrimont, ce que Savine ne manquerait pas de faire bien certainement.

L'idée lui vint de s'en aller tout de suite à Paris,

maintenant qu'il n'avait plus à s'inquiéter de ce qui l'y attendait. En réalité, ce qui l'attendait, c'était... rien. Qui trouverait-il à Paris? Personne, excepté Harly. Ses anciens amis n'étaient plus à Paris à cette époque. Et puis devait-il reprendre avec ces amis l'existence qu'il menait avant son départ? Il en avait tristement exploré le vide. Où cela le conduirait-il? Quelle solitude en lui et autour de lui. Pas de famille. La seule femme qu'il eût eu du bonheur à revoir, sa cousine Christine, était au couvent. Des amis qui méritaient à peine e titre de camarades de plaisir. Un grand nom, une belle fortune dont il avait enfin la libre disposition et rien à désirer, aucun but à poursuivre, car il ne pouvait pas songer à rentrer au ministère et à demander un poste quelconque dans une ambassade, puisque M. d'Arvernes était toujours ministre et que, s'adresser à lui, c'eût été en quelque sorte demander le paiement du sacrifice qu'il avait accompli.

N'y avait-il donc pour lui d'autre avenir que de reprendre ses habitudes d'autrefois, d'autres plaisirs que ceux qu'il avait épuisés, d'autres émotions que celles du jeu?

Ne rien faire.

Avoir pour maîtresses des filles; passer de Balbine à Cara, de Cara à Raphaëlle, et toujours ainsi.

Il se sentait né pour mieux que cela cependant.

Ce qui l'avait le plus lourdement accablé dans ce voyage, c'avait été son isolement : plusieurs fois il avait été en danger, et alors il avait eu la pensée désespérante qu'à ce moment même personne ne prenait intérêt à lui et qu'il pouvait mourir sans qu'on le pleurât. On dirait : « Si jeune, le pauvre garçon! » et ce serait tout. Plusieurs fois aussi il avait eu des heures, des journées de plaisir, des élans d'admiration et d'enthousiasme, et alors il n'avait jamais pu reporter sa joie sur personne et se dire : « Si elle était là ; » ou bien : « Je lui conterai cela. » C'était seul qu'il avait souffert ; c'était seul qu'il avait joui.

Pourquoi ne se marierait-il pas ?

De famille il n'aurait jamais que celle qu'il se créerait.

Il se sentait dans le cœur des trésors de tendresse à rendre heureuse, sans une heure de lassitude ou d'ennui, la femme qu'il aimerait et qui l'aimerait, l'honnête femme qui serait la mère de ses enfants.

Quand on avait l'honneur de porter un nom comme le sien, c'était un devoir de ne pas le laisser s'éteindre.

Et puis n'était-ce pas le seul moyen d'empêcher sinon sa fortune, au moins son titre et son nom de tomber aux mains de ceux qui se disaient sa famille, — ces Condrieu-Revel exécrés, — qui n'étaient que ses ennemis après avoir été ses persécuteurs ?

C'était devant sa fenêtre ouverte, assis dans un fauteuil et regardant machinalement le jeu de la lumière dans les branches des arbres, qu'il réfléchissait ainsi. Tout à coup la brise lui apporta le prélude d'une valse que jouait une musique militaire.

Il écouta un moment, puis vivement il se leva : l'image de la jeune fille blonde qu'il avait vue la veille et à laquelle il n'avait plus pensé venait de se dresser devant lui, évoquée par cette musique, et il la retrouvait aussi éblouissante de beauté et de charme qu'elle lui était apparue la veille.

VIII

Dans le vestibule de l'hôtel, Roger se trouva face à face avec Savine, qui arrivait.

— Vous veniez chez moi ? dit Savine en tendant la main au duc.

C'était en effet une de ses prétentions de s'imaginer qu'on devait toujours aller chez lui et que lui n'avait à aller chez ses amis que quand il avait besoin d'eux ; c'était pour cela qu'ayant appris la veille que le duc de Naurouse était venu pour le voir, il n'avait pas bougé de toute la matinée, attendant une seconde visite d'un ami dont il s'était séparé depuis près de deux ans et ne se décidant à venir chez cet ami qu'à la dernière extrémité.

— J'ai toutes sortes de choses à vous apprendre.

Et, serrant le bras de Roger contre le sien comme par un mouvement de sympathie :

— D'abord ce qui vous touche de près : Madame d'Arvernes n'a point été malade de désespoir après votre départ ; elle a reçu les consolations d'un très joli garçon qu'elle a été découvrir en province, je ne sais où, le vicomte de Baudrimont.

— J'ai dîné hier avec lui et avec madame d'Arvernes.

— Vous savez, Naurouse, vous êtes admirable avec votre flegme.

Si Roger n'avait jamais voulu avouer qu'il était l'amant de madame d'Arvernes alors qu'il l'aimait, il n'était pas plus disposé à un aveu de ce genre maintenant que tout était fini entre elle et lui.

— Où voyez-vous ce flegme? dit-il froidement. Vous me racontez des histoires de madame d'Arvernes qui sont curieuses jusqu'à un certain point, mais qui ne me touchent pas de près comme vous pensez; il est donc tout naturel qu'elles ne m'émeuvent point.

Savine marcha un moment en silence en fouettant l'air de sa canne; heureusement ils arrivaient devant la Conversation et le mouvement de la foule, le bruit de la musique, le brouhaha des gens qui allaient çà et là empressés ou nonchalants empêchèrent ce silence de devenir trop embarrassant pour l'un comme pour l'autre.

D'ailleurs Roger ne pensait plus à Savine, il cherchait s'il n'apercevrait point sa belle jeune fille blonde de la veille : elle était précisément à la place même où il l'avait vue et près d'elle se trouvait la dame dont il avait remarqué l'air dur.

Toutes deux en même temps firent une inclinaison de tête du côté de Savine, un sourire amical accompagné d'un geste de main qui semblait une invitation à les aborder.

— Vous connaissez cette admirable jeune fille? demanda Roger lorsqu'ils eurent fait quelques pas.

— Si je connais la belle Corysandre !

Et, se rengorgeant de son air le plus vain :

— Vous ne lisez donc pas les journaux ?

— Si j'avais lu les journaux que m'auraient-ils appris ?

— Que j'ai, il y a quelque temps, donné une fête dans la forêt, un bal suivi d'un souper sous des tentes, dont mademoiselle de Barizel a été la reine. Tous les journaux du monde ont parlé de cette fête, qui, de l'avis unanime, a été tout à fait réussie.

» Savine se mit à raconter ce qu'il savait sur madame de Barizel, c'est-à-dire les propos vagues qui couraient le monde, car n'ayant jamais eu l'intention d'épouser mademoiselle de Barizel, il ne s'était pas donné la peine de faire faire une enquête sérieuse sur elle et sur sa mère. Que lui importait, il n'avait souci que de sa beauté, et cette beauté se manifestait à tous éclatante, indiscutable.

Naurouse écoutait sans interrompre, religieusement. Ce nom de Barizel ne lui disait rien ; c'était la première fois qu'il l'entendait et il n'avait aucune idée de ce qu'il pouvait valoir ; mais il ne s'en inquiétait pas autrement : cette blonde admirable ne pouvait être qu'une fille de race.

Ils étaient revenus sur leurs pas et ils allaient de nouveau passer devant elles :

— Voulez-vous que je vous présente ? demanda Savine.

— Ne serait-ce pas plutôt à madame de Barizel qu'il faudrait demander si elle veut bien que je lui sois présenté ?

— Puisque vous êtes mon ami ! dit Savine superbement.

Sans attendre une réponse, sans même penser qu'on pouvait lui en faire une, il entraîna doucement son ami, comme il disait : ce n'était pas le duc de Naurouse qu'il présentait, c'était son ami, et selon lui cela devait suffire.

Cependant ce fut cérémonieusement qu'il fit cette présentation et en insistant sur le titre de Roger, sinon pour madame de Barizel, au moins pour la galerie, dont il était, comme toujours, bien aise d'attirer l'attention.

Madame de Barizel avait offert la chaise sur le barreau de laquelle elle appuyait ses pieds à Savine et, sur un signe de sa mère, Corysandre avait offert la sienne à Roger, qui se trouva ainsi placé vis-à-vis « de la belle fille blonde » qui avait si fort occupé son esprit, libre de la regarder, libre de lui parler, libre de l'écouter.

A vrai dire, la seule de ces libertés dont il usa fut celle du regard ; ce fut à peine s'il parla, ne disant que tout juste ce qu'exigeaient les convenances ; et, pour Corysandre, elle parla encore moins, mais son attitude ne fut pas celle de l'indifférence, de l'ennui ou du dédain. Tout au contraire, c'était avec un sourire que Roger trouvait le plus ravissant qu'il eût jamais vu qu'elle suivait l'entretien de sa mère et de Savine, et bien qu'il fût toujours le même, ce sourire, bien qu'il ne traduisît qu'une seule impression, il était si joli, si gracieux en plissant les paupières, en creusant des fossettes dans les joues, en entr'ouvrant les lèvres, qu'on pouvait rester indéfiniment sous son charme sans penser à se demander ce qu'il exprimait et même s'il exprimait quelque chose.

Ce fut ce qu'éprouva Roger : du front et des paupières il passa aux fossettes, puis aux lèvres, puis aux dents, puis au menton, descendant ainsi aux épaules, au corsage, à la taille, aux pieds, pour remonter aux cheveux et au front, ne s'interrompant que lorsque le regard de Corysandre rencontrait le sien ; encore témoignait-elle si peu d'embarras à se surprendre ainsi admirée et paraissait-elle trouver cela si naturel que c'était plutôt pour lui que pour elle, par pudeur et par respect, qu'il détournait ses yeux un moment.

Le temps passa sans qu'il en eût conscience et sans qu'il eût conscience aussi de ce qui se disait autour de lui. Tout à coup, il fut surpris et comme éveillé par une main qui se posait sur son épaule, — celle de Savine.

— Nous allons à Eberstein, dit celui-ci, et nous redescendrons dîner au bord de la Murg, une partie arrangée depuis quelques jours. Voulez-vous venir avec nous, mon cher Naurouse? ma voiture nous attend.

Par convenance, Roger se défendit un peu; mais madame de Barizel s'étant jointe à Savine et Corysandre l'ayant regardé en souriant, il accepta.

Ce n'était point une vulgaire voiture de louage qui devait servir à cette promenade, mais bien une calèche aux armes de Savine, avec un cocher et deux valets de pied portant la livrée du prince; la calèche découverte avait tout l'éclat du neuf et les chevaux, choisis parmi les plus beaux de son haras, forçaient l'attention des curieux et l'admiration des connaisseurs; on ne pouvait pas passer près d'eux sans les regarder et, les ayant vus, on ne les oubliait pas : luxe de la voiture, beauté des chevaux, prestance du cocher et des valets de pied, richesse de la livrée, tout cela faisait partie de la mise en scène dont Savine aimait à s'entourer dans ses représentations, bien plus par besoin de briller que par goût réel du beau. Aussi, ne manquait-il jamais, avant de monter en voiture, de promener un regard circulaire sur les curieux pour voir si l'effet produit était en proportion de la dépense, — ce qui, avec son esprit d'économie, était pour lui une préoccupation constante.

Son bonheur fut complet, car à ce moment même Otchakoff vint à passer traînant lourdement son ennui, et ce ne fut pas sur lui que les regards des curieux s'arrêtèrent ; ils ne quittèrent pas la calèche et Savine remarqua des mouvements d'yeux, des coups de coude, des chuchotements tout à faits significatifs, qui le comblèrent de joie.

Jamais Roger ne l'avait vu si franchement joyeux : il redressait la tête, les épaules en bombant la poitrine, et autour de la calèche il marchait de côté tout gonflé comme un paon qui se pavane.

En toute autre circonstance Naurouse, qui connaissait bien son Savine, eût très probablement deviné ce qui causait cette joie débordante ; mais, ne pensant qu'à la jeune fille qu'il avait devant les yeux, il s'imagina que ce qui transportait ainsi Savine était le plaisir de faire une promenade avec elle et cela l'attrista.

La calèche roulait sous l'ombrage des chênes des allées de Lichtenthal, et madame de Barizel qui lui faisait vis-à-vis, l'interrogeait sur ses voyages.

— Avait-il visité la Nouvelle-Orléans et le sud des Etats-Unis ? Que pensait-il du Mississipi ?

Ce fut avec enthousiasme qu'il célébra la Nouvelle-Orléans, le Mississipi, la Louisiane, la Floride, les États-Unis (du Sud bien entendu), le ciel, la mer, le paysage, les arbres, les bêtes, les gens.

Mais malgré sa volonté de ne pas oublier que c'était à madame de Barizel qu'il s'adressait, il lui arriva plus d'une fois de s'apercevoir que c'était sur Corysandre qu'il tenait ses yeux attachés.

Quant à elle elle le regardait franchement, avec son beau sourire, la bouche entr'ouverte, mais sans rien dire, bien qu'il fût question de son pays natal. Quand Roger la prenait à témoin, elle se contentait d'incliner la tête en accentuant son sourire.

Ils étaient en pleine forêt, gravissant les pentes boisées d'une colline par une route en zig zag qui de chaque côté était bordée de grands arbres, tantôt des hêtres monstrueux qui couvraient les mousses veloutées de leurs énormes racines toutes bosselées de nœuds entrelacés, tantôt des pins qui s'élançaient droit vers le ciel, éteignant la lumière sous leurs branches superposées et leurs aiguilles noires. Les lacets du chemin faisaient que tantôt Corysandre était exposée en plein au soleil et que tantôt, au contraire, elle passait tout à coup dans l'ombre. C'était pour Roger un émerveillement que ces jeux de la lumière sur ce visage souriant et c'était une question qu'il se posait sans la décider, de savoir ce qui lui seyait le mieux, la pleine lumière ou les caprices de l'ombre.

Il vint un moment où il garda le silence et où dans l'air épais et chaud de la forêt on n'entendit plus que le roulement de la voiture, le craquement des harnais et le sabot des chevaux frappant les cailloux de la route.

— Après avoir été si bruyant au départ, dit Savine qui ne manquait jamais de placer une observation désagréable, vous êtes devenu bien morne, mon cher Naurouse.

— C'est que les grands bois sombres agissent un peu sur moi comme les cathédrales, ils me portent au recueillement et au silence; instinctivement je parle bas si j'ai à parler.

— Tiens, vous faites donc de la poésie, maintenant?

— Il y a des jours ou plutôt des circonstances.

S'adossant dans son coin, il se croisa les bras et resta immobile, silencieux, à demi tourné vers Corysandre qui l'avait regardé.

On arriva à Eberstein, qui est une habitation d'été

des ducs de Bade libéralement ouverte aux visiteurs, et comme madame de Barizel ne connaissait pas encore l'intérieur du château, elle voulut le parcourir; mais après avoir visité deux ou trois salles, elle trouva que ces pièces sombres, à l'ameublement gothique et aux fenêtres fermées de vitraux de couleurs, étaient trop fraîches pour Corysandre.

— J'ai peur que tu te refroidisses, dit-elle tendrement, va donc m'attendre dans le jardin; ce ne sera pas une privation pour toi qui n'aimes guère ces antiquailles.

— Si mademoiselle veut me permettre de l'accompagner, dit Roger.

Ils sortirent tandis que madame de Barizel continuait sa promenade avec Savine et ils gagnèrent une terrasse d'où la vue s'étend librement sur la vallée de la Murg et sur les montagnes qui l'entourent. Toujours souriante, mais toujours muette, Corysandre parut prendre intérêt au paysage qui s'étalait à ses pieds et que fermaient bientôt de hautes collines dont les sommets d'un noir violent ou d'un bleu indigo se découpaient nettement sur le ciel.

Après quelques instants de contemplation silencieuse, Roger se tourna vers elle :

— Est-il rien de plus doux, dit-il, que de laisser les yeux et la pensée se perdre dans ces profondeurs sombres? Que de choses elles vous disent! La vue qu'on embrasse de cette terrasse est vraiment admirable.

— Oui, cela est beau, très beau.

— Je garderai de ce paysage, que j'avais déjà vu plusieurs fois, mais que je ne connaissais pas encore, un souvenir ému.

Il attacha les yeux sur elle et la regarda longuement; elle ne baissa pas les siens, mais elle ne répondit rien, se laissant regarder sans confusion.

A ce moment, madame de Barizel et Savine vinrent les rejoindre, et l'on remonta en voiture pour descendre au village où l'on devait dîner, ce qui faisait une assez longue course.

Savine avait commandé d'avance son dîner. Lorsque la calèche arriva devant la porte du restaurant, on se précipita au-devant de Son Excellence que l'on conduisit cérémonieusement à la table qui avait été dressée dans un jardin, au bord de la rivière, dont les eaux tranquilles, retenues par un barrage, effleuraient le gazon.

— Mademoiselle n'aura-t-elle pas froid? demanda Roger, qui pensait aux précautions de madame de Barizel dans les salles du château d'Eberstein.

Ce fut madame de Barizel qui se chargea de répondre :

— Je crains le froid humide des appartements, dit-elle, mais non la fraîcheur du plein air.

Elle la craignait si peu qu'après le dîner elle proposa à sa fille de faire une promenade en bateau.

— Va, mon enfant, dit-elle, va, mais ne fais pas d'imprudence.

Une petite barque était amarrée à quelques pas de là. Corysandre nonchalamment, se dirigea de son côté ; mais Roger la suivit et, s'étant embarqué avec elle, ce fut lui qui prit les avirons.

Pendant assez longtemps il la promena en tournant devant la table où madame de Barizel et Savine étaient restés assis puis, ayant relevé les avirons, il laissa la barque descendre lentement le courant.

Corysandre était assise à l'arrière et elle restait là

sans faire un mouvement, sans prononcer une parole, le visage tourné vers Roger et éclairé en plein par la pâle lumière de la lune, qui se levait.

— Est-ce que vous avez vu plus belle soirée que celle-là ? dit-il.

— Non, dit-elle, jamais.

— Voulez-vous que nous retournions ?

— Allons encore.

Et la barque continua de suivre le courant; mais bientôt ils touchèrent le barrage et alors Roger dut reprendre les avirons. Cette fois c'était lui qui était éclairé par la lune ; il lui sembla que Corysandre, dont les yeux étaient noyés dans l'ombre, le regardait comme lui-même quelques instants auparavant l'avait regardée.

IX

On arriva à Bade, et avant d'entrer dans les allées de Lichtenthal, madame de Barizel invita très gracieusement le duc de Naurouse à les venir voir ; sa fille et elle seraient heureuses de parler de la délicieuse journée qui finissait.

Pour la première fois Corysandre se mêla à l'entretien d'une façon directe et avec une certaine initiative.

— Et de la terrasse d'Eberstein, dit-elle en se penchant vers Roger.

— Alors le dîner ne mérite pas un souvenir ? dit Savine d'un air bourru.

Mais Corysandre ne daigna pas répondre ; ce fut sa mère qui, voyant qu'elle se taisait, prodigua les remerciements et les compliments à Savine sans que celui-ci s'adoucît.

Lorsque madame de Barizel et sa fille furent rentrées chez elles, Savine et Roger ne se séparèrent point, car c'était sans retard que celui-ci voulait procéder à son interrogatoire.

— Faites-vous un tour? demanda-t-il d'un ton qui marquait le désir d'une réponse affirmative.

— Je voudrais voir un peu où en est la rouge

Cela n'arrangeait pas les affaires de Roger, qui ne prenait souci ni de la noire ni de la rouge ; mais il n'avait qu'à accompagner Savine à la Conversation en faisant des vœux pour qu'il gagnât, ce qui le mettrait de belle humeur.

Il ne gagna ni ne perdit, car lorsqu'il entra dans les salles de jeu, le vieux marquis de Mantailles vint vivement au-devant de lui, et après un court moment d'entretien à voix basse, Savine revint à Roger, déclarant qu'il ne jouerait pas ce soir-là.

Mais il regarda jouer et Roger dut rester près de lui attendant qu'il voulût bien sortir. Le sujet qu'il allait aborder était assez délicat, et avec un homme du caractère de Savine assez difficile pour avoir besoin du calme du tête-à-tête dans la solitude.

Enfin ils sortirent, et aussitôt qu'ils furent dans le jardin, à peu près désert, Roger commença :

— J'ai à vous remercier, cher ami, de la bonne journée que vous m'avez fait passer.

— Assez agréable en effet, dit Savine, se rengorgeant.

— Cette jeune fille est adorable.

— Oui.

Ce « oui » fut dit d'un ton grognon : ce n'était pas de Corysandre que Savine voulait qu'on lui parlât, c'était de lui-même, de lui seul ; il le marqua bien :

— Et mes chevaux, dit-il, comment trouvez-vous qu'ils ont mené cette longue course dans des montées et des descentes et un chemin dur ? Quand il y aura des courses sérieuses en France, je me charge de battre tous vos anglais avec mes russes : nous verrons si le bai à la mode ne sera pas remplacé par notre gris, qui est la vraie couleur du cheval.

— Oh ! très bien, dit Roger avec indifférence. Et madame de Barizel, vous la connaissez beaucoup ?

— Je la connais depuis que je suis à Bade, j'ai été mis en relation avec elle par Dayelle.

Puis, revenant au sujet qui lui tenait au cœur :

— Notez que la voiture était lourde ; vous me direz qu'on en trouverait difficilement une mieux comprise et où chaque détail soit aussi soigné, aussi parfait ; c'est très vrai, mais enfin elle est lourde, et puis nous étions sept personnes.

— Oh ! mademoiselle de Barizel est si légère, dit vivement Roger, se cramponnant à cette idée pour revenir à son sujet.

— Où voyez-vous ça ? Ce n'est pas une petite fille, c'est une femme.

— Vous pouvez dire la plus belle des femmes.

— Comme vous en parlez !

— Cela vous blesse ?

— Pourquoi, diable, voulez-vous que cela me blesse ? Cela m'étonne, voilà tout. De la poésie, de l'enthousiasme, je ne vous savais pas si démonstratif. On a bien raison de dire que les voyages forment la jeunesse, mais ils la déforment aussi.

— Trouvez-vous donc que ce que vous appelez mon

enthousiasme pour mademoiselle de Barizel ne soit pas justifié?

Ce fut avec un élan d'espérance qu'il posa cette question qui allait lui apprendre ce que Savine pensait de Corysandre et comment il la jugeait.

— Parfaitement justifié, au contraire; je partage tout à fait votre sentiment sur mademoiselle de Barizel; c'est une merveille.

— Ah!

— Comme vous dites cela.

— Je ne dis rien.

— Il me semblait que mon admiration vous surprenait.

— Pas du tout, elle me paraît toute naturelle; ce qui me surprendrait, ce serait que la voyant souvent...

— Je la vois tous les jours.

— ... Vous ne soyez pas sous le charme de sa beauté.

— Mais j'y suis, cher ami... comme tous ceux qui la connaissent d'ailleurs, comme vous et bien d'autres. C'est la première femme que je rencontre dont la beauté ne soit ni contestée ni journalière; tout le monde la trouve belle, et elle est également belle tous les jours.

Ces réponses n'étaient pas celles que Roger voulait, car dans leur franchise apparente elles restaient très vagues; que Savine jugeât Corysandre comme tout le monde, ce n'était pas cela qui le fixait; il essaya de rendre ses questions plus précises sans qu'elles fussent cependant brutales.

— Comment se fait-il qu'avec cette beauté, un nom, de la fortune, elle ne soit pas encore mariée?

— Elle est bien jeune; elle a attendu sans doute quelqu'un digne d'elle.

— Et elle attend encore ?
— Vous voyez.
— Et l'on ne parle pas de son mariage ?
— Au contraire, on en parle beaucoup ; on la marie tous les jours.
— Avec qui ?

Ce fut presque malgré lui que Roger lâcha cette question.

— Avec moi... Et avec d'autres ; mais, vous savez, il ne faut pas attacher trop de valeur aux propos de gens qui parlent sans savoir ce qu'ils disent, pour parler.

— Alors, il n'y aurait donc rien de fondé dans ces propos ?

Savine haussa les épaules, mais il ne répondit pas autrement.

X

Le chalet qu'occupait madame de Barizel dans les allées de Lichtenthal était précédé d'un petit jardin : c'était dans ce jardin que Savine et Roger avaient fait leurs adieux à madame de Barizel et à Corysandre, avant que celles-ci fussent dans la maison.

Ce fut vainement qu'elles frappèrent à la porte d'entrée, personne ne répondit ; aucun bruit à l'intérieur; aucune lumière.

— Elles sont encore parties, dit Corysandre d'un ton fâché, et Bob aussi.

Sans répondre madame de Barizel abandonna la

porte d'entrée et, faisant le tour du chalet, elle alla à une petite porte de derrière qui servait aux domestiques et aux fournisseurs ; mais cette porte était fermée aussi. Aux coups frappés personne ne répondit.

— Ne te fatigue pas inutilement, dit Corysandre.

Madame de Barizel ne continua pas de frapper ; mais, allant à un massif de fleurs bordé d'un cordon, de lierre, elle se mit à tâter dans les feuilles de lierre qu'éclairait la lumière de la lune ; ses recherches ne furent pas longues, bientôt sa main rencontra une clef cachée là.

— Ce qui signifie, dit Corysandre, qu'elles ne sont pas sorties ensemble ; la première rentrée devait trouver la clef et ouvrir pour les autres.

Elle parlait lentement, avec calme ; mais cependant, dans son accent, il y avait du mécontentement et aussi du mépris ; il semblait que ces paroles s'adressaient aussi bien aux domestiques, qui avaient décampé, qu'à sa mère qui permettait qu'ils sortissent ainsi.

Avec la clef, madame de Barizel avait ouvert la porte et elles étaient entrées dans la cuisine où brûlait une lampe, la mèche charbonnée. La table, noire de graisse, était encore servie et il s'y trouvait six couverts, des piles d'assiettes sales et un nombre respectable de bouteilles vides qui disaient que les convives avaient bien bu.

— Chacun de nos trois domestiques avait son invité, dit Corysandre regardant la table ; on a fait honneur à ton vin.

Ce n'était pas seulement au vin qu'on avait fait honneur : c'était à un melon et à un pâté dont il ne restait plus que des débris, à des écrevisses dont les carcasses rouges encombraient plusieurs plats, à un gigot réduit au manche, à un immense fromage à la crème, à une corbeille de fraises, à une corbeille de cerises qui ne contenait plus que des queues et des noyaux, au café qui avait laissé des ronds noirs sur la table, au kirschwasser, au cassis, dont deux bouteilles étaient aux trois quarts vides.

De tout cet amas se dégageait une odeur chaude qui, mêlée à celle de la graisse et de la vaisselle, troublait le cœur et le soulevait. On eût sans doute parcouru toutes les maisons de Bade sans trouver une cuisine aussi sale, aussi pleine de gâchis et de désordre que celle-là.

Elles n'y restèrent point longtemps : Madame de Barizel avait pris la lampe d'une main, et de l'autre, relevant la traîne de sa robe, tandis que Corysandre retroussait la sienne à deux mains comme pour traverser un ruisseau, elles étaient passées dans le vestibule ; mais là il n'y avait point de bougies sur la table où elles auraient dû se trouver, et il fallut aller dans le salon chercher des flambeaux.

Nulle part un salon ne ressemble à une cuisine ; mais nulle part aussi on n'aurait trouvé un contraste aussi frappant, aussi extraordinaire entre ces deux pièces d'une même maison que chez madame de Barizel. Autant la cuisine était ignoble, autant le salon était coquettement arrangé, disposé pour la joie des yeux, avec des fleurs partout : dans le foyer de la cheminée, sur les tables et les consoles, dans les embrasures des fenêtres, et ces fleurs toutes fraîches, enlevées de la serre ou coupées le matin, versaient dans l'air leurs parfums qui, dans cette pièce fermée, s'étaient concentrés.

Le flambeau à la main, elles montèrent au premier

étage où se trouvaient leurs chambres, celle de Corysandre tout à l'extrémité et séparée de celle de sa mère, qu'il fallait traverser pour y accéder, par un cabinet de toilette.

Ces deux chambres, ainsi que le cabinet, présentaient un désordre qui égalait celui de la cuisine. Les lits n'étaient pas faits, les cuvettes n'étaient pas vidées; sur les chaises et les fauteuils traînaient çà et là, entassés dans une étrange confusion, des robes, des jupons, des vêtements, des bas, des cols, des bottines, tandis que les armoires et des malles ouvertes montraient le linge déplié pêle-mêle comme s'il avait été mis au pillage par des voleurs qui auraient voulu faire un choix.

Cependant il n'y avait pas besoin d'être un habile observateur pour comprendre que tout cela n'était point l'ouvrage d'un voleur, mais qu'il était tout simplement celui des habitants de cet appartement qui, en s'habillant le matin, avaient fouillé dans ces armoires pour y trouver du linge en bon état et qui avaient tout bouleversé, parce que les premières pièces qu'ils avaient atteintes dans le tas manquaient l'une de ceci, l'autre de cela; cette robe avait été rejetée parce que la roue du jupon était déchirée; ces bas avaient des trous; ces jupons n'avaient pas de cordons; les boutons de ces cols étaient arrachés.

Madame de Barizel ne parut pas surprise de ce désordre; mais Corysandre haussa les épaules avec un mouvement d'ennui et de dégoût.

— Elles n'ont pas seulement pu faire les chambres, dit-elle.

Madame de Barizel ne répondit rien et parut même ne pas entendre.

— Cela est insupportable, continua Corysandre,

qui, à peu près muette tant qu'avait duré la promenade, avait retrouvé la parole en entrant chez elle et s'en servait pour se plaindre, qui va faire mon lit?

— Tu te coucheras sans qu'il soit fait; pour une fois.

— Si c'était la première; au reste, elles ont bien raison de ne pas se gêner, tu leur passes tout.

— Couche-toi, dit-elle à sa fille, j'ai à te parler.

— Il faut au moins que j'arrange un peu mon lit?

— Tu es devenue bien difficile depuis quelque temps, bien bourgeoise.

— Justement c'est le mot; c'est précisément la vie bourgeoise que je voudrais, un peu d'ordre, de régularité, de propreté, car je suis lasse et écœurée à la fin de tout ce gâchis. Ne pourrions-nous donc pas avoir des domestiques comme tout le monde, une maison comme tout le monde, une existence comme tout le monde?

Tout en parlant elle avait défait son chapeau et sa robe et les avait posés où elle avait pu et comme elle avait pu; puis, les bras nus, les épaules découvertes, elle avait commencé à arranger les draps de son lit; mais elle était malhabile dans ce travail qu'elle essayait manifestement pour la première fois.

— Faut-il tant de cérémonie pour se mettre au lit? dit madame de Barizel en haussant les épaules sans se déranger pour venir en aide à sa fille; dépêche-toi un peu, je te prie; ou si tu ne veux pas te coucher, je vais me coucher, moi, et tu viendras dans ma chambre.

La mère n'avait pas les mêmes exigences que la fille : elle ne s'inquiéta pas de son lit, et sans se donner la peine de l'arranger, elle se déshabilla, laissant tomber çà et là ses vêtements, sans daigner se baisser pour les ramasser. Ce serait l'affaire du lendemain; pour le moment, elle était fatiguée et voulait se mettre au lit.

Il arrivait bien souvent que, lorsqu'on les rencontrait ensemble, sans savoir qui elles étaient, on ne voulait pas croire qu'elles fussent la mère et la fille ; si ceux qui pensaient ainsi avaient pu voir madame de Barizel procéder à sa toilette de nuit ou plutôt se débarrasser de toute toilette, ils se seraient confirmés dans leur incrédulité : si cette femme avait trente-sept ou trente-huit ans, comme on le disait, elle était parfaitement conservée : pas un crépon, pas la plus petite natte, pas un cheveu gris, pas de rides, les plus beaux bras du monde, blancs, fermes, se terminant par un poignet aussi délicat que celui d'un enfant; avec cela une apparence de santé à défier la maladie, une solidité à résister à tous les excès. Les propos dont Houssu s'était fait l'écho auraient été explicables pour qui l'aurait vue en ce moment : elle pouvait très bien avoir des amants ; elle pouvait être la maîtresse d'Avizard et de Leplaquet, elle pouvait poursuivre l'idée de se faire épouser par Dayelle, elle pouvait être aimée. Il est vrai que si l'un de ces amants avait pénétré à cette heure dans cette chambre, il aurait pu éprouver un mouvement de répulsion, causé par ce qu'il aurait remarqué, et emporter une fâcheuse impression des habitudes de sa maîtresse; mais madame de Barizel n'admettait personne dans sa chambre, à l'exception du fidèle Leplaquet, que rien ne pouvait blesser, rebuter ou dégoûter. C'était dans les appartements du rez-de-chaussée qu'elle recevait ses amis ; et là, dans un milieu où tout était combiné pour parler aux yeux et les charmer, entourée de fleurs fraîches, en grande toilette, rien en elle ni autour d'elle ne permettait de deviner les dessous de son existence vraie. Ils voyaient le salon, le boudoir, la salle à manger, ces amis; ils ne voyaient ni la cuisine, ni les chambres; ils voyaient les dentelles ou les guipures de la robe, les fleurs de la coiffure, les pierreries des bijoux, ils ne voyaient pas les épingles qui rafistolaient un jupon, les trous des bas, les déchirures de la chemise, les raies noires du linge. Pour eux, comme pour madame de Barizel d'ailleurs, ne comptaient que les dehors, — et ils étaient séduisants.

Elle fut bientôt au lit; mais au lieu de s'allonger, elle s'assit commodément:

— Maintenant, dit-elle, causons.

— Qu'ai-je fait encore?

— Tu n'as rien fait, et c'est là justement ce que je te reproche, et ce n'est pas pour mon plaisir, c'est dans ton intérêt.

— Ton plaisir, non, j'en suis certaine; mais mon intérêt! Le tien aussi, il me semble.

— Est-ce ton mariage que je veux, oui ou non?

— Le mien d'abord et le tien ensuite, c'est-à-dire le ien par le mien. Parce que je ne parle pas, il ne faut pas s'imaginer que je ne vois pas, c'est justement parce que je ne perds pas mon temps à parler que j'en ai pour regarder.

— Ce n'est pas avec les yeux qu'on voit, c'est avec l'esprit.

— Ne me dis pas que je suis bête, tu me l'as crié aux oreilles assez souvent pour qu'il soit inutile de le répéter. Il est possible que je sois bête et quand je me compare à toi, je suis disposée à le croire : je sais bien que je n'ai ni tes moyens de me retourner dans l'embarras, ni ton assurance, ni tes idées, ni ton imagination, ni rien de ce qui fait que tu es partout à ton aise; je sais bien que je ne peux pas parler de tout comme toi, même des choses et des gens que je ne connais pas. Si au lieu de me laisser dans l'ignorance, à ne rien faire, sans me donner des maîtres, on m'avait fait travailler, je ne serais peut-être pas aussi bête que tu crois.

— Est-ce que je sais quelque chose, moi? est-ce qu'on m'a jamais rien appris? est-ce que j'ai jamais eu des maîtres?...

— Oh! toi!...

Assurément il n'y eut pas de tendresse dans cette exclamation, mais au moins quelque chose, comme de l'admiration; ce fut la reconnaissance sincère d'une supériorité. Au reste rien ne ressemblait moins à la tendresse d'une mère pour sa fille, ou d'une fille pour sa mère, que la façon dont elles se parlaient; même lorsque madame de Barizel semblait en public témoigner de la sollicitude et de l'affection à Corysandre, le ton attendri qu'elle prenait ne pouvait tromper que ceux qui s'en tiennent aux apparences; quant à Corysandre, qui ne se donnait pas la peine de feindre, son ton était celui de l'indifférence et de la sécheresse.

— Cela te blesse que ta mère se remarie?

— Oh! pas du tout, et même, à dire vrai, je le voudrais si cela devait...

— Puisque tu as commencé, pourquoi ne vas-tu pas jusqu'au bout?

— Parce que, si bête que je sois, je sens qu'il y a des choses qui deviennent plus pénibles quand on les dit que quand on les tait; les taire ne les supprime pas, mais les dire les grossit.

Il y eut un moment de silence, mais non de confusion ou d'embarras, au moins pour madame de Barizel, qui se contenta de hausser les épaules avec un sourire de pitié. Évidemment les paroles de sa fille ne la blessaient pas, pas plus qu'elles ne la peinaient, et son sentiment n'était pas qu'il y a des choses qui deviennent plus pénibles quand on les dit que quand on les tait. Ces choses que Corysandre retenait, elle eût jusqu'à un certain point voulu les connaître, par curiosité, pour savoir; mais en réalité elle ne trouvait pas que cela valût la peine de les arracher. Elle avait mieux à faire pour le moment, et c'était chez elle une règle de conduite d'aller toujours au plus pressé.

— Si ton mariage doit faire le mien, dit-elle, il me semble que c'était une raison pour être aujourd'hui autre que tu n'as été. Combien de fois t'ai-je recommandé d'être brillante; tu t'en remets à ta beauté pour faire de l'effet et tu n'es qu'une belle statue qui marche.

— Il me semble que c'est quelque chose, dit Corysandre, se souriant, s'admirant complaisamment dans la glace.

— Il fallait parler, continua madame de Barizel, briller, être séduisante, étourdissante; dire tout ce qui te passait par la tête. Dans une bouche comme la tienne, avec des lèvres comme les tiennes, des dents comme les tiennes, les sottises même sont charmantes.

— Je n'avais rien à dire.

— Même quand le duc de Naurouse parlait de ton pays; il n'était pas difficile de trouver quelques mots sur un pareil sujet pourtant.

— Je ne pensais pas à parler, je le regardais; il est très bien, le duc de Naurouse; il a tout à fait grand air, la mine fière, l'œil doux; il me plaît.

— Personne ne doit te plaire; c'est toi qui dois plaire, s'écria madame de Barizel, s'animant pour la première fois et montrant presque de la colère ; il te plaît, un homme que tu ne connais pas !

— Il est duc.

— Et qu'est-ce que cela prouve ? Sais-tu seulement quelle est sa fortune ?

— Tu demanderas cela à tes amis ; Leplaquet doit le connaître, M. Dayelle doit savoir quelle est sa fortune.

— Ce n'est pas du duc de Naurouse qu'il s'agit : c'est de Savine, le seul qui, présentement, doit te plaire.

— Il ne me plaît point.

— Ne vas-tu pas maintenant te mettre dans la tête que tu es libre de n'épouser que l'homme qui te plaira ?

— Je le voudrais.

— Une fille ne doit voir dans un homme qu'un mari, le reste vient plus tard ; on a toute sa vie de mariage pour cela. Savine est-il ou n'est-il pas un mari désirable pour toi ?...

— Pour nous.

— Ne m'agace pas ; ton mariage est assuré si tu le veux, je mettrais tout en œuvre pour qu'il réussît.

— Mais il me semble que le prince n'offre rien jusqu'à présent : il paraît prendre plaisir à être avec nous, à se montrer avec nous partout où l'on peut le remarquer ; il nous offre beaucoup son bras, quelquefois ses voitures, en tout cas je ne vois pas qu'il m'offre de devenir sa femme ; à vrai dire, je ne crois même pas qu'il en ait l'idée.

— S'il ne l'a pas encore eue, cette idée, c'est ta faute ; ce n'est pas en étant ce que tu es avec lui que tu peux échauffer sa froideur. Je t'avais dit qu'il était l'orgueil même et que c'était par là qu'il fallait le prendre. L'as-tu fait? Des compliments, les éloges les plus exagérés, il les boit avec béatitude : lui en as-tu jamais fait?

— Cela m'ennuie.

— Et tu t'imagines qu'il n'y a pas d'ennuis à supporter pour devenir princesse, quand on est... ce que nous sommes; tu t'imagines qu'il n'y a pas de peine à prendre, pas de fatigues à s'imposer, pas de dégoûts à avaler en souriant; tu t'imagines que tu n'as qu'à te montrer dans la gloire de ta beauté; eh bien! si belle que tu sois, tu n'arriverais jamais à un grand mariage si je n'étais pas près de toi. Tu peux le préparer par ta beauté, cela est vrai; mais le poursuivre, le faire réussir, pour cela ta beauté ne suffit pas, il faut... ce que tu n'as pas et ce que j'ai, moi.

— Et cependant ni la beauté, ni... ce que tu as n'ont encore décidé Savine.

— Il se décidera ou plutôt on le décidera.

— Qui donc?

— Le duc de Naurouse qui te fera princesse.

— J'aimerais mieux qu'il me fît duchesse.

— Ne dis pas de niaiseries; explique-moi plutôt pourquoi j'ai eu peur que tu n'aies froid dans le château d'Eberstein, qui n'est pas glacial?

— Je te le demande.

— Explique-moi plutôt pourquoi j'ai eu l'idée de te faire faire une promenade en bateau?

— Pour rester seule avec le prince.

Madame de Barizel se mit à rire :

— J'ai eu peur que tu n'aies froid pour te ménager un tête-à-tête avec le duc de Naurouse, je t'ai fait faire une promenade en bateau pour continuer ce tête-à-tête, ce qui deux fois a rendu le prince furieux. C'est en l'éperonnant ainsi que nous le ferons avancer malgré lui. Et c'est à cela que le duc de Naurouse nous servira.

— Pauvre duc de Naurouse !

— Vas-tu pas le plaindre plutôt; il sera bien heureux, au contraire ; sans compter qu'il aura le plaisir de nous rendre un fameux service. Mais ce qui serait tout à fait aimable de sa part, ce serait d'être en situation de fortune d'inspirer des craintes réelles à Savine et d'être, comme mari possible, un rival redoutable. C'est ce qu'il me faut savoir et ce que je saurai demain par Leplaquet ou, en tout cas, après-demain par M. Dayelle, que j'attends. Maintenant, va dormir, car je crois bien que Coralie ne rentrera pas. Rêve du duc de Naurouse, si tu veux, de son grand air, de sa mine fière, de ses yeux doux, cela te fera trouver ton lit moins mauvais. Bonne nuit, princesse !

— Bonne nuit, financière !

XI

Quand Leplaquet n'avait pas vu madame de Barizel le soir, il avait pour habitude de venir le lendemain matin déjeuner d'une tasse de thé avec elle pour parler de la journée écoulée et s'entendre sur la journée qui commençait : c'était l'heure des confidences, des renseignements, des conseils, des projets, où tout se disait librement, comme il convient entre associés qui n'ont qu'un même but et qui travaillent consciencieusement à l'atteindre en unissant leurs efforts.

Lorsqu'il venait ainsi, on faisait pour lui ce qui

était interdit pour tout autre : on l'introduisait dans la chambre de madame de Barizel, qui avait l'habitude de rester tard au lit, un peu parce qu'elle aimait à dormir la grasse matinée, et aussi parce qu'elle trouvait qu'elle étai là mieux que nulle part pour suivre les caprices de son imagination, toujours en travail, et échafauder ses combinaisons. Il n'y avait pas à se gêner avec Leplaquet, qui, dans sa vie de bohême, en avait vu d'autres et qui n'avait de dégoûts d'aucunes sortes.

Lorsqu'il entra, madame de Barizel venait de s'éveiller, et, comme elle n'avait point été dérangée, elle était de belle humeur.

— Je vous attendais, dit-elle en sortant sa main de dessous le drap et en la tendant à Leplaquet, qui la baisa galamment, il y a du nouveau.

— Vous avez fait hier la connaissance du duc de Naurouse, qui vous a accompagnées dans votre promenade à Eberstein.

— Qu'est ce duc de Naurouse?

— Un homme dont le nom a empli les journaux pendant plusieurs années et qui a retenti partout : sur le turf, dans le *high-life*, devant les tribunaux, et même devant la cour d'assises.

— Que me parlez-vous de cour d'assises : il a passé en cour d'assises?

— Oui, et pour avoir tué un homme.

— Ah! mon Dieu! et il s'est assis à côté de nous, dans la même voiture, il a été vu dans notre compagnie.

— Rassurez-vous, il a tué cet homme en duel et conformément aux règles de l'honneur. Vous comptez donc sur lui?

— Beaucoup.

— Alors le prince Savine est lâché?

— Au contraire.

- Je n'y suis plus.

— Vous y serez tout à l'heure, quand vous m'aurez dit ce que vous savez du duc de Naurouse, tout ce que vous savez.

— Je ne sais que ce que tout le monde sait : grand nom, noblesse solide, belle fortune. Cependant cette fortune a dû être écornée par des folies de jeunesse; ces folies lui ont même valu un conseil judiciaire que lui ont fait nommer ses parents contre lesquels il a lutté avec acharnement pendant plusieurs années. A la fin il en a triomphé et il est aujourd'hui maître de ce qui lui reste de sa fortune.

— Qu'est ce reste?

— Quatre ou cinq cent mille francs de rente peut-être. Bien entendu je ne garantis pas le chiffre; il faudrait voir.

— Je demanderai à Dayelle.

— Il doit bientôt venir? demanda Leplaquet avec un certain mécontentement.

Elle ne le laissa pas s'appesantir sur cette impression désagréable, et tout de suite elle continua ses questions sur le duc de Naurouse.

— Quelle a été sa vie?

— Celle des jeunes gens qui s'amusent et dont Paris s'amuse; pendant les derniers temps de son séjour en France, il était l'amant de la duchesse d'Arvernes, et l'amant déclaré au vu et au su de tout le Paris; leurs amours ont fait scandale; il s'est à moitié tué pour la duchesse...

— Un passionné alors, c'est à merveille cela!

A ce moment l'entretien fut interrompu par une négresse qui entra portant un plateau sur lequel était servi un déjeuner au thé pour deux personnes.

Ce fut une affaire, de trouver à poser ce plateau; mais les négresses, au moins certaines négresses, affinées, ont l'adresse et la souplesse des chattes pour se faufiler à travers les obstacles sans rien casser. Celle-là manœuvra si bien, qu'elle parvint à découvrir une place pour son plateau sans le lâcher.

— Si je n'avais trouvé la clef dans le lierre, dit madame de Barizel d'un ton indulgent, nous étions exposées à coucher dehors.

La négresse, qui était jeune encore et toute gracieuse, au moins par la souplesse de ses mouvements et la mobilité de sa physionomie, se mit à sourire en montrant le blanc de ses yeux et ses dents étincelantes avec les mouvements flexueux et les ondulations caressantes d'une chienne qui veut adoucir son maître.

— Pas faute à moi, bonne maîtresse, convenu avec Dinah, elle rentrer; Dinah pas faute à elle non plus; grand machin de montre cassé, criiii, criiii; — et en riant elle imita le bruit d'un grand ressort brisé; — elle pas savoir l'heure, elle pas pouvoir rentrer; elle bien fâchée; moi, grand chagrin.

Et, après avoir ri, instantanément elle se mit à pleurer.

— Est-elle drôle, dit Leplaquet en riant.

Ce fut tout : elle, pas grondée, sortit en riant.

Madame de Barizel la rappela :

— Et nos chambres?

— Pas faute à moi; moi oublié. Oh! moi grand chagrin.

De nouveau elle se remit à pleurer; puis doucement elle tira la porte et la ferma.

Tout en se disculpant de cette façon originale, elle

avait placé un petit guéridon devant Leplaquet, et sur le lit de madame de Barizel une de ces planchettes avec des rebords et des pieds courts qui servent aux malades.

Leplaquet s'occupa à faire le thé.

— Ainsi, dit-il, Corysandre a produit de l'effet sur le duc de Naurouse !

— Son effet ordinaire, c'est-à-dire extraordinaire : le duc est resté en admiration devant elle. A deux reprises, je leur ai ménagé quelques instants de tête-à-tête, où ils auraient pu se dire toutes sortes de choses tendres, s'ils avaient été en état l'un et l'autre de parler.

— Comment, Corysandre ?

— Je l'ai confessée hier en rentrant ; elle m'a avoué ou plutôt elle m'a déclaré, car elle n'est pas fille à avouer, que le duc de Naurouse lui plaît : c'est le premier homme qui ait produit cet effet sur elle.

— Mais c'est dangereux, cela.

— Oh! pas du tout; si peu Américaine que soit Corysandre, et élevée par son père elle l'est très peu, elle a au moins cela de bon, et pour moi de rassurant, qu'on peut la laisser *flirter* sans danger. Elle se laissera faire la cour, elle écoutera tout ce qu'on voudra lui dire de tendre ou de passionné; elle serrera toutes les mains qui chercheront les siennes, elle n'aura que des sourires pour ceux qui à droite et à gauche d'elle lui presseront les pieds sous la table, dans le tête-à-tête elle permettra même avec plaisir qu'on dépose un baiser sur son front, ses joues, ses cheveux ou son cou; mais il ne faudra pas aller plus loin; elle connaît la valeur de la dot qu'elle doit apporter en mariage et elle ne consentira jamais à la diminuer. Ce n'est pas elle qui mangera son bien en herbe; quand il aura porté graine ce sera autre chose, mais alors je n'aurai plus à en prendre souci.

— Votre intention est donc de faire du duc de Naurouse un prétendant?

— Savine, avec son caractère orgueilleux, s'imagine qu'en étant amoureux de Corysandre il lui fait grand honneur, et comme il est à la glace, incapable de passion et d'entraînement pour ce qui n'est pas lui et lui seul, il s'en tient aux satisfactions qu'il trouve dans son intimité avec nous. Du jour où il verra que quelqu'un qui le vaut bien, sinon par la fortune, du moins par le rang, car un duc français de noblesse ancienne vaut mieux qu'un prince russe, n'est-ce pas? Du jour où il verra que ce duc français est amoureux pour de bon et parle, il parlera lui-même.

— Maintenant il faut que le duc de Naurouse parle comme vous dites.

— Il parlera. Bien qu'il ne m'ait pas annoncé sa visite, je l'attends aujourd'hui; je l'inviterai à dîner pour après-demain avec Savine, Dayelle et vous. Corysandre devant Savine sera très aimable pour le duc de Naurouse, ce qui lui sera d'autant plus facile qu'elle n'aura qu'à obéir à son impulsion, et elle ne fait bien que ce qu'elle fait naturellement. De son côté, le duc de Naurouse sera très tendre pour Corysandre; cela, je l'espère, fondra la glace de Savine. Vous, de votre côté, c'est-à-dire vous, mon cher Leplaquet, aidé de Dayelle, vous agirez sur le duc de Naurouse. Votre concours, je ne vous le demande pas; je sais qu'il m'est acquis, entier et dévoué. Celui de Dayelle, je l'obtiendrai après-demain.

— Voilà ce que je n'aime pas.

— Ne dis donc pas de ces naïvetés d'enfant, gros

5.

niais ; tu sais bien pour qui je me donne tant de peine et pour qui je veux devenir libre.

XII

Madame de Barizel ne s'était pas trompée en pensant que le duc de Naurouse ne manquerait pas de lui faire visite le jour même.

Après la promenade de la veille, n'était-il pas tout naturel qu'il vînt prendre des nouvelles de leur santé? N'étaient-elles pas fatiguées? Et puis il craignait que Corysandre n'eût eu froid sur la rivière.

Madame de Barizel le rassura : elle n'était pas fatiguée ; Corysandre n'avait pas gagné froid, elle avait été enchantée de cette promenade.

Cependant, bien que Roger prolongeât sa visite, la faisant durer plus qu'il ne convenait peut-être, Corysandre ne parut pas, car madame de Barizel avait décidé qu'il fallait exaspérer l'envie que le duc de Naurouse aurait de voir celle qui avait la veille produit sur lui une si forte impression, et elle avait exigé que sa fille restât dans sa chambre. Corysandre avait commencé par se révolter devant cette exigence, puis elle avait fini par céder aux raisons de sa mère.

— Veux-tu qu'il pense à toi?
— Oui.
— Veux-tu qu'il rêve de toi?
— Oui.
— Eh bien, laisse-moi faire pour cette visite comme

pour toutes choses; on est stupide quand on écoute son cœur, on ne fait que des sottises.

Elle était restée dans sa chambre, mais en s'installant à la fenêtre, derrière un rideau, de façon à voir le duc de Naurouse quand il arriverait et repartirait.

Après une longue attente, Roger, perdant toute espérance de voir Corysandre ce jour-là, s'était levé pour se retirer; alors madame de Barizel, le trouvant au point qu'elle voulait, lui adressa son invitation à dîner pour le surlendemain.

— Quelques intimes seulement : le prince Savine, M. Dayelle, que vous connaissez sans doute? Et puis un bon ami à nous; un ami d'Amérique, maintenant fixé en Europe, un journaliste du plus grand talent, M. Leplaquet.

Le duc de Naurouse était parfaitement indifférent au nom et à la qualité des convives; ce ne serait pas avec eux qu'il dînerait, ce serait avec Corysandre, et, tout en remerciant madame de Barizel, il plaça ces convives : Dayelle et Savine à droite et à gauche de madame de Barizel; le journaliste et lui de chaque côté de Corysandre : ce serait charmant.

C'était beaucoup pour madame de Barizel de réunir à sa table le prince Savine et le duc de Naurouse; mais ce n'était pas tout : pour que cette réunion portât les fruits qu'elle en attendait, il fallait que ses deux autres convives, Dayelle et Leplaquet, jouassent bien le rôle qu'elle leur destinait; elle n'était pas femme à s'en rapporter aux hasards de l'inspiration, et à l'avance elle entendait régler chaque chose, chaque détail, chaque mot, sans rien laisser à l'imprévu, de façon à ce que tout marchât régulièrement, sûrement, pour arriver à un succès certain.

Pour Leplaquet, elle était sûre de lui : c'était un

associé, un complice sans scrupules, **un instrument docile**, et il y avait plutôt à modérer son zèle qu'à l'exciter. Comment ne se fût-il pas employé corps et âme au mariage de Corysandre? Que d'espoirs pour lui, que de rêves, que de projets dans ce mariage qui **devait**, croyait-il, faire le sien! Plus de bohème, plus de travail, plus de copie, une position, des relations.

Mais pour Dayelle il n'en était pas de même : Dayelle était un bourgeois, un homme à principes, que sa situation financière et politique rendait circonspect et timoré, lui inspirant à propos de tout ce qui ne devait pas se faire au grand jour une peur affreuse de se compromettre. Qu'attendre de bon d'un homme qui, à chaque instant, s'écriait avec la meilleure foi du monde : « Que dirait-on de moi! Un homme comme moi! » S'il était heureux d'avoir une maîtresse dont il se croyait aimé, une femme jeune encore, lui qui était un vieillard; une grande dame, lui qui était un parvenu, c'était à condition que cette liaison ne l'entraînerait pas trop loin. Déjà il trouvait que quitter Paris et ses affaires pour venir à Bade deux fois par mois était quelque chose d'extraordinaire, un témoignage de passion qu'un homme follement épris pouvait seul donner. Cela n'était ni de son âge, ni de sa position. Il perdait de l'argent, il compromettait ses intérêts pendant ces absences qui duraient trois jours. Il se fatiguait, et, bien qu'il fît le voyage dans un wagon lui appartenant, il n'en était pas moins vrai que, rentré à Paris, il lui fallait plusieurs jours pour se remettre : il n'avait plus sa facilité, son application ordinaires pour le travail, sa lucidité, sa sûreté de coup d'œil. Pendant cinquante années sa vie avait été consacrée, avait été vouée au travail, sans une minute de distraction, sans plaisirs autres que ceux que lui donnait l'amas de l'argent et des honneurs sociaux, et jusqu'au jour de sa mort madame Dayelle avait eu en lui le mari le meilleur et le plus fidèle. Il ne fallait pas oublier tout cela. A chaque instant, à chaque parole, il fallait se rappeler quelle avait été la vie de cet homme, qui tout à coup, à l'âge où l'on fait une fin, avait fait un commencement, entraîné dans une passion qui l'étonnait au moins autant qu'elle l'inquiétait. Il fallait penser à ses anciennes habitudes, à son caractère, à ses craintes, à ses réflexions, aux reproches qu'il s'adressait lui-même sur sa propre folie.

Ce n'était point, comme Leplaquet, un associé, encore moins un complice, à qui l'on peut tout dire en lui montrant le but qu'on poursuit. Sans doute il désirait le mariage de Corysandre et, pour que ce mariage avec le prince de Savine s'accomplît, il était disposé à faire beaucoup, même à verser une dot qu'il était censé avoir en dépôt, bien qu'il n'en eût jamais reçu un sou, si ce n'est en valeurs dépréciées et irréalisables qu'on ne pouvait vendre que pour le prix du papier rose, bleu, vert, jaune sur lequel elles étaient imprimées; mais en tout cas il ne ferait que ce qui lui paraîtrait délicat, droit, correct, en accord avec ses idées étroites d'honnêteté bourgeoise.

Lui demander franchement de prendre un chemin détourné, semé de pièges et de chausse-trapes était aussi inutile que dangereux; non seulement il refuserait de s'engager dans ce chemin, mais encore il s'indignerait, il se fâcherait qu'on le lui indiquât, et cela l'amènerait à des réflexions, à des appréciations, à des inquiétudes qu'il fallait soigneusement éviter, sous peine de perdre en une minute ce qu'elle avait si laborieusement préparé depuis son arrivée en France, — c'est-à-dire son mariage avec Dayelle.

Marier Corysandre et lui faire épouser Savine avait un grand intérêt pour elle, mais se marier elle-même et se faire épouser par Dayelle en avait un bien plus grand encore.

Elle, elle avait trente-huit ans, et pour elle les minutes, les heures, les jours se précipitaient avec la vitesse fatale de tout ce qui est arrivé au bout de sa course et tombe de haut; encore une année, encore deux peut-être et l'irréparable serait accompli, elle serait une vieille femme. Si son mariage avec Dayelle manquait, ce serait fini. Où trouver un autre Dayelle aussi riche, en aussi belle situation que celui-là? avec cette fortune et cette situation, elle ferait de lui un personnage dans l'Etat, tandis que d'Avizard et de Leplaquet, elle ne pourrait jamais rien faire, si grande peine qu'elle se donnât : l'un resterait ce qu'il était, un simple faiseur; l'autre, ce qu'il était aussi, un bohême.

C'était le samedi que Dayelle devait arriver à Bade, par le train parti de Paris le soir. Bien que madame de Barizel eût horreur de se lever matin, ce jour-là elle montait en wagon à neuf heures pour aller à Oos, qui est la station de bifurcation de Bade, l'attendre au passage.

Au temps où elle était jeune et où elle aimait réellement, elle n'avait jamais eu de ces attentions, mais alors les démonstrations et les preuves étaient inutiles, tandis que maintenant elles étaient indispensables. Dayelle était défiant; de plus, il avait des moments lucides où, se voyant ce qu'il était réellement, un vieillard, il se demandait s'il pouvait être vraiment aimé, si ce n'était point une illusion de le croire, un ridicule de l'espérer; et le seul moyen pour combattre ces défiances était de lui donner de telles preuves de cet amour, qu'elles fissent taire les soupçons du doute aussi bien que les objections de la raison. Comment ne pas croire à la tendresse d'une femme qu'on sait paresseuse et dormeuse avec délices, et qui quitte son lit à huit heures du matin, qui s'impose la fatigue d'un petit voyage en chemin de fer pour venir au-devant de celui qu'elle attend et lui faire une surprise !

Elle fut grande, cette surprise de Dayelle, et bien agréable, quand pendant la manœuvre au moyen de laquelle on détachait son wagon du train de la grande ligne pour le placer en queue du train de Bade, il vit la portière de son salon s'ouvrir et madame de Barizel apparaître, souriante, avec la joie et la tendresse dans les yeux.

— Eh quoi, s'écria-t-il en lui tendant les deux mains pour l'aider à monter, vous ici !

XIII

La distance est courte d'Oos à Bade. Pendant ce trajet, le nom du duc de Naurouse ne fut pas prononcé. Pouvait-elle penser à un autre qu'à celui qu'elle était si heureuse de revoir ? C'était pour lui qu'elle était venue, c'était de lui seul qu'elle pouvait s'occuper.

Mais, après les premiers moments d'épanchement, il était tout naturel de parler de ce qui s'était passé depuis la dernière visite de Dayelle à Bade, et alors le nom du duc de Naurouse se présenta, amené par la force des choses.

— A propos, j'ai une nouvelle à vous annoncer, une

grande nouvelle que j'allais oublier, tant je suis troublée. Il faut me pardonner, quand je vous vois, je perds la tête et ne pense plus à rien. Vous connaissez le duc de Naurouse ?

— Je l'ai beaucoup vu chez le duc d'Arvernes, à la campagne, au château de Vauxperreux ; présentement, il est en train de faire un voyage autour du monde.

— Présentement, il est à Bade, arrivant de son voyage, et j'ai tout lieu de penser qu'il est amoureux de Corysandre,

Elle dit cela joyeusement, glorieusement ; mais Dayelle ne s'associa pas à cette joie, loin de là.

— Si ce que vous supposez était vrai, dit-il gravement, il ne faudrait pas s'en réjouir ; il faudrait, au contraire, s'en affliger, M. de Naurouse ne serait nullement le mari que je souhaiterais à votre fille.

— Qu'a-t-on à lui reprocher ?

Avant de répondre, Dayelle prit une pose parlementaire, la tête en arrière, les yeux à dix pas devant lui, deux doigts de la main dans la poche de son gilet, le bras gauche étendu noblement :

— Vous savez, dit-il, combien est vive l'affection que je porte à votre fille, d'abord parce qu'elle est votre fille et puis aussi parce qu'elle est charmante ; c'est sincèrement que je souhaite son bonheur. M. le duc de Naurouse n'est pas digne d'elle et je ne crois pas qu'il puisse la rendre heureuse. Il faut que vous ayez jusqu'à ces derniers temps habité l'Amérique pour que le tapage de cette existence ne soit point arrivé jusqu'à vous ; c'est non seulement son argent que M. de Naurouse a gaspillé follement, le jetant aux quatre vents comme s'il avait hâte de s'en débarrasser, c'est aussi son cœur, sa santé. Le scandale de ses amours avec la duchesse d'Arvernes a étonné Paris qui, vous le savez, ne s'étonne pas facilement. Bref et en un mot, M. le duc de Naurouse, bien que jeune, beau, distingué, riche et noble, n'est pas mariable; soyez sûre que s'il se présentait dans une famille honnête il serait éconduit et que pas une mère, qui le connaîtrait, ne consentirait à lui donner sa fille. Pour moi, si mon fils avait eu une pareille conduite, je renoncerais à le marier.

Tout Dayelle était dans ce discours débité avec une gravité et une lenteur emphatiques. Madame de Barizel resta un moment embarrassée, car ce qu'elle avait à répondre à cette condamnation ne pouvait pas être dit, sous peine de se faire condamner elle-même. Après quelques secondes de réflexion son parti fut pris : Dayelle pouvait être utilisé.

— J'avoue, dit-elle, que ce que vous venez de m'apprendre me plonge dans l'étonnement; mais je n'ai rien à répondre aux raisons que vous avez exposées avec cette noblesse, cette droiture, cette sûreté de conscience, cette hauteur de vues qu'on rencontre toujours en vous et en toutes circonstances, parce qu'elles sont le fond même de votre nature.

Dayelle eut un sourire d'orgueil, car il n'était pas encore blasé sur ces éloges dont elle l'accablait, et c'était pour lui un plaisir toujours nouveau de s'entendre louer par ces belles lèvres et de se voir admirer par ces beaux yeux.

Elle continua :

— Ce n'est pas à moi que je voudrais vous entendre redire ce que vous venez de si bien m'expliquer, ce serait à Corysandre d'abord, et puis ensuite à une autre personne.

— Cela est assez difficile avec Corysandre.

— Pas pour vous ; votre tact vous fera trouver juste ce que peut entendre une jeune fille. Maintenant la seconde personne à laquelle je voudrais vous voir répéter ce que vous m'avez expliqué, c'est-à-dire que le duc de Naurouse n'est pas mariable, c'est... vous allez sans doute être surpris, c'est... le duc de Naurouse lui-même.

Comme Dayelle faisait un mouvement de répulsion, elle poursuivit en insistant :

— Pour tout autre ce serait là une commission délicate ; mais pour vous, avec votre tact, avec l'autorité que vous donnent votre caractère et votre position, il me semble que quand le duc de Naurouse vous parlera de l'impression que Corysandre a produite sur lui, et il vous en parlera, j'en suis certaine, sachant l'amitié que vous nous portez, il me semble que vous pouvez très bien lui répondre par ce que vous m'avez dit.

— Mais c'est impossible, s'écria Dayelle.

Madame de Barizel, qui avait jusque-là parlé avec une douceur caressante, changea brusquement de ton, et sa parole, son geste, son regard, prirent une énergie qui rendait la contradiction difficile :

— Jusque-là, dit-elle, je ne vous ai parlé que de Corysandre ; mais je crois que je dois vous parler aussi de moi; de vous, de nous. Voulez-vous que je sois toute à vous ? Aidez-moi à marier Corysandre au plus vite. Notre situation, telle qu'elle existe maintenant, ne peut pas se prolonger plus longtemps. Vous comprenez que la vérité peut se découvrir d'un moment à l'autre, et que, du jour où elle sera connue, du jour où le monde donnera son vrai nom à ce qu'il a accepté jusqu'à présent pour de l'amitié, le mariage de Corysandre sera gravement compromis, empêché peut-être pour jamais, par le scandale de la conduite de sa mère.

Ne serait-ce pas affreux? Aidez-moi donc à la marier si vous m'aimez comme je vous aime.

— En quoi la mission que vous voulez que je remplisse auprès du duc de Naurouse aidera-t-elle au mariage de Corysandre?

Elle se mit à sourire.

— Comme les hommes les plus fins sont naïfs pour les choses de sentiment, dit-elle en reprenant le ton caressant. Comprenez donc que le duc de Naurouse ne doit nous servir qu'à décider le prince Savine, et que le prince se décidera quand il saura qu'il a un rival.

— Puisque ce rival n'aura paru que pour se retirer...

— Il se retirera écarté par vous, notre ami prudent, mais non par nous, de telle sorte qu'il peut revenir; c'est la peur de ce retour qui, je l'espère, amènera le prince Savine à réaliser enfin une résolution arrêtée dans son esprit comme dans son cœur et qu'il diffère, je ne sais pourquoi.

XIV

Comme c'était le soir même, après le dîner, que Dayelle devait adresser son étrange discours au duc de Naurouse, il voulut se préparer pendant la journée en répétant à Corysandre ce qu'il avait dit le matin à madame de Barizel sur le jeune duc. Malheureusement pour son éloquence, Corysandre ne lui facilita point sa tâche, et, malgré le tact que madame de Barizel lui avait reconnu le matin, il s'arrêta plusieurs fois, embarrassé pour continuer.

Aux premiers mots Corysandre avait souri, heureuse qu'on lui parlât du duc de Naurouse; mais, quand elle avait vu que ce n'était pas du tout l'éloge qu'elle attendait que Dayelle entreprenait, elle avait pris sa mine la plus dédaigneuse, et, malgré les signes désespérés de sa mère, elle avait répondu d'une façon peu révérencieuse aux observations qui la contrariaient

— Alors il a fait des dettes, M. de Naurouse ?

— Des dettes considérables.

— Et il les a payées?

— Mais sans doute.

— Eh bien? cela ne prouve pas, il me semble, que ce soit un jeune homme désordonné, au contraire.

Sur un autre sujet plus délicat que Dayelle avait traité avec toutes sortes de ménagements, elle avait répondu sur le même ton.

— Alors il a eu des maîtresses, M. de Naurouse?

Dayelle avait incliné la tête.

— Et il les a aimées?

Dayelle avait répété le même signe affligé.

— Il a fait des folies pour elles ?

— Scandaleuses.

— Vraiment! Et en quoi étaient-elles scandaleuses? Voilà ce que je voudrais bien savoir.

— C'est là une question qui n'est pas convenable dans ta bouche, interrompit madame de Barizel, qui, voyant la tournure que prenait l'entretien, aurait voulu le couper court, de peur que Corysandre, par quelques mots d'enfant terrible, ne fâchât Dayelle.

— Alors je la retire, ma question, dit Corysandre, jusqu'au jour où je pourrai la poser à M. de Naurouse lui-même, ce qui sera bien plus drôle.

— Corysandre !

— Si je ne dois pas avoir la fin des histoires que vous commencez, pourquoi les commencez-vous ? qu'est-ce que cela me fait, à moi, que M. de Naurouse ait gaspillé une partie de sa fortune ; qu'est-ce que cela me fait qu'il ait eu des maîtresses et qu'il les ait aimées follement ? cela prouve qu'il est capable d'amour et même de passion, ce que je trouve très beau. Quand je dis que cela ne me fait rien, ce n'est pas très vrai, et, pour être sincère, car il faut toujours être sincère, n'est-ce pas ?

Dayelle, à qui elle s'adressait, ne répondit pas.

— Pour être sincère, je dois dire que cela me fait plaisir.

— Et pourquoi ? demanda Dayelle sérieusement.

— Parce que cela confirme le jugement que j'avais porté sur M. de Naurouse en le regardant.

— Et quel jugement aviez-vous porté ? demanda Dayelle.

— Ne l'interrogez pas, dit madame de Barizel, elle va vous répondre quelque sottise.

Habituellement, lorsque sa mère l'interrompait ainsi, ce qui arrivait assez souvent devant Leplaquet, Dayelle ou Avizard, c'est-à-dire devant des amis intimes, Corysandre se taisait en prenant une attitude où il y avait plus de dédain que de soumission, mais cette fois il n'en fut point ainsi ; au lieu de courber la tête, elle la releva.

— En quoi donc est-ce une sottise, dit-elle lentement, de répondre à une question que M. Dayelle trouve bon de me poser ? Si j'ai dit que cela me faisait plaisir d'apprendre que M. de Naurouse était capable d'amour, c'est qu'en le voyant je l'avais jugé ainsi et que je suis bien aise de voir que je ne me suis pas trompée sur lui.

S'adressant à sa mère directement :

— Je t'ai dit que M. de Naurouse me plaisait, n'est-il pas tout naturel que je sois satisfaite d'apprendre des choses qui ne peuvent qu'augmenter la sympathie que j'éprouve pour lui ?

— Mais, malheureuse enfant, s'écria Dayelle, ce n'est pas de la sympathie que ces choses doivent vous inspirer, c'est de la répulsion, de l'éloignement.

— Alors c'était pour cela que vous me les disiez ! eh bien ! franchement, mon bon monsieur Dayelle, vous n'avez pas réussi. Je vois que M. de Naurouse ne ressemble pas au commun des hommes : qu'il a un caractère à lui : qu'il est capable d'entraînement et de passion ; qu'il a inspiré des amours extraordinaires, ce qui est quelque chose, il me semble : qu'il a occupé tout Paris, ce qui n'est pas donné à tout le monde, et pour tout cela il me plaît un peu plus encore qu'avant que vous ne me l'ayez fait connaître. A l'âge où les petites filles jouent encore à la poupée on m'a dit : « Plais à celui-ci, plais à celui-là. » Et depuis on me l'a répété sans cesse, sans s'inquiéter jamais de savoir si celui-ci ou celui-là me plaisaient. Il semble que je sois une marchandise, une esclave qui doit plaire à l'acheteur et passer entre ses mains le jour où il voudra de moi. Je ne me suis jamais révoltée ; je ne me révolte pas. Mais je trouve enfin un homme qui me plaît, et je le dis tout haut, non à lui, mais à vous, ma mère, à l'ami de ma mère, est-ce donc un crime ?

— Quelle sauvage ! s'écria madame de Barizel.

Corysandre la regarda un moment ; puis avec un profond soupir :

— Ah ! si je pouvais en être une, dit-elle, une vraie !

XV

A l'exception de Savine, qui trouvait qu'il était de sa dignité de se faire toujours attendre, les convives de madame de Barizel furent exacts.

Le dîner était pour sept heures ; à sept heures vingt minutes seulement, on entendit sur le sable du jardin le roulement d'une voiture, puis les piaffements des chevaux qu'on arrêtait, le saut lourd de deux valets qui sautaient à terre pour ouvrir la portière et se tenir respectueux sur le passage de leur maître. C'était Son Excellence le prince Savine, qui, pour venir du Graben aux allées de Lichtenthal, c'est-à-dire pour une distance qu'on franchit à pied en quelques minutes, avait fait atteler, afin d'arriver dans toute sa gloire et faire une entrée digne de lui.

Madame de Barizel, Dayelle et Leplaquet s'empressèrent au-devant de lui ; mais Corysandre, qui était en conversation avec le duc de Naurouse dans l'embrasure d'une fenêtre en tête-à-tête, ou qui plutôt écoutait le duc de Naurouse, ne se dérangea pas et elle attendit que Savine vînt à elle, sans lever les yeux, sans les tourner de son côté, toujours souriante et attentive à ce que Roger lui disait.

Quand on avait annoncé le prince, Roger, avait eu un moment d'émotion. En voyant l'indifférence qu'elle témoignait et qui certainement n'était pas jouée, une joie bien douce lui emplit le cœur. Assurément, elle n'aimait pas Savine ; jamais elle n'avait éprouvé un sentiment tendre pour lui. Et les remarques qu'il avait faites pendant leur promenade à Eberstein se trouvèrent confirmées d'une façon frappante.

Elles le furent bien mieux encore lorsqu'on dut passer dans la salle à manger.

A ce moment Savine, qui en entrant ne leur avait adressé que quelques courtes paroles sur un ton peu gracieux, revint vers Corysandre pour la conduire; mais vivement elle tendit la main à Roger qu'elle n'avait pas quitté des yeux.

— J'accepte votre bras, monsieur le duc, dit-elle gaiement.

Savine, qui déjà arrondissait le bras en souriant d'un air un peu plus aimable, resta interloqué, tandis que Corysandre impassible et Roger tout heureux tournaient autour de lui pour suivre madame de Barizel et Dayelle.

Si Leplaquet n'avait pas été invité, Savine serait entré le dernier dans la salle à manger. Il était suffoqué.

Si Dayelle ne fut pas suffoqué, au moins fut-il fort étonné lorsque, arrivé à sa place et se retournant, il vit venir Corysandre et le duc de Naurouse, souriants l'un et l'autre, tandis que Savine, la figure empourprée et les sourcils contractés, les suivait avec Leplaquet. Eh quoi ! était-ce ainsi que cette petite sauvage devait se conduire avec le prince, son prétendant, son futur mari, celui qu'on désirait si vivement lui voir épouser? Et, dans son mouvement de surprise, il pressa le bras de madame de Barizel pour appeler son attention sur ce scandale. Mais elle ne répondit pas à cette pression, et ses yeux ne suivirent pas la direction que l'attitude de Dayelle lui indiquait; car il n'y avait là rien qui pût la surprendre, puisque, à l'avance, ce qui venait de se passer avait été arrêté entre elles. C'était elle, en effet, qui avait dit à Corysandre de prendre le bras du duc de Naurouse, et de se conduire avec celui-ci de telle sorte que Savine en fût piqué.

— Il faut qu'il avance, avait-elle dit, et qu'il se décide ; profitons de la présence du duc de Naurouse; qui sait combien de temps nous l'aurons !

Roger ne s'était pas trompé dans ses prévisions : Dayelle et Savine se trouvèrent placés à droite et à gauche de madame de Barizel ; le journaliste et lui de chaque côté de Corysandre.

On servit, et, comme le dîner venait du restaurant, il se trouva bon ; comme les domestiques ne furent pas ceux de madame de Barizel, ils s'occupèrent convenablement de leur besogne; comme le linge était loué, il fut propre; comme l'argenterie, la vaisselle, les cristaux appartenaient à la maison et qu'ils avaient été nettoyés et essuyés par des domestiques étrangers, ils ne trahirent en rien le désordre et la malpropreté qui étaient cependant la règle ordinaire de cette maison ; les fleurs de la salle à manger étaient aussi fraîches que celles du salon, et comme, pour faire le service, il fallait de la cuisine passer par le vestibule, les convives, heureusement pour leur appétit, ne pouvaient pas deviner ce qu'était cette cuisine.

D'ailleurs, à l'exception de Savine, que la mauvaise humeur rendait silencieux, aucun d'eux n'était en état de faire attention à ce qui se passait autour de lui : Leplaquet, parce qu'il veillait à entretenir la conversation, parlant lorsqu'elle tombait, se taisant lorsqu'il n'avait pas besoin de faire sa partie ; Dayelle parce qu'il n'avait d'yeux et d'oreilles que pour madame de Barizel qui l'avait en quelque sorte magnétisé en lui posant sur le pied le bout de sa bottine ; le duc de Naurouse enfin, parce qu'il était tout à Corysandre, ne prenant intérêt qu'à ce qui venait d'elle et s'appliquait à elle.

Dayelle qui avait commencé joyeusement le dîner l'acheva assez mélancoliquement : il s'était engagé envers madame de Barizel à présenter ses observations au duc de Naurouse ce soir-là, et, à mesure que le dîner s'avançait, le souvenir de cet engagement lui devenait plus désagréable et plus gênant.

Il était fier, ce jeune duc, d'humeur peu accommodante lorsqu'on se mêlait de ses affaires ; comment prendrait-il la chose ? Quelle singulière idée madame de Barizel avait-elle eue de le charger d'une pareille commission ?

La préoccupation de Dayelle et la mauvaise humeur persistante de Savine abrégèrent les causeries du dessert ; on sortit de table pour aller dans le jardin, où Corysandre et Roger s'installèrent, de façon à continuer leur duo, et, au bout d'un certain temps, Savine, dont la mauvaise humeur s'était accrue, annonça qu'il était obligé de retourner au trente-et-quarante pour suivre une série qui l'intéressait.

Ce fut le signal du départ.

— Ne voulez-vous pas venir voir notre ami faire sauter la banque ? demanda Roger à Corysandre, espérant ainsi rester plus longtemps avec elle ; nous suivrons ses émotions sur son visage.

— Sachez, mon cher, que je n'ai pas d'émotions, dit Savine de plus en plus maussade.

— Alors, répondit Corysandre, cela n'offre aucun intérêt de vous voir jouer, et je ne sais vraiment pas pourquoi, le prince Otchakoff et vous, vous avez toujours une galerie si nombreuse.

— Otchakoff, parce qu'il joue follement ; moi, parce que mes combinaisons sont intéressantes.

— Pour moi, continua Corysandre qui n'avait jamais tant parlé, le joueur qui m'intéresse, c'est celui qui s'approche de la table en se disant : je ruine ma femme et mes enfants, si je perds, je n'ai plus qu'à me tuer, et qui joue cependant ; voilà celui qui me touche et que j'admire.

— Celui-là est un fou, dit Savine.

— Ou un passionné, dit Roger.

— J'aime les passionnés, dit Corysandre.

Sur ce mot on se sépara et les hommes se dirigèrent tous les quatre vers la *Conversation*, Savine et Leplaquet allant en tête, Dayelle et Roger venant ensuite.

Arrivés à la maison de jeu, Savine et Leplaquet montèrent le perron, Roger, qui voulait faire parler Dayelle sur madame de Barizel et surtout sur Corysandre, parut peu disposé à les suivre.

— Vous n'avez pas envie de jouer, monsieur le duc? demanda Dayelle.

— Je n'ai pas joué depuis que je suis à Bade et je crois que je partirai sans avoir risqué un louis.

— Je ne saurais vous exprimer combien je suis heureux de vous voir dans ces dispositions, car il y a quelques années vous étiez un grand joueur, et le jeu vous a coûté cher.

— C'est peut-être ce qui m'a guéri.

Dayelle croyait avoir trouvé une ouverture pour placer son discours, il se hâta d'en profiter :

— Enfin, je suis, je vous le répète, bien heureux de vous voir revenu si sage de votre voyage ; c'est un grand bonheur pour vous, ce sera une grande joie pour ceux qui, comme moi, vous portent un vif intérêt, car je ne doute pas que vous ne persévériez dans la bonne voie. La jeunesse a des entraînements, je comprends cela, mais il ne faut pas qu'ils se prolongent au delà d'une certaine limite. Avec votre beau nom, avec votre grande fortune, quelle eût été votre vie, je vous le demande, si vous aviez persévéré dans la voie que vous suiviez avant votre départ.

Roger se redressa blessé par cet étrange discours, mais, après un court moment de réflexion, il n'interrompit pas, voulant voir où il allait arriver.

— Comment auriez-vous assuré la perpétuité de ce nom par un mariage digne de la noblesse de votre race, continua Dayelle. Quelle mère de famille eût accepté pour gendre le jeune homme brillant et, passez-moi le mot, bruyant que vous étiez alors ? Il y a des réputations qui font peur. Tandis que dans quelques années, quand la preuve sera faite, et bien faite que ce jeune homme effrayant est devenu un homme sage, quelle famille, parmi les plus hautes, ne sera pas heureuse et fière de votre alliance ! Mais il faudra du temps, soyez-en sûr, car les mauvaises impressions sont plus longues à s'effacer qu'à se former ; et ce sera le temps, le temps seul qui amènera ce résultat ; toutes les paroles, tous les engagements ne pourraient rien ; on vous répondrait : « Attendons. » Voilà pourquoi je suis heureux de vous voir renoncer dès maintenant à vos anciennes habitudes pour en prendre de nouvelles qui, seules, peuvent, dans un avenir, je ne dis pas immédiat, mais prochain au moins, vous donner la vie qui convient à un duc de Naurouse, et que personne ne vous souhaite plus sincèrement que moi, croyez-le.

Dayelle avait cessé de parler, que Roger se demandait ce qu'il y avait dans ces paroles, et sous ces paroles. Que cachaient leur forme entortillée et leur sens obscur ? Qui les avait inspirées ? Dans quel but ce vieux bonhomme, qui était l'ami de madame de Barizel, son ami intime, les lui adressait-il ?

XVI

Malgré les savantes combinaisons de madame de Barizel, les choses continuèrent de suivre leur cours sans changement, c'est-à-dire sans que le prince Savine et le duc de Naurouse parlassent mariage.

Leur empressement auprès de Corysandre ne laissait rien à désirer ; chaque jour c'étaient des parties nouvelles, des promenades à cheval et en voiture dans la Forêt-Noire, des excursions dans les villages voisins et dans les villes où il y avait quelque chose à voir, des petits voyages çà et là le long du Rhin ou dans les Vosges ; mais c'était tout.

Savine se montrait ce qu'il avait toujours été : très éloquent en témoignages d'admiration.

Il était impossible de voir des yeux plus tendres que ceux que le duc de Naurouse attachait sur Corysandre, d'entendre une voix plus douce que la sienne lorsqu'il lui parlait, ce qu'il faisait depuis le moment où il arrivait jusqu'au moment où il partait.

Fatiguée d'attendre, impatiente, inquiète, pressée par toutes sortes de raisons, madame de Barizel se décida enfin à faire une tentative directe sur Savine.

de façon à l'obliger à se prononcer ou tout au moins à montrer quels étaient ses vrais sentiments pour Corysandre, jusqu'où ils allaient et ce qu'on pouvait en attendre.

Lorsqu'elle se fût arrêtée à cette idée, elle n'en différa pas l'exécution, si sérieuse qu'elle fût.

Savine devait venir dans la journée ; elle s'arrangea pour être seule au moment de son arrivée et aussi pour n'être point dérangée tant que durerait leur entretien.

Bien qu'elle fût encore assez jeune pour inspirer des passions, elle était cependant dans la classe des mères, de sorte que ceux qui venaient pour voir Corysandre et qui, au lieu de trouver la fille, ne trouvaient que la mère, se laissaient aller bien souvent à un mouvement de déception.

— Mademoiselle Corysandre? demanda Savine après les premiers mots de politesse.

— Elle est dans sa chambre, où elle restera, car j'ai à vous entretenir en particulier de choses graves.

En particulier ! Des choses graves ! Savine fut inquiet. L'heure qu'il avait si souvent redoutée était-elle sonnée ? Allait-on lui demander à quel but tendaient ses assiduités dans cette maison ?

— Et notre entretien, continua madame de Barizel, doit rouler sur elle, au moins incidemment, surtout sur l'un de vos amis.

D'amis, il n'en avait réellement qu'un : lui-même ; puisque ce n'était pas de lui qu'il allait être question, il n'avait pas à prendre souci. Les autres, ses amis, que lui importait ?

Il s'installa commodément dans son fauteuil pour subir le supplice qu'on allait lui imposer, se disant tout bas qu'on était vraiment bien bête de s'exposer à ce que des gens pussent prétendre qu'ils étaient vos amis.

— Vous connaissez beaucoup M. le duc de Naurouse ? commença madame de Barizel.

— Comment, si je le connais ; c'est mon meilleur ami ; nous sommes liés depuis plusieurs années. C'est lui qui m'a assisté dans mon duel avec le duc d'Arcala, ce duel stupide où j'ai eu la sottise, par pure générosité, de me faire donner un coup d'épée par un adversaire moins naïf que moi, au moment même où je cherchais à le ménager.

C'était là un souvenir que Savine aimait à rappeler au moins en ces termes, dont il était satisfait.

— Alors, il n'est personne mieux que vous qui puisse dire ce qu'est M. le duc de Naurouse ?

— Personne. Cependant, par cela seul que je suis son ami...

— Oh ! soyez sans crainte ; je n'ai pas à me plaindre de M. de Naurouse et ce n'est pas une accusation que je veux porter contre lui : je trouve que c'est un des hommes les plus charmants que j'aie jamais rencontrés.

— Certainement, dit Savine avec une grimace, car rien ne le faisait plus cruellement souffrir que d'entendre l'éloge de ses amis.

— Distingué.

— Très distingué, et même peut-être, si cela est possible à dire, un peu trop distingué, ce qui lui donne quelque chose d'efféminé.

— Généreux.

— Généreux jusqu'à la prodigalité, jusqu'à la folie, car toute qualité poussée à l'extrême devient un défaut.

— Noble.

— De la meilleure noblesse, bien que, par sa mère, qui était une Condrieu-Revel, c'est-à-dire tout bonnement une Coudrier si le procès en ce moment pendant est fondé, il y ait une tache sur son blason.

— Beau garçon.

— Très beau garçon, quoique sa beauté ne soit pas très solide à cause de sa santé qui a été rudement éprouvée et qui même inspire des craintes sérieuses à ses amis.

— La mine fière.

— Que trop, car il y a des moments où cette fierté frise l'arrogance.

— Le caractère chevaleresque.

— A un point que vous ne sauriez imaginer. Si je vous disais ce que ce caractère chevaleresque lui a fait commettre d'extravagances, vous en seriez stupéfaite.

— Plein de cœur.

— Oh! pour cela, rien n'est plus vrai; on peut même dire que c'est là son faible, le brave garçon. Combien de fois a-t-il été victime de son cœur ! Et ce qu'il y a de curieux, c'est que l'apparence le fait prendre pour un sceptique et un indifférent; tandis qu'en réalité c'est un naïf et, pour toutes les choses de cœur, disons le mot... un jobard.

— Je suis heureuse de voir que vous le jugez comme moi et que vous lui rendez pleine justice.

— Je vous l'ai dit, c'est mon meilleur ami.

— Je le savais avant que vous ne me le disiez et cependant je n'ai pas hésité à m'adresser à vous, parce que je savais en même temps que ce n'était pas en vain qu'on faisait appel à votre honneur, à votre probité.

Les compliments débités ainsi, lâchés à bout portant, en pleine figure, provoquent ordinairement deux mouvements contraires chez ceux qui les reçoivent : les uns s'inclinent en ayant l'air de dire : « C'est trop »; les autres se redressent et se rengorgent en disant par leur attitude : « Vous pouvez continuer. » Savine se rengorgea.

Madame de Barizel continua donc.

— Bien que nous ne vous connaissions pas depuis longtemps, nous avons pu vous apprécier, ma fille et moi, elle avec son instinct, moi avec l'expérience d'une femme qui a souffert. Il est vrai qu'il n'y a pas grand mérite à cela. Un homme aussi droit que vous, aussi franc...

Savine se redressa encore.

— Une nature aussi ouverte, qui parle toujours haut parce qu'elle n'a rien à cacher...

Savine fit craquer le dossier de son fauteuil sous la pression de ses épaules.

— Un caractère aussi loyal, un cœur aussi bon se laissent facilement pénétrer. Ce sont les fourbes qui déroutent l'examen, les méchants ; avec eux on ne sait jamais à quoi s'en tenir, on a peur.

— Et on a bien raison.

— N'est-ce pas? Enfin nous n'avons pas eu peur de vous ; je veux dire je n'ai pas eu peur, car si ma fille partage les sentiments... d'estime que je ressens, comme elle ignore la démarche que j'entreprends en ce moment, elle n'a pas eu à se prononcer sur la question de savoir si malgré votre amitié pour M. le duc de Naurouse et les longues relations qui vous unissent, j'avais ou n'avais pas raison de compter sur une entière sincérité de votre part.

— J'espère qu'elle n'eût pas eu de doute à cet égard.

— Oh! soyez-en sûr : si Corysandre parle peu, c'est par discrétion, par réserve de jeune fille, mais elle sait regarder, elle sait voir et je ne connais pas de jeune fille de son âge qui sache comme elle aller au fond des choses et les apprécier à leur juste valeur. D'un mot elle vous juge, et bien, et justement. Le malheur est qu'en ce qui vous touche je ne puisse rien dire de cette appréciation et de ce jugement, arrêtée que je suis par ce sentiment de modestie exagérée qui vous empêche d'entendre tout ce qui ressemble à un compliment.

— Oh! je vous en prie, dit Savine, rouge de joie orgueilleuse.

— Ne craignez rien, je ne ferai pas violence à cette modestie ; d'ailleurs ce n'est pas de vous qu'il s'agit, et ce que j'ai dit n'a eu d'autre objet que d'expliquer comment j'ai eu la pensée de m'adresser à vous dans les circonstances graves, solennelles, qui sont à la veille de se produire, au moins je le suppose.

Savine, bien qu'il commençât à se rassurer et à croire, — on le lui disait d'ailleurs, — qu'il ne s'agissait pas de lui dans cet entretien, ne fut pas maître d'imposer silence à sa curiosité, vivement surexcitée, et de retenir une question qui lui vint aux lèvres.

— Quelles circonstances solennelles? dit-il vivement.

Madame de Barizel le regarda bien en face, en plein dans les yeux.

— La demande de la main de Corysandre par M. le duc de Naurouse, dit-elle lentement.

Il n'était point habituellement démonstratif, le prince Savine ; cependant madame de Barizel avait si bien conduit l'entretien pour produire l'effet qu'elle voulait, qu'il laissa échapper une exclamation en se levant à demi sur son fauteuil.

— Naurouse vous a demandé la main de mademoiselle Corysandre?

Elle ne répondit pas tout de suite, jouissant de cette émotion, pour elle pleine de promesses.

Elle avait donc réussi; maintenant il ne lui restait plus qu'à poursuivre l'avantage qu'elle avait obtenu et à achever ce qu'elle avait si heureusement commencé.

— Je ne vous ai pas dit cela, répondit-elle enfin. Au moins dans ces termes. Je ne vous ai pas dit que la demande était faite. Je suppose qu'elle est sur le point de se faire.

— Ce n'est pas la même chose.

— Assurément. Mais, comme cette supposition repose sur des faits certains, mon devoir de mère est de prendre des précautions. Voici ces faits : M. de Naurouse a profité de la présence ici de M. Dayelle, qui est, comme vous le savez, notre meilleur ami, notre conseil, le second père de Corysandre, pour lui parler mariage et lui prouver, ce qui véritablement n'aurait eu aucun intérêt pour M. Dayelle sans l'intimité qui nous unit, que les folies de jeune homme qu'il avait pu faire n'avaient aucune importance au point de vue de son mariage.

— Vraiment!

— Cela est caractéristique, n'est-ce pas? Ce n'est pas tout : il n'est presque pas de soirée que M. de Naurouse ne passe avec Leplaquet à l'interroger sur nous, sur M. de Barizel, sur moi, sur notre vie en Amérique, sur nos propriétés, sur Corysandre, surtout sur Corysandre. Cela a tellement frappé Leplaquet, qu'il a cru devoir m'en parler en me racontant comment le duc de Naurouse, pris pour lui d'une belle amitié, l'accompagne le soir pendant des heures entières et ne peut pas le quitter. Cela aussi est caractéristique, n'est-ce pas, car il n'est pas dans les habitudes de M. de Naurouse de se lier ainsi et de montrer une telle curiosité, qui serait blessante pour nous, si elle ne s'expliquait pas par ma supposition. N'est-ce pas votre avis?

Il répondit d'un signe de main.

— Maintenant, continua madame de Barizel, ce qu'est M. de Naurouse avec ma fille, je n'ai pas à vous en parler, vous l'avez vu, vous le voyez comme moi tous les jours. Les choses étant ainsi, cette demande serait faite depuis quelque temps déjà, j'en suis certaine, si M. de Naurouse n'avait été et n'était retenu par notre réserve : la mienne, qui est celle d'une mère prudente, et celle de Corysandre...

— Il ne lui plaît point? s'écria Savine avec un élan de joie qu'il ne put pas contenir.

Madame de Barizel prit une figure effarouchée et jusqu'à un certain point scandalisée :

— Croyez-vous donc qu'on peut plaire ainsi à ma fille?

La pureté de Corysandre étant sauvegardée par l'observation qu'elle avait faite et sa dignité de mère prudente l'étant en même temps, madame de Barizel put continuer à pousser Savine en l'attaquant aux endroits qu'elle savait être les plus sensibles chez lui.

— On ne peut pas ne pas reconnaître que M. de Naurouse ne mérite la sympathie.

— Oh! certainement.

— Sous tous les rapports.

— Certainement.

— Ainsi il est très beau garçon.

— Je vous le disais moi-même tout à l'heure.

— Nous sommes donc d'accord. Vous me disiez aussi qu'il était plein de cœur, que son caractère était chevaleresque, enfin vous me faisiez de lui un éloge tel que toute jeune fille qui l'aurait entendu aurait souhaité que celui dont on parlait ainsi devînt son mari.

— J'ai fait quelques réserves.

— Parce que vous êtes son ami. Mais, quel que soit votre esprit de justice ou même plutôt à cause de cet esprit de justice, vous proclamez que c'est un des hommes les plus charmants qu'on puisse rencontrer.

Savine était au supplice; chaque mot lui était une blessure cruelle : un autre que lui méritant la sympathie; un autre beau garçon (il s'était regardé dans la glace); un autre plein de cœur; un autre chevaleresque; un autre l'un des hommes les plus charmants qu'on pût rencontrer ! Qu'avait-il donc pour qu'on parlât de lui en ces termes, pour qu'on le jugeât ainsi?

— Malgré toutes ces qualités, continua madame de Barizel, vous devez comprendre que Corysandre n'est pas fille à ouvrir son cœur à un sentiment qui ne serait pas avouable. Le duc de Naurouse a pu lui paraître... Comment dirais-je bien? Le mot ne me vient pas. Mais peu importe. Enfin elle a 'pu le juger ce qu'il est réellement; mais de là à dire qu'il lui plaît, comme vous l'avez dit, il y a un abîme qu'elle ne franchira jamais. Non, jamais, jamais. Ce n'est pas la connaître que de faire une pareille supposition.

— Ce n'était pas une supposition, dit Savine, qui, devant la véhémence de cette indignation maternelle, crut devoir s'excuser, c'était un cri... un cri de surprise provoqué par ce que vous m'appreniez.

— Sans qu'on puisse admettre une seule minute

que cette enfant si simple, si naïve, si innocente, ait éprouvé de la tendresse pour M. de Naurouse, je crois qu'elle ne serait pas insensible à sa recherche si M. de Naurouse demandait sa main. Pensez donc à ce que vous m'avez dit : à ses qualités, à sa belle figure, à sa mine fière, à ses yeux passionnés, à son caractère chevaleresque, à sa jeunesse, à son esprit, à tous les mérites que vous reconnaissez en lui et qu'un ami ne peut pas être seul à voir, car ils crèvent les yeux de tous.

Chaque mot était souligné et suivi d'un silence, de façon à ce que tous les coups portassent sans se confondre.

— Pensez donc que c'est un des hommes les plus charmants qu'on puisse rencontrer, qu'il a tout pour lui : la naissance, la fortune...

Savine se révolta.

— La fortune?

— Ce qu'on appelle la fortune en France, et vous savez que ma fille a les idées françaises.

— Les Français sont des crève-la-faim, bredouilla Savine.

Madame de Barizel l'examina; il était rouge à éclater. Elle jugea qu'elle l'avait suffisamment exaspéré et qu'aller plus loin serait s'exposer à dépasser la mesure; évidemment il était dans un état de colère furieuse, et s'il avait pu tordre le cou de celui dont on l'obligeait à écouter et même à faire l'éloge, il eût éprouvé un immense soulagement. Naurouse n'était plus son ami, c'était un ennemi qu'il haïssait à mort pour les douleurs qu'il venait d'endurer. Tout ce qu'elle pourrait dire maintenant du duc, de ses mérites, de ses qualités, de son titre, de son rang, de sa fortune, serait inutile; l'envie de Savine ne pourrait pas en être plus vivement surexcitée qu'elle ne l'était. Ce qu'elle voulait, ce n'était pas fâcher Savine, bien loin de là : c'était tout simplement lui prouver que Corysandre pouvait être aimée et recherchée par quelqu'un qui n'était pas le premier venu, par un rival dont il devait être jaloux. Et ce résultat était obtenu : la jalousie, l'envie de Savine étaient exaspérées; elle les voyait le gonfler à chaque parole caractéristique qu'elle assénait : il se contemplait dans la glace, il se redressait, il se bouffissait, les narines serrées, les joues ballonnées, les épaules rejetées en arrière, la poitrine bombée en avant : « Et moi, et moi! criait toute sa personne, regardez-moi donc, vous qui parlez d'un homme beau garçon! » Pour un peu, il eût raconté des histoires pour prouver que lui aussi avait du cœur, que lui aussi était chevaleresque. Surtout, il eût voulu faire l'addition de sa fortune. Et sa noblesse! N'était-il pas prince?

Maintenant qu'il était dans cet état, il y avait avantage à lui montrer qu'elles voyaient aussi des mérites en lui, et de grands qui, s'ils ne supprimaient pas ceux du duc de Naurouse, les égalaient au moins et peut-être les surpassaient.

Après l'avoir fait souffrir par l'envie, il fallait l'exalter par l'orgueil.

— Vous voyez, dit-elle, en quelle estime je tiens le duc de Naurouse et quel cas nous faisons de lui, ma fille et moi. Mais, malgré tous les mérites que je suis disposée à lui reconnaître, il n'en est pas moins vrai que je ne sais pas ce qu'il est réellement. Ce n'est pas en quelques jours qu'on peut apprécier un homme et le juger justement, alors surtout qu'on n'est pas de son pays, qu'on n'a pas vécu de sa vie et dans son monde. Si la demande dont je vous parlais m'est faite, il faut que je puisse y répondre. Je ne peux pas plus l'accueillir à la légère que la repousser. C'est chose grave que le mariage, la plus grave de la vie, et lourde, bien lourde est ma responsabilité de mère, plus lourde même que ne le serait celle d'une autre mère. Je suis seule, je n'ai pas de mari pour me guider et toute la responsabilité de la décision que je vais avoir à prendre pèse sur moi, elle m'écrase. Songez à ce qu'est la situation de deux femmes sans homme. Et nous ne sommes pas dans notre pays, où les amitiés que M. de Barizel avait su se créer me seraient d'un si grand secours pour m'aider, pour m'éclairer, pour me guider! Si, comme tout me le fait croire, M. le duc de Naurouse me demande bientôt, demain peut-être, la main de ma fille, que dois-je lui répondre? D'un côté, il me semble, par le peu que je sais de lui, surtout par ce que je vois, que c'est un parti assez beau pour ne pas le dédaigner. Mais je n'ai pas confiance en moi, je ne suis qu'une femme, c'est-à-dire que je peux très bien me laisser prendre à des dehors trompeurs. D'autre part, je me dis que ce parti, qui me paraît beau parce que je le juge en femme, n'est peut-être pas aussi beau qu'il en a l'air. De là mon tourment, mes angoisses. Et voilà pourquoi je m'adresse à vous et vous dis : « Qu'est réellement le duc de Naurouse? Pour vous, qui le connaissez, est-il digne de Corysandre? »

— C'est à moi que vous adressez une pareille question! s'écria Savine stupéfait.

Cette exclamation et le ton dont elle fut prononcée firent croire à madame de Barizel qu'il allait ajouter : « Moi qui l'aime! » c'est-à-dire le mot qu'elle attendait si anxieusement et qu'elle avait si laborieusement préparé, puisque tout ce qu'elle avait dit jusque-là n'avait eu d'autre but que de l'amener, que de le forcer.

Mais il n'en fut rien : Savine, s'étant remis de sa surprise, se tint prudemment sur la réserve et resta bouche close.

Alors elle continua, feignant de ne pas comprendre le vrai sens de cette exclamation :

— Nous vous considérons donc comme notre ami, continua madame de Barizel, un de nos meilleurs amis, et par ce que je sais, par ce que j'ai vu, moi, femme d'expérience, j'estime que votre esprit est un des plus sûrs auxquels on puisse faire appel, comme votre conscience est une des plus hautes, des plus fermes auxquelles on puisse demander un conseil. Voilà pourquoi, dans les circonstances qui se présentent, j'ai eu la pensée de m'adresser à vous pour vous poser cette demande qui tout à l'heure a provoqué en vous un moment de surprise. Ai-je eu tort ?

Bien que les hasards d'une vie tourmentée l'eussent endurcie, elle était tremblante d'émotion en cette minute solennelle qui, en faisant le sort de Corysandre, allait décider le sien.

La gêne de Savine était grande : la situation en effet se présentait sous un double aspect, et il fallait la trancher d'un mot sans pouvoir s'échapper.

Vraiment elle était cruelle, car s'il ne voulait pas de Corysandre pour sa femme, il aurait voulu au moins qu'elle ne fût pas la femme d'un autre, surtout celle d'un ami qu'on mettait sur la même ligne que lui, d'un ami qui avait su se faire aimer sans doute, ainsi que cela semblait résulter des paroles entortillées de la mère, sous lesquelles il semblait qu'on pouvait deviner les sentiments vrais de la fille.

Durant quelques secondes il balança le parti qu'il allait prendre, enfin l'intérêt l'emporta.

— Certainement Roger mérite tout ce que vous avez dit, tout ce que nous avons dit de lui ; s'il en était autrement, il ne serait pas mon ami intime. Toutes les qualités que vous lui avez reconnues, je les lui reconnais aussi ; ce n'est pas la peine de les rappeler, n'est-ce pas? cependan il y a un point sur lequel j'ai des réserves à poser... je trouve que la fortune de Naurouse est assez médiocre : quatre ou cinq cent mille francs de rente. Quelle figure peut-on faire avec cela dans le monde?

Il haussa les épaules avec un parfait mépris.

— Et puis... j'allais oublier un autre point sur lequel j'ai aussi des réserves à faire : c'est la santé. Il n'est pas solide, ce pauvre diable de Naurouse ; son père est mort d'une maladie du cerveau ; sa mère a succombé à une maladie de poitrine et lui-même est, je le crois bien, je le crains bien, poitrinaire. Mais, vous savez, on vit très bien poitrinaire ; et puis, en plus des on-dit, il y a un fait : c'est la façon dont il s'est jeté à corps perdu dans des amours... ridicules; tout poitrinaire est follement sentimental, cela est connu. Cela me peine et beaucoup de vous parler ainsi, mais la confiance que vous me témoignez me fait un devoir d'être franc et de tout dire. C'est pour cela aussi que je ne peux point passer sous silence la manie fâcheuse que Naurouse a eue de jeter son argent par les fenêtres pour faire du bruit, du tapage, pour paraître, au lieu de s'amuser pour le plaisir de s'amuser. C'est pour cela aussi que je rappelle le procès en usurpation de nom intenté à son grand-père, ce qui démolira terriblement la noblesse de Roger, si ce procès est perdu par M. de Condrieu-Revel, comme tout le fait supposer. Mais cela n'empêche pas que Naurouse ne soit un charmant garçon; on n'est pas parfait, même quand la faveur publique, qui souvent est bien bête, vous fait une sorte d'auréole.

Madame de Barizel n'avait jamais entendu Savine parler si longuement. Où voulait-il en venir avec cette démolition en règle qui n'avait épargné ni la fortune, ni la santé, ni le nom, ni le caractère, et qui s'était terminée par une conclusion qui avait si peu de rapport avec ses attaques.

— Aussi, en mon âme et conscience, — il se posa la main sur le cœur majestueusement, — mon avis est... c'est-à-dire le conseil que je vous donne est que vous acceptiez la demande du duc de Naurouse quand il vous l'adressera.

Bien que madame de Barizel fût inquiète depuis quelques instants déjà, ce coup la surprit si fort, qu'il la laissa un moment anéantie.

— Car il vous adressera cette demande, continua Savine, cela ne fait pas le moindre doute pour moi. Comment aurait-il pu rester insensible à la splendide beauté de mademoiselle Corysandre, à son charme, à ses séductions, qui font d'elle une merveille incomparable? Pour moi il y a longtemps que je vous aurais adressé cette demande en mon nom... si je ne m'étais juré de mourir garçon.

Il se tut, très satisfait de lui; il avait démoli Naurouse et il s'était lui-même dégagé.

Heureusement pour lui madame de Barizel s'était depuis longtemps exercée à ne pas s'abandonner à son premier mouvement, car si elle avait cédé à l'indignation furieuse qui l'avait saisie, il eût entendu des choses qui, après les éloges et les compliments auxquels elle l'avait habitué, l'eussent étrangement et bien désagréablement surpris. Par un énergique effort de volonté, elle se rendit maîtresse d'elle-même et refoula sa fureur. Ah! s'il n'avait pas été l'ami du duc de Naurouse! Mais il était l'ami du duc, et maintenant c'était du côté de celui-ci qu'elle devait se retourner, en lui qu'elle devait espérer, sur lui qu'elle devait échafauder ses nouveaux projets; il ne fallait donc pas se faire en ce moment de ce misérable Savine un ennemi qui pouvait être redoutable.

XVIII

Madame de Barizel, qui avait horreur du mouvement, passait sa vie couchée ou étendue, ne quittant son canapé ou son fauteuil qu'à la dernière extrémité et dans des circonstances tout à fait graves. Cependant, lorsque Savine, qu'elle avait conduit jusqu'à la porte du salon, ce qui chez elle était la plus grave preuve d'estime ou d'amitié qu'elle pût donner, fut parti, au lieu de revenir s'asseoir, elle se mit à marcher à grands pas, allant, revenant, sans savoir ce qu'elle faisait, poussée par les mouvements désordonnés qui l'agitaient.

— Mourir garçon, répétait-elle machinalement, mourir garçon!

Pendant assez longtemps encore, elle marcha par le salon; puis, un peu calmée, elle alla s'allonger sur un divan, et là elle continua de réfléchir.

Enfin, s'étant arrêtée à une résolution, elle sonna et commanda qu'on priât Corysandre de descendre.

Celle-ci ne tarda pas à arriver, l'air ennuyé.

— J'ai à te parler, dit madame de Barizel, sérieusement.

— C'est de mon mariage, n'est-ce pas, qu'il va être question? dit-elle.

— Oui.

— Hélas!

— Écoute-moi avant de te plaindre et peut-être après me remercieras-tu.

— Ce serait si tu voulais bien ne plus me parler de mariage que je te remercierais, si tu savais comme je suis lasse de toutes ces combinaisons que tu te donnes tant de peine à chercher et qui n'aboutissent jamais, comme j'en suis humiliée.

Son beau visage s'anima, mais pour se voiler d'une expression mélancolique:

— Si tu savais comme j'en suis malheureuse.

— Eh bien je ne veux pas que cela dure plus longtemps; je ne veux pas que tu sois malheureuse, je ne l'ai jamais voulu. Sois convaincue que tu n'as pas de meilleure amie que ta mère; que je n'ai jamais voulu que ton bonheur; que je ne veux que lui et que je suis prête à tout pour l'assurer. Écoute-moi et tu vas le voir; mais d'abord réponds-moi en toute sincérité, sans rien me cacher, franchement: que penses-tu du prince Savine?

— Je te l'ai dit vingt fois, cent fois, et je te l'aurais dit bien plus encore si tu avais voulu m'écouter.

— Le temps n'a pas modifié ton impression première?

— Oh! si. Je le vois aujourd'hui plus insupportable qu'il ne m'était apparu avant de le connaître; suffisant, vaniteux, arrogant, envieux, égoïste jusqu'à la férocité, misérablement avare, sans cœur, sans honneur, sans

7.

courage, sans esprit, fourbe, menteur, hâbleur, je lui cherche vainement une qualité, car il n'est même pas beau avec son grand corps mal dégrossi et ses grâces d'ours blanc.

C'était la première fois que sa mère la voyait parler avec cette passion, elle toujours si calme, si indifférente ; elle s'était dressée sur son fauteuil et, le corps penché en avant, la tête haute, elle semblait de son bras droit, qu'elle levait et abaissait à chaque mot, asséner ces épithètes qui lui montaient aux lèvres sur Savine placé devant elle.

— Alors, continua madame de Barizel après quelques instants, tu voudrais ne pas devenir sa femme ?

Corysandre ne répondit pas.

— Réponds-moi donc, dit madame de Barizel en insistant.

— A quoi bon ? Je t'ai déjà répondu à ce sujet. Tu m'as dit que j'étais folle ; que ce mariage était nécessaire ; qu'il fallait qu'il se fît ; qu'il était le plus beau que je puisse souhaiter ; que le refuser c'était faire ton malheur et le mien ; que nous n'avions que ce seul moyen de sortir de la situation où nous nous trouvons ; enfin, par la prière, par le commandement, par la persuasion, de toutes les manières, tu me l'as imposé. Pourquoi viens-tu me demander aujourd'hui si je veux devenir sa femme ?

— Pour connaître ton sentiment.

— Il n'a pas plus changé sur le mariage que sur le mari, l'un me déplaît autant que l'autre : tu voulais savoir, tu sais.

— Et je ferai mon profit de ce que tu dis, tu le verras tout à l'heure. Maintenant, autre question à laquelle tu dois répondre avec la même franchise : que penses-tu du duc de Naurouse? Tes idées à son égard n'ont pas changé?

— Il me plaît autant que le prince Savine me déplaît; tous les défauts de l'un sont des qualités opposées chez l'autre.

— Alors, si le duc de Naurouse te demandait en mariage, tu l'accepterais?

Corysandre pâlit et ce fut les lèvres tremblantes qu'elle regarda sa mère; voyant un sourire dans les yeux de celle-ci, elle poussa un cri.

— Il m'a demandée?

Mais cette explosion de joie qui venait de se manifester par ce cri et cet élan irrésistible fut de courte durée.

— Pas encore, dit madame de Barizel.

— Ah! pourquoi m'as-tu fait cette joie! murmura Corysandre, se renversant dans son fauteuil.

— C'est toi qui t'es trompée; je ne t'ai pas dit et je n'ai pas voulu te dire que le duc de Naurouse t'avait demandée, mais simplement, et cela est quelque chose, tu vas le voir, que s'il te demandait je suis disposée à te donner à lui.

Corysandre se leva vivement et, d'un bond venant à sa mère, elle la prit dans ses bras et l'embrassa.

C'était la première fois depuis qu'elle n'était plus une enfant qu'elle avait un de ces élans d'effusion.

Après le premier mouvement de trouble, madame de Barizel la fit asseoir sur le canapé, près d'elle, et, lui tenant une main dans les siennes :

— Tu vois maintenant combien tu m'as mal jugée trop souvent. Je n'ai jamais voulu que ton bonheur, et, si nous n'avons pas toujours été d'accord, c'est qu'avec ton inexpérience tu ne peux pas juger le monde et la vie comme je les juge moi-même. J'ai cru que c'était assurer ton bonheur que te faire épouser le prince Savine, dont le nom, la fortune et la situation m'avaient éblouie ; et si, malgré les répugnances que tu as manifestées, j'ai persisté dans ce projet, c'est que j'ai cru que ces répugnances s'effaceraient quand tu connaîtrais mieux le prince, en qui je ne voyais pas, comme toi, un ours blanc mal dégrossi. Mais, au lieu de diminuer, ces répugnances ont grandi ; aujourd'hui, le prince te paraît le monstre que tu viens de me dépeindre. — Dans ces conditions, moi, ta mère, qui veux ton bonheur, je ne puis te dire qu'une chose : renonçons au prince Savine et épouse le duc de Naurouse, mais épouse-le.

— Il m'épousera, je te le promets, je te le jure !

XVIII

Savine était sorti de chez madame de Barizel enchanté de lui-même.

C'était son habitude de trouver toujours dans ce qu'il avait dit comme dans ce qu'il avait fait, de même dans ce qu'il n'avait pas dit et ce qu'il n'avait pas fait, des motifs de satisfaction qui lui permettaient de se féliciter. Il avait parlé, il avait agi, il avait été bien inspiré ; il s'était abstenu de paroles et d'actes, il avait été habile ; jamais il n'avait eu tort, jamais il n'avait commis une erreur, encore moins une maladresse ou une sottise, et quand les choses n'avaient point tourné selon son désir ou ses intérêts, c'était la faute des circonstances, ce n'était pas la sienne. Comment eût-il été en faute, lui! Dieu, oui; Dieu en qui il croyait quand il réussissait et en qui il ne croyait plus quand il échouait, Dieu pouvait se tromper et faire des bêtises; mais lui Savine, non, mille fois non, cela était impossible.

Cependant ce jour-là il était plus satisfait encore, plus fier de lui qu'à l'ordinaire. Ceux qui le voyaient passer sous les arbres des allées de Lichtenthal, allant lentement, la poitrine bombée, la tête haute, le sourire de l'orgueil sur le visage, superbe, glorieux, le front dans les nuages, se disaient : Voilà un homme heureux...

Et de fait il l'était pleinement, il avait la veine.

Cette idée fut un éclair pour lui : puisqu'il avait la veine, il devait en profiter.

Et avec cette superstition des joueurs, il se dit qu'il devait se hâter.

Aussitôt, hâtant le pas, il se dirigea vers le Graben pour prendre chez lui l'argent qui lui était nécessaire : la banque n'avait qu'à se bien tenir; mais que pourrait-elle contre sa chance s'unissant aux combinaisons inexorables du marquis de Mantailles? Elle allait sauter, non pas une fois, mais deux, indéfiniment.

Après avoir pris tout ce qu'il avait d'argent, car il voulait risquer un coup décisif, il entra à la Conversation.

Il n'eut pas de peine à trouver le marquis de Mantailles, qui, assis comme à l'ordinaire à la table de trente-et-quarante piquait avec une longue épingle des cartons placés devant lui. Mais, si attentif qu'il fût à cette besogne, pour lui pleine d'intérêt, le vieux marquis ne manquait pas cependant, après chaque coup, de promener un regard circulaire autour de lui pour voir s'il n'apercevait point un nouveau venu à qui il pourrait proposer quelques-unes de ses combinaisons inexorables ou même une association pour ruiner toutes les banques de jeu, ce qu'il attendait, ce qu'il espérait toujours.

Sur un signe de Savine, il quitta sa chaise et suivit celui-ci, mais de loin, et ce fut seulement lorsqu'ils furent arrivés dans un endroit écarté du jardin où il n'y avait personne qu'il l'aborda.

— Le moment est-il favorable? demanda Savine.

— On ne peut plus favorable; ainsi...

Mais Savine, brutalement, lui coupa la parole.

— Oh! vous savez, pas de blagues, n'est-ce pas.

Le marquis redressa sa grande taille voûtée et prit un air de dignité blessée; mais ce ne fut qu'un éclair, la réflexion sans doute lui dit qu'il n'était pas en état de se fâcher d'une offense.

— Parfaitement, continua Savine avec plus de dureté encore dans le ton, j'ai dit « pas de blagues » et je le répète; selon vous, quand je vous consulte, le moment est toujours on ne peut plus favorable; vous avez à m'offrir des combinaisons de plus en plus inexorables, et malgré tout cela la vérité est que je perds; je devais ruiner la banque en suivant vos conseils et, tout au contraire, depuis que je joue, ce serait elle qui m'aurait ruiné... si j'étais ruinable. Si elle ne m'a pas ruiné, au moins m'a-t-elle enlevé...

Le marquis l'arrêta d'un geste plein de noblesse :

— Un homme comme vous, prince, retient-il le chiffre des sommes qu'il perd au jeu?

— Parfaitement, au moins quand il joue pour gagner; ce qui est mon cas avec la banque, contre laquelle je ne me serais pas amusé à jouer si je n'avais pas poursuivi un but élevé. Eh bien, ce but, je ne l'ai pas atteint : je devais gagner; j'ai perdu, de sorte que j'étais décidé à ne plus jouer.

Le marquis de Mantailles eut un sourire qui disait qu'il les connaissait bien, ces joueurs décidés à ne plus jouer, et quelle foi il avait en leurs engagements.

— Cependant vous venez me demander un conseil.

— Parce que, aujourd'hui, j'ai la veine.

— Alors vous êtes sûr de perdre ; vous le savez bien, qu'il n'y a pas de veine, qu'il n'y a pas de hasard, et que l'ordre règle toute chose en ce monde, le jeu comme le reste, l'ordre qui est la manifestation de la divine Providence, qui...

Savine avait entendu cinquante fois ce raisonnement sur l'ordre de la Providence ; il l'interrompit :

— Je vous dis que la Providence est avec moi aujourd'hui, s'écria-t-il ; mais si assuré que je sois de gagner, je veux mettre toutes les chances de mon côté ; voyons donc quelle est la situation des figures que vous suivez, de façon à ce que je puisse opérer largement : je veux une série de coups extraordinaires qui fassent pousser des cris d'admiration à la galerie.

Le marquis de Mantailles expliqua cette situation des figures.

— C'est bien, dit Savine, l'interrompant avant qu'il fût arrivé au bout de ses explications, cela suffit maintenant ; je vous répète que si, par extraordinaire, je ne gagnais pas aujourd'hui, ce serait fini et vous ne toucheriez plus votre louis par jour, attendu que je quitterais Bade. Tout à l'heure vous avez souri quand je vous ai dit cela ; mais c'est que vous ne me connaissez pas bien en me jugeant d'après les autres joueurs ; moi je n'ai pas de passions.

— Alors, prince, je vous plains de toute mon âme.

— Encore un mot, dit Savine, ne m'accompagnez pas, je vous prie ; sans doute vous ne me parlez pas, mais cela me gêne que vous soyez dans la salle ; malgré moi, je vous cherche et cela me donne des distractions, et puis vos regards m'empêchent de suivre mes inspirations.

— Défiez-vous-en.

— Je vous dis que j'ai la veine.

Il quitta le vieux marquis pour rentrer dans la salle de jeu, où, rien que par sa manière de se présenter, il se fit faire place.

Lorsqu'il se fut assis, il promena sur les curieux, qui le regardaient étale: autour de lui ses liasses de billets un sourire de superbe assurance qui disait:

— Regardez-moi bien, vous allez voir.

Il fit son jeu.

Ce qu'on vit, ce fut une déveine constante qui le poursuivit.

Au bout d'une heure il avait perdu deux cent mille francs.

— Je cède ma chaise.

— Je la prends, dit une voix derrière lui.

C'était son ennemi, Otchakoff, qu'il n'avait pas vu.

Alors en étant obligé de passer au second rang tandis que son rival s'avançait au premier, il sentit en lui un mouvement de rage plus cruel que sa perte d'argent ne lui en avait fait éprouver : c'était une abdication.

XIX

C'était fini, Savine était bien décidé à quitter Bade, où rien ne le retenait plus.

A la *Conversation*, il ne voulait pas voir le triomphe

insolent d'Otchakoff, qui continuait à gagner ou à perdre avec la même indifférence apparente.

Et il ne voulait pas assister davantage à celui de Naurouse auprès de Corysandre.

Cependant, s'il se décidait à partir ainsi, il fallait que son départ lui rapportât au moins quelque chose, ne serait-ce que la reconnaissance de Naurouse.

Lorsque cette idée se fut présentée à son esprit, elle en chassa le mécontentement et la colère. Il se dirigeait vers le *Graben* pour rentrer chez lui, il s'arrêta, et, changeant de chemin, il alla chez le duc de Naurouse.

— Vous venez dîner avec moi? dit celui-ci, qui allait sortir.

— Justement, mais à une condition, qui est que nous allions dîner dans un endroit où nous pourrons causer ; j'ai à vous parler de choses sérieuses, et je voudrais n'être ni dérangé ni entendu.

— Vous paraissez agité.

— Je le suis, en effet ; vous saurez tout à l'heure pourquoi ; occupons-nous d'abord de dîner, le reste viendra après.

Ils montèrent en voiture et se firent conduire à l'*Ours*, qui est un restaurant établi dans une prairie à quelques minutes de Bade ; mais en route Savine ne parla de rien, pas même de la perte qu'il venait de faire.

A table non plus il n'entama pas la confidence qu'il avait annoncée, et Roger remarqua qu'il mangeait et buvait à fond en homme qui ne se laisse pas couper l'appétit par les émotions : il s'était fait servir de la bière, du champagne et du cognac qu'il mélangeait lui-même dans de certaines proportions et qu'il avalait à grands coups, car lorsqu'il ne se croyait pas malade c'était une de ses prétentions de pouvoir boire plus qu'aucun Russe, et sa réputation avait commencé à se fonder autrefois à Paris par ce talent qui lui avait valu bien des envieux parmi les jeunes gens de son monde.

Ce fut seulement au dessert, la porte close, qu'il commença l'entretien que, tout en mangeant et en buvant, il avait préparé :

— Mon cher Roger, il faut me répondre avec franchise.

— Vous savez bien que je parle toujours franchement.

— Comme moi, mais comme moi aussi vous ne dites que ce que vous voulez, tandis que ce que je vous demande, c'est de répondre à toutes mes questions sans rien taire, sans rien cacher. Comment trouvez-vous mademoiselle de Barizel ?

— La plus gracieuse, la plus belle, la plus charmante, la plus délicieuse, la plus séduisante des jeunes filles.

— Je m'en doutais.

Il porta la main à son cœur avec le geste d'un homme qui vient de recevoir un coup cruel.

— Puis, après un moment de silence assez long, il poursuivit :

— Maintenant, autre question : Quel sentiment vous a-t-elle inspiré ?

— L'admiration.

— Cela c'est l'effet, mais cet effet, qu'a-t-il produit lui-même ?

Roger ne répondit pas.

— Je vous en prie, dit Savine en insistant, répondez par un mot : l'aimez-vous ?

— C'est une question que je n'ai pas examinée... par cette raison que je ne pouvais pas l'examiner.

— Pourquoi ?

— Parce que je n'aurais pu le faire qu'après vous avoir posé moi-même certaines questions que pour toutes sortes de raisons il me convenait de taire.

— Et que vous ne pouvez plus taire maintenant que nous avons abordé cet entretien, qui, vous le sentez, doit être poussé jusqu'au bout ; posez-les donc, ces questions, et soyez sûr que j'y répondrai sans toutes les résistances que vous opposez aux miennes.

— Nos conditions ne sont pas les mêmes ; vous étiez l'ami de la famille de Barizel quand je suis arrivé à Bade.

— Vos questions, vos questions ?

— Eh bien, la question que je ne voulais pas vous adresser est la même que celle que vous me posez : l'aimez-vous ?

Savine tendit ses deux mains au duc de Naurouse :

— Mon cher Roger, dit-il d'une voie émue, vous êtes l'ami le plus loyal, le cœur le plus honnête, le plus droit, que j'aie jamais connu ; mais j'espère me montrer digne de vous : je réponds donc : « Oui, je l'aime. »

— Vous voyez donc...

— Écoutez-moi : quand je dis « Je l'aime », je devrais plutôt dire pour être absolument dans le vrai : « Je l'ai aimée. » Quand vous êtes arrivé à Bade et quand je vous ai amené près d'elle, un peu pour que vous l'admiriez comme je l'admirais moi-même, je l'aimais et je pensais à l'épouser ; mais j'ai vu l'effet qu'elle a produit sur vous et celui que vous avez produit sur elle ; j'ai vu comment vous avez été attirés l'un vers l'autre à Eberstein ; ce que vous avez été depuis l'un pour l'autre, je l'ai vu aussi. Oh! je ne vous fais pas de reproches, mon cher Roger; vous êtes resté, j'en suis certain, j'en ai eu cent fois la preuve, l'ami loyal et délicat dont je serrais la main tout à l'heure. Et c'est là ce qui m'a si profondément touché, si doucement ému, moi qui n'ai pas été gâté par l'amitié. Mais enfin, quelle qu'ait été votre réserve, vous n'avez pas pu ne pas vous trahir : mille petits faits, insignifiants pour un indifférent, considérables pour moi, m'ont appris chaque jour ce que vous ressentiez pour Corysandre et ce que Corysandre ressentait pour vous. Si je vous disais que les premiers moments n'ont pas été cruels, désespérés, vous ne me croiriez pas, vous qui êtes un homme de cœur. Mais si moi aussi je suis un homme de cœur, je suis en même temps un homme de raison. De plus, pardonnez-moi cet aveu brutal : je vous aime tendrement, d'une amitié solide et profonde au-dessus de tout. J'ai fait mon examen de conscience. En même temps j'ai fait le vôtre aussi... et celui de Corysandre. Je me suis demandé : « Avec qui serait-elle le plus heureuse ? » Et ma conscience m'a répondu : — je pense que ma sincérité, celle d'un homme qu'on accuse d'être orgueilleux, a quelque mérite, — « Avec Roger » ; et alors mon plan a été arrêté. J'avoue que j'en ai différé l'exécution plus que je n'aurais dû peut-être. Mais il faut me pardonner ; il y a des sacrifices auxquels on se résigne difficilement. Ce plan, vous l'avez deviné : il consistait à venir vous poser les questions que je vous ai posées et qui se résumaient dans une seule : « L'aimez-vous ? » En ne me répondant pas vous m'avez répondu mieux que vous ne l'auriez fait par la réponse la plus précise.

Il se tut et parut réfléchir douloureusement comme

s'il balançait dans son cœur troublé une résolution terrible à prendre.

— Il est évident, mon cher Roger, dit-il enfin, qu'un de nous deux est de trop à Bade...

— C'est-à-dire ?

— C'est-à-dire que je vous cède la place ; dans quelques jours j'aurai quitté Bade ; plus tard, quand vous penserez à moi, vous verrez si j'ai été votre ami, et alors, je l'espère, votre souvenir s'attendrira.

Lui-même eut un accès d'émotion qui lui coupa la parole.

— Si je vous ai dit avec une entière franchise ce qui se rapportait à nous et à Corysandre, je dois vous dire maintenant, pour que notre explication soit complète, que j'ai eu il y a quelques instants un entretien avec madame de Barizel, qui, je dois en convenir, paraissait me traiter avec une certaine bienveillance et peut-être même avec une préférence marquée : n'en soyez pas jaloux, mon cher Roger, j'ai sur vous, au moins aux yeux d'une mère, une supériorité marquée : je suis plus riche que vous. Eh bien, dans cet entretien tout à fait accidentel et en l'air, j'ai annoncé à madame de Barizel que j'avais la volonté bien arrêtée de mourir garçon. Vous pouvez donc vous présenter maintenant quand vous voudrez, mon cher Naurouse, vous ne trouverez devant vous ni mon titre de prince, ni mes mines de l'Oural. Je n'existe plus. Je suis r ' ... au moins pour Corysandre. Ce que je vais devo. r, n'en prenez pas souci. Je vais tâcher de m'occuper de quelque chose, de me passionner pour quelque chose. Je vais fonder une chaire au Muséum, construire un observatoire, subventionner une exploration du Centre de l'Afrique, fonder un orphelinat pour les jeunes filles ; enfin, je vais chercher quelque chose qui prenne mon temps, car vous pensez bien que mourir garçon, c'est tout simplement une blague, une blague héroïque qui mériterait de faire le sujet d'une tragédie s'il y avait encore des poètes ; malheureusement il n'y en a plus ; je viens trop tard. C'est pour vous dire cela que je vous ai demandé à dîner. Maintenant, si vous le voulez bien, sonnez le garçon, qu'il nous apporte du champagne et du cognac, j'ai très soif pour avoir si longtemps parlé ; et, de plus, il est bon d'oublier.

Car pour être un héros on n'en est pas moins homme.

Est-ce que ça fait un vers français, ça ? Je n'en sais rien ; ça en a l'air ; mais il faut m'excuser, je ne suis qu'un rustre ou un Russe, et entre les deux il n'y a pas grande distance... pour les vers français.

XX

C'était le malheur de Savine de ne pas inspirer confiance à ceux qui le connaissaient, et Roger le connaissait bien. Tout d'abord, il avait éprouvé un moment d'émotion quand Savine lui avait dit : « J'ai fait mon examen de conscience et ma conscience m'a répondu que c'était avec Roger que Corysandre pouvait être heureuse » ; et cette émotion était devenue plus vive quand Savine, mettant la main sur son cœur, avait ajouté avec des larmes dans la voix : « Un de nous deux est de trop à Bade, je vous cède la place auprès de Corysandre. » Mais cette émotion, qui n'était pas descendue bien profondément en lui, n'avait pas étouffé la réflexion.

Comment Savine accomplissait-il un pareil sacrifice, lui qui n'était pas l'homme des sacrifices et qui n'avait jamais écouté que la voix de l'intérêt personnel le plus étroit?

Il eût fallu être d'une naïveté enfantine pour rejeter ces questions sans les examiner et les peser.

Dans tout ce que Savine avait dit, et au milieu de cette explosion de sensibilité peu naturelle chez un homme comme lui, et plus faite, par son excès même, pour inspirer le doute que la confiance, il n'y avait qu'une chose certaine : sa renonciation à Corysandre.

Mais les raisons qui avaient amené cette renonciation n'étaient nullement claires et encore moins satisfaisantes, si on s'en tenait aux confidences de Savine.

Un homme qui s'est montré assidu auprès d'une jeune fille, qui a affiché pour elle l'admiration et l'enthousiasme, qui s'est posé hautement en prétendant et qui, tout à coup, se retire et renonce à elle, l'accuse.

Quelles accusations portait Savine?

Il eût été puéril de l'interroger à ce sujet, puisque sa renonciation, comme il le disait lui-même, était un acte d'héroïsme amical; mais, ce qu'on ne pouvait pas lui demander, on pouvait, on devait le demander à d'autres, et les renseignements qu'il avait obtenus, on pouvait les obtenir soi-même.

En réalité, Roger ne savait rien de la famille de Barizel, si ce n'était ce que Leplaquet lui avait raconté; mais ces longs récits, faits par un pareil témoin, n'étaient pas suffisants pour dire ce qu'avait été M. de Barizel, quelle situation il avait réellement occupée, ce qu'avait été, ce qu'était madame de Barizel.

Ces récits, Roger les avait acceptés surtout parce qu'ils lui parlaient de Corysandre et lui permettaient de reconstituer par l'imagination ce qu'avaient été l'enfance et la première jeunesse de celle qui occupait son esprit; mais jamais il n'avait eu la pensée de les contrôler, n'ayant pas d'intérêt à le faire; que lui importait, qu'ils fussent ou ne fussent pas des romans, ils n'en parlaient pas moins de Corysandre?

Mais maintenant que cet intérêt était né, ce contrôle s'imposait et il devait être poursuivi d'autant plus sévèrement que la renonciation de Savine ressemblait à une accusation.

Il pouvait reconnaître que la fortune de Savine était supérieure à la sienne; mais il ne mettait aucun nom au-dessus du sien, et ce qui n'avait pas convenu à un Savine convenait encore moins à un Naurouse.

C'était ce nom qu'il engageait en se mariant et jamais il ne le compromettrait en prenant une femme qui ne fût pas digne de le porter ou qui l'amoindrît.

Que la fortune de Corysandre ne fût pas ce qu'on disait, cela n'avait que peu d'importance à ses yeux; mais qu'il y eût une tache sur son nom ou sur l'honneur de sa famille, cela au contraire en avait une considérable qui pouvait empêcher tout projet de mariage.

Avant de poursuivre l'exécution de ce projet, avant de s'engager avec madame de Barizel, et même avec Corysandre, il fallait donc qu'il eût des renseignements précis sur cette famille de Barizel.

Le lendemain, en se levant, il employa sa matinée à écrire des lettres pour obtenir ces renseignements : l'une à l'un de ses amis, secrétaire de la légation de France à Washington, l'autre à un Américain de Saint-Louis avec qui il s'était lié dans son voyage.

XXI

Madame de Barizel avait cru qu'après le départ de Savine le duc de Naurouse prendrait la place de celui-ci, se poserait franchement en prétendant, et, dans un temps qui, selon elle, ne devait pas être long, lui demanderait Corysandre.

Cela semblait indiqué, car bien certainement, si le duc de Naurouse ne s'était pas encore prononcé, c'était Savine, Savine seul qui l'avait retenu; Savine éloigné, les scrupules qui l'avaient arrêté n'existaient plus.

Il n'avait qu'à parler.

Chaque soir elle avait donc interrogé sa fille.

— Que t'a dit le duc de Naurouse aujourd'hui?

— Rien de particulier.

— Je vous ai laissés en tête-à-tête.

— C'est justement pour cela, je crois bien, qu'il n'a rien dit : quand tu es avec nous ou quand nous sommes en public, il a toujours mille choses à me dire, et il me les dit d'une façon charmante qui les rend intimes, presque mystérieuses, quoique tout le monde puisse les entendre; puis, aussitôt que nous sommes seuls, il ne dit plus rien; il semble qu'il ait peur de parler et de se laisser entraîner.

— Alors?

— Alors il me regarde.

— La belle affaire!

— Si tu savais comme ses yeux sont doux et tendres!

— Et toi ?

— Moi, je le regarde aussi.

— Avec les mêmes yeux ?

— Ah ! je ne sais pas, mais je puis te dire que c'est avec un cœur bien ému, bien heureux, tout bondissant de joie par moments, et dans d'autres tout alangui, comme s'il se fondait.

— Alors cela durera toujours ainsi entre vous ?

— Je ne sais pas... mais je le souhaite de tout cœur.

— Tu es stupide.

— Alors on a joliment raison de dire : « Bienheureux les pauvres d'esprit, le royaume des cieux leur appartient. » Je l'ai sur la terre, ce royaume.

Ce n'était pas de ce royaume que madame de Barizel s'inquiétait, et lorsque, après quelques jours d'attente, elle vit que le duc de Naurouse ne se prononçait pas, elle projeta d'intervenir entre ce jeune homme et cette jeune fille si jeunes qui mettaient leur bonheur à se regarder en silence, ne trouvant rien de mieux pour se dire leur amour. Combien de temps les choses traîneraient-elles encore si elle ne s'en mêlait pas ? Ce n'était pas du bonheur de Corysandre qu'il s'agissait, ce n'était pas de celui du duc de Naurouse, c'était de leur mariage, qui pouvait très bien ne pas se faire, s'il ne se faisait pas au plus vite.

Un soir qu'elle avait demandé, comme à l'ordinaire, à Corysandre : « Que t'a dit M. de Naurouse aujourd'hui ? » et que celle-ci, comme à l'ordinaire aussi, avait répondu : « Rien », elle se décida :

— Veux-tu devenir duchesse de Naurouse ? s'écria-t-elle.

— C'est toute mon espérance.

— Eh bien ! si vous continuez ainsi, cette espérance ne se réalisera pas, sois-en certaine.

Corysandre leva ses beaux yeux par un mouvement qui disait clairement qu'elle n'avait aucun doute à cet égard.

— Tu ne crois pas ce que je te dis ?

— Je suis sûre de lui.

— Rappelle-toi ce qui est arrivé avec don José.

— Ce n'était pas la même chose.

— Avec lord Start.

— Ce n'était pas la même chose.

— Avec Savine.

Elle haussa les épaules en poussant des exclamations de pitié.

— Veux-tu que ce qui est arrivé avec don José, avec lord Start, avec Savine, se renouvelle avec le duc de Naurouse ?

— Il n'y a pas de danger, dit-elle avec une superbe assurance et l'éclair de la foi dans les yeux ; ceux dont tu parles savaient qu'ils m'étaient indifférents ; M. de Naurouse sait que...

— Que ?...

— Que je l'aime.

— Tu ne le lui as pas dit ?

— Est-ce qu'il est besoin de se le dire, cela se voit, cela se sent ; lui, non plus, ne m'a pas dit, qu'il m'aimait, et cependant je suis certaine de son amour tout aussi bien que s'il me l'avait affirmé par les serments les plus solennels ; c'est l'élan de mon cœur qui me l'affirme lorsque je le vois, c'est son anéantissement lorsque nous sommes séparés.

— J'admets cet amour, je l'admets aussi grand que tu voudras chez le duc de Naurouse ; eh bien ! à quoi a-t-il servi jusqu'à présent ?

— A nous rendre heureux.

— J'entends pour ton mariage ; si malgré cet amour, ce grand amour, M. de Naurouse n'a point encore demandé ta main, bien qu'il sache qu'il n'a qu'un mot à prononcer pour l'obtenir, ne crains-tu pas qu'à un moment donné il se retire comme s'est retiré Savine, comme se sont retirés dejà ceux qui ont voulu t'épouser et qui, après un certain temps, ont renoncé à leur projet ?

— Non.

— Eh bien, moi, je le crains, et je vais te dire pourquoi ; c'est parce que tu effrayes les épouseurs ; ils viennent à toi, irrésistiblement attirés par ta beauté ; mais, comme tu ne fais rien pour les retenir, ils se retirent lorsqu'ils ont appris à connaître notre situation.

— A qui la faute ?

— A personne, ni à toi, ni à moi ; on nous reproche le tapage de notre vie, et je conviens qu'on n'a pas tort ; mais, cette vie, nous ne pouvons pas la changer sous peine de renoncer au grand mariage que je veux pour toi. Ceux qui ont une position bien établie, un grand nom, une belle fortune, des relations solides et brillantes, n'ont point besoin qu'on fasse du tapage autour d'eux ; on vient à eux tout naturellement, par la force même des choses. Mais nous, qui serait venu à nous si nous étions restées dans notre pauvre habitation, sans fortune, sans relations ? Quand j'ai voulu un mariage digne de ta beauté, il a bien fallu prendre un parti, sous peine de te laisser devenir la femme d'un homme médiocre. J'ai pris celui que les circonstances m'imposaient et non celui que j'aurais choisi si j'avais été libre ; je t'ai placée dans un milieu brillant et je me suis arrangée pour qu'on parlât de toi. Mon calcul a réussi et les épouseurs se sont présentés, ayant un rang et une fortune que nous ne devions pas espérer.

— Et ils se sont retirés.

— C'est là justement ce qui fait que nous ne devons pas laisser celui que nous avons, en ce moment, suivre les autres, ce qu'il pourrait très bien faire si nous lui laissions le temps de la réflexion : il faut donc l'obliger à se prononcer et à s'engager avant que la désillusion ait parlé en lui ou qu'il ait écouté les voix malveillantes qui nous attaquent. Le duc de Naurouse est un homme d'honneur : quand il aura pris un engagement il le tiendra. J'avais cru que cet engagement, il le prendrait de lui-même ou tout au moins que tu l'amènerais à le prendre ; mais ni l'une ni l'autre de ces espérances ne s'est réalisée, et, je le crains bien, ne se réalisera si je n'interviens pas entre vous.

— Oh ! je t'en prie, laisse-nous nous aimer ?

— Ce que je te demande n'est ni difficile, ni pénible : il s'agit tout simplement de me répéter tout ce que M. de Naurouse te dira, et de ne lui dire que ce que nous aurons arrêté ensemble à l'avance.

— Alors c'est un rôle que tu m'imposes.

— Et que tu joueras admirablement, puisqu'il sera dans ta nature et que pas un mot ne sera contraire à tes sentiments.

— Ce qui sera contraire à mes sentiments, ce sera de n'être pas moi...

— Veux-tu que M. de Naurouse t'épouse ? Oui, n'est-ce pas ? Eh bien, laisse-moi te diriger. Maintenant, bonne nuit, va te coucher et laisse-moi rêver à la scène que tu devras jouer demain.

8.

XXII

En disant à Corysandre : « Tu joueras admirablement un rôle qui sera dans ta nature », madame de Barizel n'était pas du tout certaine du succès de sa fille, et même elle en était inquiète, car le mot qu'elle lui adressait si souvent : « Tu es stupide », était pour elle d'une vérité absolue.

Elle n'était point, en effet, de ces mères enthousiastes qui ne trouvent que des perfections dans leurs enfants par cela seul qu'elles sont les mères de ces enfants ; belle elle-même, mais autrement que sa fille, il lui avait fallu longtemps pour voir la beauté de Corysandre, et encore n'avait-elle pu l'admettre sans contestation que lorsqu'elle lui avait été imposée par l'admiration de tous : mais elle n'avait pas encore pu s'habituer à l'idée que cette fille, qui lui ressemblait si peu, pouvait être intelligente. Pour elle, l'intelligence c'était l'intrigue, la ruse, le détour, l'art de mentir utilement et de tromper habilement, l'audace dans le choix des moyens à employer pour atteindre un but et la souplesse dans la mise en exécution de ces moyens, l'ingéniosité à se retourner, l'assurance dans le danger, le calme dans le succès, la fertilité de l'imagination, la fermeté du caractère, de sorte que quand elle se comparait à sa fille et cherchait en celle-ci l'une ou l'autre de ces qualités sans les trouver, elle ne pouvait pas reconnaître qu'elle était intelligente ; stupide au contraire, aussi bête que belle.

Ce défaut de confiance dans l'intelligence de sa fille lui rendait sa tâche délicate. Avec une fille déliée rien n'eût été plus facile que de lui tracer le canevas d'une scène qui aurait infailliblemeunt amené à ses pieds un homme épris et passionné comme le duc de Naurouse; mais avec elle il n'en pouvait pas être ainsi : ce qu'on lui dirait d'un peu compliqué, elle ne le répéterait pas; ce qu'on lui indiquerait d'un peu fin, elle ne le ferait pas. Il lui fallait quelque chose de simple, de très simple qu'elle pût se mettre dans la tête et exécuter. Mais quelque chose de très simple et de tout à fait primitif agirait-il sur le duc de Naurouse?

Elle chercha dans ce sens; malheureusement elle n'était à son aise que dans ce qui était compliqué, savamment combiné, entortillé à plaisir; tout ce qui était simple lui paraissait fade ou niais, indigne de retenir son attention.

Et cependant, c'était cela qu'il fallait, cela seulement : quelques mots, une intonation, un geste, un regard, et il était entraîné; mais ces quelques mots, cette intonation, ce geste, ce regard, ne pouvaient produire tout leur effet que s'ils étaient en situation.

C'était donc une situation qu'il fallait trouver, et, si elle était bonne, elle porterait la mauvaise comédienne qui la jouerait.

Une partie de la nuit se passa à chercher cette situation; elle en trouva vingt, mais bonnes pour elle-même, non pour Corysandre, se dépitant, s'exaspérant de voir combien il était difficile d'être bête; enfin, de guerre lasse, elle s'endormit.

Le lendemain, en s'éveillant, il se trouva que le calme de la nuit avait fait ce que le trouble de la soirée avait empêché : elle tenait sa situation, bien simple, bien bête, et telle, qu'il fallait vraiment être endormie pour en avoir l'idée.

Aussitôt elle passa un peignoir et vivement elle entra dans la chambre de sa fille.

Corysandre était levée depuis longtemps déjà, et, assise dans un fauteuil devant sa fenêtre, sous l'ombre d'un store à demi baissé, elle paraissait absorbée dans la contemplation des cimes noires de la montagne qui se trouvait en face de leur chalet.

— Que fais-tu là ? demanda madame de Barizel.

— Je réfléchis.

— A quoi ?

— A ce que tu m'as dit hier.

— Et quel est le résultat de tes réflexions, je te prie ?

— C'est de te prier de ne pas persévérer dans ton idée et de nous laisser être heureux tranquillement.

— Tu es folle. Moi aussi, j'ai réfléchi, et j'ai justement trouvé le moyen d'amener le duc de Naurouse à se prononcer aujourd'hui même. Tu comprends que ce n'est pas quand j'ai passé une partie de la nuit à chercher ce moyen et quand je suis certaine d'arriver à un résultat que je vais écouter tes billevesées : c'est à toi de m'écouter et de faire exactement ce que je vais te dire. Comprends-moi bien ; suis mes instructions et avant un mois tu seras duchesse de Naurouse. Il doit venir tantôt, n'est-ce pas ? Eh bien tu seras seule ; je ferai la sieste après une mauvaise nuit et tu penseras que je ne dois pas me réveiller de sitôt ; mais, au lieu d'en paraître fâchée, tu t'en montreras satisfaite. Voyons, ce ne peut pas être un chagrin pour toi de rester en tête à-tête avec le duc ?

— C'est un embarras.

— Montre de l'embarras si tu veux, cela ne fait rien. D'ailleurs, ce qu'il faut avant tout, c'est être naturelle. Donc, le duc arrive. Tu es dans un fauteuil comme en ce moment et tu lui tends la main. Attention ! Écoute et regarde : je suis le duc.

Faisant quelques pas en arrière, elle alla à la porte; puis elle revint vers Corysandre, marchant vivement, légèrement, comme le duc, les deux mains tendues en avant, le visage souriant :

— Seule? (c'est le duc qui parle). Alors tu réponds : — Oui, ma mère a passé une mauvaise nuit, elle fait la sieste. — Là-dessus le duc te dit quelques mots de politesse pour moi et tu réponds ce que tu veux, cela n'a pas d'importance; ce qui en a, c'est ce que tu dois ajouter, écoute donc bien... — Et elle reprit la voix de Corysandre : — Au reste, je suis bien aise de cette absence, qui me permet de vous adresser une prière. — Là-dessus, tu as l'air aussi embarrassé que tu veux; seulement, en même temps, tu dois aussi avoir l'air ému et attendri; tu le regardes longuement avec des yeux doux; plus ils seront doux, plus ils seront tendres, mieux cela vaudra. — Une prière ? dit le duc surpris autant par les paroles que par ton attitude. — Oui, et que je n'oserai jamais vous dire si vous ne m'aidez pas. Asseyez-vous donc, voulez-vous? — Tu lui montres un siège près de toi, mais pas trop près cependant; l'essentiel, c'est que le duc soit bien en face de toi, sous tes yeux, ainsi.

Disant cela, elle prit une chaise et, l'ayant placée à deux pas de Corysandre, elle s'assit comme si elle était le duc de Naurouse, et reprit :

— Avant d'adresser ta prière au duc, tu le regardes de nouveau, toujours longuement, avec des yeux de plus en plus tendres et un doux sourire dans lequel il y a de l'embarras et de l'inquiétude ; tu prolonges cette pause aussi longtemps que tu veux, des yeux comme les tiens en disent plus que des paroles. Cependant, comme vous ne pouvez pas rester ainsi, tu te décides enfin et tu lui dis : « C'est du steeple-chase dans lequel vous devez monter un cheval que je veux vous parler ; je vous en prie, ne montez pas ce cheval, ne prenez pas part à cette course. » Tu tâches de mettre beaucoup de tendresse dans cette prière et aussi beaucoup d'angoisse. Cependant il ne faut pas que tu en mettes trop, car le duc doit te demander pourquoi tu ne veux pas qu'il prenne part à cette course. Voyons, si le duc court tu auras peur, n'est ce pas ?

— Une peur mortelle.

— Tu vois bien que je te demande de n'exprimer que des sentiments qui sont en toi : c'est cette peur que ton accent et tes regards doivent trahir. Cependant, à la demande du duc, tu ne réponds pas tout de suite : tu hésites, tu te troubles, tu rougis, tu veux parler et tu ne le peux pas, arrêtée par ta confusion. Ne serait-ce pas ainsi que les choses se passeraient dans la réalité ?

— Non : je n'hésiterais pas ; je ne me troublerais pas, je lui dirais tout de suite et tout simplement que j'ai peur pour lui.

— Cela serait trop simple et trop bête ; l'art vaut mieux que la nature. Tu es donc confuse, et ce n'est qu'après l'avoir fait attendre, après qu'il s'est rapproché de toi, comme cela, — elle approcha sa chaise en se penchant en avant, — ce n'est qu'alors que tu lui dis : « J'ai peur pour vous. » En même temps, tu lui tends la main par un geste d'entraînement, et, s'il ne la saisit point passionnément, s'il ne tombe point à tes genoux, s'il ne te prend pas dans ses bras, c'est que tu n'es qu'une sotte. Mais tu n'en seras pas une, n'est-ce pas ? tu comprendras.

— Je comprends, s'écria Corysandre en se cachant le visage dans ses deux mains, que cela est odieux et misérable. Pourquoi veux-tu me faire jouer une comédie indigne de lui et indigne de moi?

— Parce qu'il le faut et parce que tout n'est que comédie en ce monde. Qui te révolte dans celle-là, puisqu'elle est conforme à tes sentiments?

— La comédie même.

Madame de Barizel haussa les épaules par un geste qui disait clairement qu'elle ne comprenait rien à cette réponse.

— Cette leçon que tu viens de me donner ressemble-t-elle à celles que les mères donnent ordinairement à leurs filles? dit Corysandre d'une voix tremblante, et ce que tu veux que je fasse, toi, n'est-ce pas justement ce que les autres mères défendent?

— T'imagines-tu donc que je suis une mère comme les autres ! Non, pas plus que tu n'es une fille comme les autres. C'est une des fatalités de notre position de ne pouvoir pas vivre, de ne pouvoir pas agir, penser, sentir comme les autres. Crois-tu donc que les gens qui marchent la tête en bas dans les cirques ou qui dansent sur la corde au-dessus du Niagara n'aimeraient pas mieux marcher comme tout le monde : ils gagnent leur vie. Eh bien, nous, il nous faut aussi gagner la nôtre ; et pour cela tous les moyens sont bons. N'aie donc pas de ces répugnances d'enfant. En somme je ne te demande rien de bien terrible : tu as peur que le duc de Naurouse monte dans ce steeple-chase où il peut se casser le cou, dis-le-lui; le duc t'aime, qu'il te le dise. Cela est bien simple et ta résistance n'a pas de raison d'être. Tu préférerais que les choses se fissent toutes seules; moi aussi; mais ce n'est ni ma faute ni la tienne si nous sommes obligées d'y mettre la main. Quel mal y a-t-il à cela? De l'ennui, oui, j'en conviens. Mais c'est tout. Et le titre de duchesse de Naurouse mérite bien que tu te donnes un peu d'ennui pour l'obtenir. Crois-en mon expérience, le duc peut t'échapper si tu laisses les choses traîner en longueur; presse-les donc. Pour cela le meilleur moyen est celui que je viens de t'indiquer. Étudions-le donc avec soin et reprenons-le, si tu veux bien. Tu es seule, le duc arrive.

Comme elle l'avait fait une première fois, elle alla à la porte pour représenter l'entrée du duc.

Et la répétition continua exactement comme si elle avait été dirigée par un bon metteur en scène.

Tour à tour, madame de Barizel remplissait le personnage du duc et celui de Corysandre, mais c'était à ce dernier seulement qu'elle donnait toute son application : elle disait les paroles, elle mimait les gestes et elle les faisait répéter à Corysandre, recommençant dix fois la même intonation ou le même mouvement.

— Tu dis faux, s'écriait-elle, allons, reprenons et dis comme moi.

Mais elle insistait plus encore sur les mouvements, sur les attitudes, sur les regards.

— Ne t'inquiète pas trop de ce que tu dis, ni de la façon dont tu le dis; c'est dans tes yeux qu'est le succès, dans ton sourire, c'est dans tes lèvres roses, dans tes dents, dans les fossettes de tes joues; combien de fois ai-je vu des comédiennes dire faux et se faire cependant applaudir pour la musique de leur voix ou le charme de leur personne.

XXIII

Corysandre avait longuement répété son rôle dans la scène qu'elle devait jouer avec Roger; elle avait travaillé « ses yeux tendres », étudié « ses silences, ses intonations, ses gestes », et, au bout d'une grande heure, madame de Barizel s'était déclarée satisfaite.

— Je crois que ça marchera; ce soir, M. de Naurouse viendra m'adresser officiellement sa demande. Quelle joie !

Mais Corysandre n'avait pas partagé cette satisfaction, car ç'avait été plutôt par lassitude que par conviction, pour ne pas subir les ennuis d'une discussion sur un sujet qui la blessait, qu'elle s'était prêtée à cette comédie.

Comment sa mère n'avait-elle pas senti combien cela était révoltant? Sans doute, elle n'avait vu que le résultat à obtenir; mais qu'importait la légitimité du résultat si les moyens étaient misérables et honteux !

Quelle tristesse ! Quelle inquiétude pour elle d'être toujours en désaccord avec sa mère sur de pareils sujets ! Elle eût été si heureuse de n'avoir pas à discuter et à se révolter ! A qui la faute ? Elle ne voulait pas condamner sa mère, et cependant elle ne pouvait pas ne pas se rappeler qu'avec son père ces désaccords n'avaient jamais existé et que tout ce que celui-ci disait, tout ce qu'il faisait lui paraissait, à elle, enfant, bien jeune encore, mais comprenant et jugeant déjà ce qui se passait autour d'elle, noble, généreux, juste, droit, élevé. Quelle différence, hélas! entre autrefois et maintenant!

Par son mariage elle échapperait à toutes les intrigues qui se nouaient autour d'elle, à toutes les discussions qu'elles soulevaient entre elle et sa mère, à tous les dégoûts qu'elles lui inspiraient ; mais, si pressée qu'elle fût d'arriver à ce mariage qui devait l'affranchir, pouvait-elle en hâter l'heure par des moyens tels que ceux que sa mère lui conseillait?

Ce n'était pas seulement son honneur qui se refusait à cette comédie, c'était encore son amour lui-même qui s'indignait à cette pensée de tromperie : il n'y avait que trop de hontes et de misères dans sa vie, elle ne voulait pas que dans son amour il y eût un mauvais souvenir.

C'était en s'habillant qu'elle réfléchissait ainsi, et elle venait de terminer sa toilette lorsque sa mère rentra dans sa chambre.

— Comment, s'écria madame de Barizel, après l'avoir regardée, c'est ainsi que tu t'habilles en un jour comme celui-ci?

— Je me suis habillée comme tous les jours.

— C'est justement ce que je te reproche; tu dois être irrésistible.

Corysandre glissa un regard du côté de la glace.

— Tu veux dire que tu l'es, continua madame de Barizel, tu l'es comme tu l'étais hier, avant-hier; mais c'est plus qu'avant-hier, plus qu'hier, que tu dois l'être aujourd'hui, et différemment. Ne t'ai je pas expliqué que c'était par ta beauté, plus encore que par tes paroles, que tu devais enlever le duc de Naurouse:

il faut donc que tu sois tout à ton avantage, avec quelque chose de provocant, de vertigineux qui ne lui laisse pas sa raison ; et cette toilette-là n'est pas du tout ce qui convient. C'est quelque chose d'abominable qu'à ton âge tu ne saches pas encore ce qui fait perdre la tête à un homme. Défais-moi vite cette robe-là, ce col, et puis viens là que je t'arrange les cheveux ; bas comme ils sont, ils te donnent l'air d'une fille de ministre qui va chanter des psaumes.

En un tour de main elle lui eut retroussé et relevé son admirable chevelure de façon à changer complètement le caractère de sa physionomie, qui, de calme et honnête qu'elle était, devint audacieuse.

— Maintenant, dit madame de Barizel, voyons la robe.

Elle ouvrit les armoires et, prenant les robes qui étaient accrochées là les unes à côté des autres, elle en jeta quelques-unes sur le lit, mais sans faire son choix ; elle en garda une dans ses mains, et, l'examinant :

— Je crois que celle-là est ce qu'il nous faut : le corsage entr'ouvert, montrant bien le cou et un peu la gorge, c'est parfait ; avec une petite croix se détachant bien sur la blancheur de la peau et qui attirera les yeux, tu seras à ravir. Essayons.

— Je ne mettrai pas cette robe-là, dit Corysandre résolument.

— Et pourquoi donc !

— Parce qu'elle ouvre trop.

— Tu l'as bien mise pour dîner avec Savine et tu n'as jamais été aussi jolie que ce soir-là.

— Savine n'était pas Roger, et puis c'était pour un dîner ; tu étais là, il y avait du monde.

— Es-tu folle !

— Je ne la mettrai pas.

Cela fut dit d'un ton si ferme, que madame de Barizel comprit qu'il n'y avait pas à insister.

— Alors laquelle veux-tu mettre? demanda-t-elle; je ne tiens pas plus à celle-là qu'à une autre; ce que je veux, c'est que le duc perde la tête.

Sans répondre, Corysandre avait ouvert une autre armoire et elle avait atteint une robe blanche, une robe de petite fille.

— C'est toi qui perds la tête! s'écria madame de Barizel.

Corysandre ne répondit pas.

Tout à coup madame de Barizel frappa ses deux mains l'une contre l'autre :

— Au fait, tu as raison, dit-elle joyeusement, ton idée est excellente; ah! ces jeunes filles! c'est quelquefois inspiré... Je n'avais pas pensé que le duc, malgré sa jeunesse, avait déjà beaucoup vécu, beaucoup aimé; il sera donc plus touché par l'innocence que par la provocation, et, si tu réussis bien ton mouvement en lui tendant la main, le contraste entre cet élan passionné et la toilette virginale sera très puissant sur lui. Adoptons donc la robe blanche, seulement je vais être obligée de changer une fois encore ta coiffure; mais je ne m'en plains pas, tu as eu une inspiration de génie.

De nouveau elle défit les cheveux de sa fille, les retroussant tout simplement et les réunissant en un gros huit; mais ceux du front s'échappèrent en petites boucles crêpées et frisantes qui frémissaient au plus léger souffle et que la lumière dorait en les traversant.

Elle voulut aussi mettre la main à la robe, et cela malgré Corysandre, qui aurait mieux aimé s'habiller seule.

Enfin, quand tout fut fini, elle recula de quelques pas, comme un peintre qui veut juger son ouvrage.

— Es-tu jolie! dit-elle; si le duc te résiste c'est qu'il est de glace; mais il ne te résistera pas. Si nous repassions un peu le mouvement de la main?

Mais Corysandre se refusa à cette nouvelle répétition.

— Si tu es sûre de toi, c'est parfait dit madame de Barizel.

Cependant elle n'avait pas encore fini ses leçons et ses recommandations; quand la demie après deux heures sonna, elle voulut installer elle-même Corysandre dans le salon.

Elle plaça le fauteuil dans lequel elle fit asseoir sa fille, cherchant une pose gracieuse, l'essayant elle-même; puis elle disposa la chaise sur laquelle Roger devait s'asseoir pendant cet entretien, et elle calcula la distance qu'il lui faudrait pour être bien sous les yeux de Corysandre et pour tomber aux genoux de celle-ci.

Alors elle s'aperçut que sa fille n'était pas bien éclairée, et, comme le photographe qui manœuvre ses écrans, elle remonta le store et drapa les rideaux de façon à ce que non seulement la lumière fût favorable à Corysandre, mais encore à ce que le duc, s'il prenait souci des regards curieux du dehors, se crût à l'abri de toute indiscrétion et pût en toute sécurité s'abandonner à son élan passionné.

— Que tu es donc jolie! répétait-elle à chaque instant; tu as un air embarrassé qui te va à merveille et qui est tout à fait en situation.

Ce n'était pas de l'embarras qui oppressait Corysandre, c'était la honte qui lui faisait baisser les yeux et l'empêchait de regarder sa mère.

Elle voulait ne rien dire cependant, mais elle ne fut pas maîtresse de retenir les paroles qui du cœur lui montaient aux lèvres et les serraient avec une sensation d'amertume.

— Il semble que je sois à vendre, dit-elle.

— Ne dis donc pas des niaiseries.

— Pour moi, ce n'est pas une niaiserie, mais je suis presque heureuse de penser que c'en est une pour toi.

Madame de Barizel la regarda un moment, puis elle haussa les épaules sans répondre, et une dernière fois elle passa l'inspection du salon pour voir si tout était bien disposé pour concourir au résultat qu'elle avait préparé et qu'elle attendait.

Cet examen la contenta, car un sourire triomphant se montra sur son visage :

— Maintenant on peut frapper les trois coups et lever le rideau, je te laisse; allons, bon courage et bon espoir; c'est ta vie, c'est ton bonheur, c'est le mien, que je mets entre tes mains.

Et elle s'éloigna en répétant :

— Bon courage, bon espoir !

Mais, comme elle arrivait à la porte, elle revint sur ses pas :

— Surtout arrange-toi pour que le geste d'entraînement par lequel tu lui tends la main arrive bien sur ton dernier mot : « J'ai peur pour vous ». Si ta voix tremble et si tu peux mettre une larme dans tes yeux, cela n'en vaudra que mieux; tiens, comme en ce moment même, avec l'expression émue de ces yeux mouillés. Si tu retrouves cela au moment voulu, ce sera décisif. A bientôt; je ne redescendrai que quand le duc sera parti; à moins, bien entendu, qu'il ne veuille m'adresser sa demande tout de suite. Dans ce

cas, je ne serai pas longue à arriver, tu peux en être
certaine. Cependant, je crois qu'il vaut mieux qu'il
diffère cette demande jusqu'à demain et qu'il me l'adresse en arrière de toi, comme s'il ne s'était rien
passé entre vous. Cela sera plus digne pour moi et
me permettra de mieux jouer mon rôle de mère; je
vais m'y préparer, car je dois le réussir, moi aussi; et
je ne suis pas dans les mêmes conditions que toi, je n'ai
pas tes avantages.

XXIV

Ces yeux mouillés dont avait parlé madame de Barizel étaient des yeux noyés de vraies larmes que
Corysandre n'avait pu retenir que par un cruel effort
de volonté.

Que penserait-il en la voyant dans cet état ? Il l'interrogerait; elle devrait répondre. Comment ?

Il fallait qu'elle retînt ses larmes, qu'elle se calmât.

Mais, avant qu'elle y fût parvenue, le gravier du
jardin craqua : c'était lui qui arrivait; elle avait reconnu son pas.

Au lieu d'aller au-devant de lui ou de l'attendre,
elle se sauve dans un petit salon dont vivement elle
tira la porte sur elle et, rapidement, avec son mouchoir, elle s'essuya les yeux et les joues, sans penser
qu'elle les rougissait.

Une porte se ferma : c'était Roger qu'on venait d'introduire dans le salon.

Dans le mur qui séparait ce grand salon du petit où

elle s'était sauvée, se trouvait une glace sans tain placée au-dessus des deux cheminées, de sorte qu'en regardant à travers les plantes et les fleurs groupées sur les tablettes de marbre de ces cheminées, on voyait d'une pièce dans l'autre.

C'était contre cette cheminée du petit salon que Corysandre s'était appuyée. Au bout de quelques instants elle écarta légèrement le feuillage et regarda où était Roger.

Il était debout devant elle, lui faisant face, mais ne la voyant pas, ne se doutant pas d'ailleurs qu'elle était à quelques pas de lui, derrière cette glace et ces fleurs.

Immobile, son chapeau à la main, il restait là, attendant et paraissant réfléchir; de temps en temps un faible sourire à peine perceptible passait sur son visage et l'éclairait; alors un rayonnement agrandissait ses yeux.

Sans en avoir conscience, Corysandre s'était absorbée dans cet examen qui était devenu une contemplation : elle avait oublié ses angoisses, elle avait oublié sa mère; elle avait oublié la leçon qu'on lui avait apprise, la scène qu'elle devait jouer; elle ne pensait plus à elle; elle ne pensait qu'à lui; elle le regardait; elle l'admirait.

Quelle noblesse sur son visage! quelle tendresse dans ses yeux! quelle franchise dans son attitude!

Et elle le tromperait, elle jouerait la comédie, elle mentirait! Mais jamais elle n'oserait plus tenir ses yeux levés devant ce regard honnête!

Abandonnant la cheminée, elle poussa la porte et entra dans le salon.

Roger vint au-devant d'elle, les mains tendues,

mais, avant de l'aborder, il s'arrêta surpris, inquiet de lui voir les yeux rougis et le visage convulsé.

— Avez-vous donc des craintes ? demanda-t-il vivement.

Elle comprit que le domestique qui avait reçu Roger s'était déjà acquitté de son rôle et que le duc croyait madame de Barizel malade.

— Non, dit-elle, aucune ; ma mère garde la chambre tout simplement, ce n'est rien.

— Mais vous paraissez troublée ?

— Un peu nerveuse, voilà tout.

Elle lui tendit la main, qu'il serra doucement, mais sans la retenir plus longtemps qu'il ne convenait.

Ils s'assirent vis-à-vis l'un de l'autre, Corysandre dans le fauteuil, Roger sur la chaise, qui avaient été disposés par madame de Barizel.

Alors il s'établit un moment de silence, comme s'ils n'avaient eu rien à se dire.

Mais c'était justement parce qu'ils avaient trop de choses à se dire qu'ils se taisaient, aussi embarrassés l'un que l'autre :

Corysandre, parce qu'elle ne pouvait pas jouer la scène qui lui avait été apprise.

Roger, parce qu'il ne savait trop que dire, ne pouvant pas tout dire. Les paroles qui emplissaient son cœur et lui venaient aux lèvres étaient des paroles de tendresse : « Que je suis heureux d'être seul avec vous, chère Corysandre ; de pouvoir vous regarder librement, les yeux dans les yeux ; de pouvoir vous dire que je vous aime, non pas d'aujourd'hui, mais du jour où je vous ai vue pour la première fois, et où j'ai été à vous entièrement, corps et âme. » Voilà ce que son cœur lui inspirait et ce qu'il ne pouvait pas dire, car ce n'était là qu'un début. Après ces paroles

devaient en venir d'autres qui étaient leur conclusion :
« Je vous aime et je vous demande d'être ma femme ;
le voulez-vous, chère Corysandre ? » Et justement
cette conclusion, il ne pouvait pas la formuler ; cet
engagement, il ne pouvait pas le prendre avant d'avoir
reçu les réponses aux lettres qu'il avait écrites. Jusque-
là il fallait que, tout en montrant les sentiments de
tendresse qu'il éprouvait, il ne les avouât pas hautement, sous peine de se mettre dans une situation
fausse. Quand il aurait dit : « Je vous aime », qu'ajou-
terait-il ? que répondrait-il aux regards de Corysandre ?
Qu'il ne pouvait pas s'engager avant... avant quoi ?
Cela ne serait-il pas misérable ? Il ne pouvait donc
rien dire. Et cependant il fallait qu'il parlât, se trouvant ainsi condamné à ne dire que des choses fades ou
niaises. Mais, s'il parlait ainsi, Corysandre ne s'en
étonnerait-elle pas, ne s'en inquiéterait-elle pas ? Si
honnête qu'elle fût, si innocente, et il avait pleinement
foi dans cette honnêteté et cette innocence, elle ne
devait pas croire que dans ce tête-à-tête que le hasard
leur ménageait leur temps se passerait à parler de la
pluie, des toilettes de madame de Lucillière, des pertes
ou des gains d'Otchakoff. Elle devait attendre autre
chose de lui. S'il ne lui avait jamais dit formellement
qu'il l'aimait, il le lui avait dit cent fois, mille fois, par
ses regards, par son empressement auprès d'elle, par
son admiration, son enthousiasme, ses élans passionnés,
ses recueillements plus passionnés encore, de toutes
les manières enfin, excepté des lèvres et en mots
précis. C'étaient ces mots mêmes qu'elle était en droit
d'attendre, qu'elle attendait certainement maintenant ;
l'occasion ne se présentait-elle pas toute naturelle ?
Qu'allait-elle penser s'il n'en profitait pas ? Il n'était
pas de ces collégiens timides que la violence même de

leur émotion rend muets; elle savait que nulle part et en aucune circonstance il n'était embarrassé; s'il ne parlait pas, s'il ne disait pas tout haut cet amour qu'il avait dit si souvent tout bas, c'était donc qu'il avait des raisons toutes-puissantes pour le taire. Lesquelles? N'allait-elle pas s'imaginer qu'il ne l'aimait pas? Que n'allait-elle pas croire? Vraiment la situation était cruelle pour lui, et même jusqu'à un certain point ridicule.

Heureusement Corysandre lui vint en aide en se mettant elle-même à parler, nerveusement il est vrai, presque fiévreusement, mais assez promptement la conversation s'engagea, l'exaltation de Corysandre tomba, lui-même oublia son embarras et le temps s'écoula sans qu'ils en eussent conscience. Il semblait qu'ils avaient oublié l'un et l'autre qu'ils étaient seuls, et tous deux ils parlaient avec une égale liberté, un égal plaisir. Ce qu'ils disaient n'était point préparé! c'était ce qui leur venait à l'esprit, ce qui leur passait par la tête. Que leur importait! Ce qui charmait Corysandre, c'était la musique de la voix de Roger; ce qui enivrait Roger, c'était le sourire de Corysandre: ils étaient ensemble, ils se parlaient, ils se regardaient, c'était assez pour que leur joie fût oublieuse du reste.

Les heures sonnèrent sans qu'ils les entendissent.

Cependant il vint un moment où le soleil, en s'abaissant et en frappant le store de ses rayons obliques, leur rappela que le temps avait marché.

Roger ne pouvait pas plus longtemps prolonger sa visite, qui avait déjà singulièrement dépassé les limites fixées par les convenances. Il fallait penser à madame de Barizel, qui, si elle ne dormait pas, devait se demander ce que signifiait un pareil tête-à-tête. Il se leva.

Alors Corysande se leva aussi :

— Avant que vous partiez, dit-elle, j'ai une demande à vous adresser.

Cela fut dit tout naturellement, d'un ton enjoué et sans toutes les savantes préparations de madame de Barizel, sans trouble, sans confusion, sans hésitation, sans regards de plus en plus tendres, sans doux sourire, plein d'embarras et d'inquiétude.

— Une demande à moi, une demande de vous, quel bonheur !

— Ne dites pas cela sans savoir sur quoi elle porte.

— Mais, sur quoi que ce puisse être, vous savez bien qu'elle est accordée, ce serait me peiner, et sérieusement, je vous le jure, d'en douter. Qu'est-ce ? Dites, je vous prie, dites tout de suite, que j'aie tout de suite le plaisir de vous répondre : — C'est fait.

Cela aussi fut dit tout naturellement, avec un accent de tendresse contenue, il est vrai, mais sans l'émotion sur laquelle madame de Barizel avait compté.

— Eh bien, je serais heureuse que vous me disiez que vous ne monterez pas dans le grand steeple-chase.

— Et pourquoi donc ?

— Parce que j'aurais peur... assez peur pour ne pas pouvoir assister à cette course si vous y preniez part.

— Vraiment ?

Ils se regardèrent un moment, très émus l'un et l'autre.

Mais Corysandre ne permit pas que le silence accentuât l'embarras de cette situation.

— Vous ne voulez pas ? dit-elle. Vous trouvez ma demande enfantine ?

— Je la trouve...

Ces trois mots, il les avait jetés malgré lui avec un élan irrésistible et un accent passionné; mais à temps il s'arrêta.

— Je la trouve assez... — il hésita... — assez raisonnable, et je suis heureux de vous dire qu'il sera fait selon votre désir. Je ne monterai pas; je puis facilement me dégager.

Elle lui tendit la main.

Mais elle le fit si simplement, dans un mouvement si plein de spontanéité et d'innocence, qu'il ne pouvait vraiment pas se jeter à ses genoux.

Il lui prit la main qu'elle lui offrait et doucement il la lui serra.

— Merci, dit-elle, et à demain, n'est-ce pas?

— A demain, ou plutôt si je revenais ce soir.

— Oui, c'est cela, revenez, ma mère sera levée; elle sera heureuse de vous voir. A bientôt.

XXV

Roger n'était pas sorti du jardin, que madame de Barizel se précipitait dans le salon.

— Eh bien? s'écria-t-elle.

Corysandre ne répondit pas, car l'arrivée de sa mère la ramenait brutalement dans la réalité, et elle eût voulu ne pas y revenir.

— Parle, parle donc.

Elle ne dit rien.

— Tu ne lui as donc pas adressé ta demande?

— Si.

— Eh bien alors? Il t'a répondu quelque chose. Quoi?

— Il a répondu : « Je suis heureux de vous dire qu'il sera fait selon votre désir, je ne monterai pas, je puis facilement me dégager. »

— Et puis?

— Je lui ai tendu la main.

— Et alors ?

— Il est parti.

Madame de Barizel leva les bras au ciel par un mouvement de stupéfaction désespérée; mais elle ne voulut pas s'abandonner.

— Voyons, voyons, dit-elle en faisant des efforts pour se calmer, prenons les choses au commencement et dis-moi comment elles se sont passées en suivant l'ordre : M. de Naurouse est arrivé, où s'est-il assis?

— Là, sur cette chaise.

— Et toi?

— J'étais dans ce fauteuil.

— Alors?

— Il m'a demandé des nouvelles de ma santé, et je lui ai répondu.

— Et puis?

— Il s'est établi un moment de silence entre nous, et nous sommes restés en face l'un de l'autre, un peu embarrassés.

— Très bien. Et puis?

— Nous nous sommes mis à parler.

— De quoi?

— De choses insignifiantes.

Mais quelles choses?

— Ah! je ne sais pas.

— Mais tu es donc tout à fait stupide?

— Sans doute.

— Comment, tu ne peux pas me répéter ce que vous avez dit?

— Nous n'avons rien dit.

— Vous êtes restés en tête-à-tête pendant plus de deux heures.

— Nous n'avons pas eu conscience du temps écoulé.

— Alors comment l'avez-vous employé, ce temps?

— De la façon la plus charmante.

— Comment?

— Je ne sais pas.

— Tu te moques de moi.

— Je t'assure que non. Nous avons parlé, nous nous sommes regardés, nous avons été heureux; mais ce que nous avons dit, les mots mêmes, les idées de notre entretien, je ne me les rappelle pas. Ce qui m'en reste seulement, c'est l'impression, qui est délicieuse.

Madame de Barizel regarda sa fille pendant quelques instants sans parler, réfléchissant. Évidemment elle était aussi bête que belle, il n'y avait rien à en tirer, et la presser de questions, la secouer fortement, n'aurait aucun résultat; mieux valait ne pas se laisser emporter par la colère et la prendre par la douceur.

— Enfin, reprit elle, peux-tu au moins m'expliquer comment tu lui as adressé ta demande?

— Si tu y tiens, oui.

— Comment si j'y tiens!

— Tout à coup Roger s'est aperçu que le temps avait marché et il s'est levé pour se retirer; alors je lui ai adressé ma demande comme je te l'ai dit.

— Et puis?

— Mais c'est tout; il est parti en disant qu'il reviendrait ce soir.

— Et puis après ce soir, s'écria madame de Barizel, exaspérée, il reviendra demain et puis après-demain, et toujours, jusqu'au moment où il ne reviendra plus du tout, suivant l'exemple de Savine et des autres; mais de quelle pâte les hommes de maintenant sont-ils donc pétris?

N'osant pas trop faire tomber sa colère sur Corysandre, elle éprouva un mouvement de soulagement à la rejeter sur Roger qu'elle accabla de son mépris et de ses railleries; mais elle n'était pas femme à sacrifier les affaires d'intérêt à de vaines satisfactions.

— Tout cela ne sert à rien, dit-elle en s'interrompant; maintenant que la sottise est faite, il est plus utile et plus pratique de la réparer que de la pleurer. J'avais fondé de justes espérances sur ce tête-à-tête d'aujourd'hui qui pouvait te faire duchesse de Naurouse si tu avais su jouer la scène que nous avons répétée ensemble. Tu ne l'as pas voulu ou tu ne l'as pas pu; n'en parlons plus, et, au lieu de gémir sur le passé, préparons l'avenir. Demain nous devons aller à Fribourg avec le duc; tu t'arrangeras pour qu'il t'offre de t'épouser ou simplement qu'il te dise qu'il t'aime, cela m'est égal. Ce qu'il faut, c'est qu'il s'engage d'une façon quelconque. Si cet engagement n'a pas lieu, je t'avertis que nous quitterons Bade et que tu ne reverras pas M. de Naurouse.

— Je l'aime!

— Eh bien, épouse-le; je ne demande pas votre malheur, puisque c'est à votre bonheur que je travaille. Crois-tu que les filles belles comme toi, qui ont fait de grands mariages, ont réussi sans le secours de leurs mères? Sois sûre qu'une mère intelligente et dévouée vaut mieux qu'une grosse dot. En tous cas, tu as la mère, et la dot, tu ne l'aurais pas, si faible qu'elle soit, si je n'avais pas eu l'adresse de te la constituer; encore celle que tu as ne vaut-elle pas un mari comme le duc de Naurouse. Réfléchis à cela et arrange-toi pour ne revenir de Fribourg qu'avec un engagement formel de... de ton Roger; sinon nous quittons Bade.

Cette promenade à Fribourg avait été arrangée depuis quelque temps déjà : il s'agissait d'aller un dimanche entendre la messe en musique dans la cathédrale de cette capitale religieuse du pays de Bade et du Wurtemberg. On partait le samedi soir de Bade; on couchait à Fribourg; on entendait la messe le dimanche, dans la matinée, et le soir on revenait à Bade. Madame de Barizel et Corysandre avaient déjà visité la cathédrale avec Savine; mais elles n'avaient point entendu la messe du dimanche, dont la musique vocale et instrumentale a la réputation d'être admirable, et c'était pour cette musique qu'elles faisaient une seconde fois ce petit voyage.

La première partie du programme s'exécuta ainsi qu'elle avait été arrêtée, au grand plaisir de Roger et de Corysandre, heureux d'être ensemble et beaucoup plus sensibles à cette joie intime qu'aux merveilles gothiques de la vieille cathédrale, qu'à ses vitraux et qu'à la musique dont l'exécution se fait dans une tribune, comme dans certaines églises italiennes. Le bonheur de Corysandre était d'autant plus grand, d'autant plus complet, qu'elle pouvait le goûter sans arrière-pensée, sa mère ne lui ayant pas reparlé de Roger.

Mais après le déjeuner qui suivit la messe, madame de Barizel, la prenant à part, revint au projet qu'elle n'avait fait qu'indiquer et le précisa :

— J'ai commandé une voiture pour que nous fassions une promenade dans la ville et dans les environs : tout d'abord, nous allons retourner à l'église, et là tu monteras à la tour avec le duc ; moi je resterai dans la calèche. Vous allez donc vous retrouver en tête-à-tête. Arrange-toi pour en profiter ; quand je suis montée avec toi à cette tour, il y a quelque temps, l'idée m'est venue que la plate-forme était un endroit tout à fait propice pour des rendez-vous d'amoureux ; on est là isolé entre ciel et terre, c'est charmant, commode et poétique. Il est vrai qu'on peut être dérangé par des visiteurs, mais on peut ne pas l'être aussi. D'ailleurs en regardant de temps en temps du haut de la tour sur la place, où je serai dans la voiture découverte, tu seras fixée à ce sujet : s'il entre des visiteurs, j'aurai un mouchoir à la main, s'il n'en entre pas, je n'aurai rien ; alors tu auras tout le temps d'obtenir l'engagement du duc. Je ne te fixe pas de marche à suivre. Prends celle que tu voudras, dis ce que tu voudras, fais ce que tu voudras, peu m'importe, pourvu que tu arrives au résultat que j'exige. Si tu n'y arrives pas, nous aurons quitté Bade avant la fin de la semaine et tu ne reverras pas M. de Naurouse. Tu sais que ce que je dis, je le fais.

Corysandre voulut se défendre, mais sa mère ne le lui permit pas ; la voiture attendait ; on se fit conduire au Münster, et là madame de Barizel, déclarant qu'elle était fatiguée, engagea Roger et Corysandre à faire l'ascension de la tour.

— Ne vous pressez pas, dit-elle, et parce que je vous attends ne vous privez pas de jouir complètement de la belle vue qu'on a de là-haut ; je vais me reposer dans la voiture ; je serai là admirablement.

Et elle montra un endroit de la place abrité du soleil, où elle dit au cocher de la conduire ; au pied même de la tour, elle eût été en mauvaise position pour être aperçue par Corysandre quand celle-ci se pencherait du balcon ; tandis qu'à l'endroit qu'elle avait adopté, elle serait facilement aperçue et en même temps elle pourrait surveiller la porte d'entrée, de façon à ne pas laisser passer des visiteurs sans les signaler aussitôt au moyen de son mouchoir.

XXVI

En montant derrière Roger l'escalier de la tour, Corysandre n'avait qu'une seule pensée, qui était une espérance.

— Pourvu qu'il y ait des visiteurs sur la plate-forme, se disait-elle.

Et tout en montant elle écoutait ; mais, sur les pierres de grès rouge qui forment les marches de l'escalier, on n'entendait point d'autres pas que les leurs ; de temps en temps seulement, quand ils passaient auprès d'un jour ouvert dans l'épaisse muraille de la tour, leur arrivait le croassement de quelque corneille qui revenait à son nid ou qui s'envolait.

— Il semble que nous soyons seuls dans cette église, dit Roger en se retournant vers elle.

Ils continuèrent de monter, allant lentement.

Cette tour du Münster de Fribourg, qui est une des

merveilles de l'architecture gothique, est aussi large à sa base que la nef elle-même, alors elle est quadrangulaire ; mais en s'élevant cette forme se rétrécit et change, pour devenir octogone, puis enfin elle devient une pyramide qui se termine par une flèche hardie que couronne une croix.

C'est jusqu'au point où commence cette flèche que montent les visiteurs : là se trouve une plate-forme que borde un balcon d'où la vue embrasse l'ensemble du monument et un immense panorama : à ses pieds on a la cathédrale avec sa toiture à la pente rapide, ses arcs-boutants, ses statues, ses gouttières, ses colonnes, ses clochers aux dentelures byzantines, puis, pardessus les toits et les cheminées de la ville, d'un côté la Forêt-Noire, dont les pentes sombres s'élèvent rapidement, et de l'autre la plaine du Rhin, que ferme au loin la ligne bleuâtre des Vosges.

Ils restèrent longtemps sur cette plate-forme, allant successivement d'un côté à l'autre, de façon à embrasser entièrement la vue qui se déroulait devant eux ; chaque fois que Corysandre se penchait au-dessus du balcon pour regarder la place, elle voyait sa mère, immobile dans la calèche, toute petite, et n'agitant aucun mouchoir.

Personne ne viendrait donc la tirer de son embarras qui avec le temps allait en s'accroissant.

La journée était radieuse et chaude, mais à cette hauteur la brise qui soufflait à travers les arceaux rafraîchissait l'air; cependant elle étouffait, le cœur serré par l'émotion.

Pour Roger, il paraissait pleinement heureux, et à chaque instant il étendait la main vers l'horizon pour lui montrer un point qu'il lui désignait jusqu'à ce qu'elle l'eût aperçu elle-même.

— Ne trouvez-vous pas, disait-il, que c'est une douce joie, pleine de poésie et de charme, de se perdre ainsi ensemble dans ces profondeurs sans bornes, cela ne vous rappelle-t-il pas Eberstein?

Ce souvenir ainsi évoqué la fit frémir de la tête aux pieds, elle se sentit prise par une molle langueur.

— Si vous vouliez, dit-elle, nous pourrions redescendre.

— Déjà!

— Ma mère n'a pas une aussi belle vue que nous dans sa voiture.

Comme ils arrivaient à l'escalier, il se retourna :

— Voulez-vous que nous jetions un dernier regard sur ce panorama, dit-il, pour bien le graver en nous et l'emporter; c'est là un des charmes de ces belles vues de faire un cadre à nos souvenirs.

Une dernière fois ils firent le tour de la plate-forme; mais Corysandre était trop émue, trop profondément troublée, pour rien voir : personne n'était venu, et elle n'avait rien dit.

Ils revinrent à l'escalier, qui à cet endroit est très étroit et tourne dans une assez brusque révolution. Roger descendit le premier et Corysandre le suivit, indifférente, insensible à ce qui se passait autour d'elle, marchant sans regarder à ses pieds, toute à la pensée de la séparation que sa mère allait certainement lui imposer, n'étant pas femme à revenir sur une chose qu'elle avait dite : Roger ne s'était point prononcé; il fallait quitter Bade. Quand, comment le reverrait-elle?

Tout à coup elle glissa sur une marche polie et elle se sentit tomber en avant; justement en face d'elle une petite fenêtre longue s'ouvrait sur le vide. Instinctivement elle crut qu'elle allait être précipitée par cette fenêtre, et, étendant les deux mains, elle laissa échapper un cri :

— Roger !

Le bruit de la glissade lui avait déjà fait retourner la tête. Vivement il lui tendit les bras et la reçut sur sa poitrine ; comme il avait le dos appuyé contre la muraille, il ne fut pas renversé.

Elle était tombée la tête en avant et elle restait sur l'épaule de Roger, à demi cachée dans son cou ; doucement il se pencha vers elle, et, la serrant dans ses deux bras, il lui posa les lèvres sur les lèvres. Alors à son baiser elle répondit par un baiser.

Longtemps ils restèrent unis dans cette étreinte passionnée.

Puis, faiblement, elle murmura quelques paroles :
— Vous m'aimez donc !

Mais à ce moment un bruit de pas et des éclats de voix retentirent au-dessous d'eux : c'étaient des visiteurs qui montaient et qui allaient les rejoindre.

Il fallut se séparer et descendre.

Mais le hasard, qui leur avait été jusque-là favorable, leur était devenu contraire : le déjeuner venait de finir dans les hôtels et c'était par bandes qui se suivaient que les visiteurs montaient à la tour ; ils n'eurent pas une minute de solitude assurée dans ces escaliers déserts, lors de leur ascension, et dont les voûtes sonores retentissaient maintenant de cris et de rires. Tout ce qu'ils purent donner à leur amour, ce furent de furtives étreintes bien vite interrompues.

Quand Corysandre s'approcha de la voiture, elle sentit les yeux de sa mère posés sur elle et la dévorant ; mais elle tint les siens baissés, incapable de soutenir ces regards, et plus incapable encore de leur répondre : une émotion délicieuse l'avait envahie et elle eût voulu ne pas s'en laisser distraire; tout bas elle se répétait : « Il m'aime, il m'aime, il m'aime; » et quand elle ne prononçait pas ces mots avec ses lèvres, ils résonnaient dans son cœur qu'ils exaltaient.

— Au Schlossberg, dit madame de Barizel au cocher lorsque Roger et Corysandre eurent pris place près d'elle.

Et la voiture roula par les rues de la ville encombrées de gens endimanchés; les femmes coiffées du bonnet au fond brodé d'or et d'argent avec des papillons de rubans noirs; les jeunes filles, leurs cheveux blonds pendants en deux longues tresses entrelacées de rubans; les hommes, pour la plupart portant le chapeau à une corne ou même, malgré la chaleur, le bonnet à poil de martre à fond de velours surmonté d'une houppe en clinquant.

A entendre les observations de madame de Barizel, c'était à croire qu'elle n'avait d'autre souci en tête que de regarder les gens de Fribourg et de les étudier au point de vue du costume et des mœurs.

Corysandre et Roger ne répondaient rien, mais ils paraissaient écouter; en réalité ils se regardaient et par de brûlants éclairs leurs yeux se disaient leur bonheur.

— Je t'aime.
— Je t'aime.

A un certain moment, dans la montagne, madame de Barizel, prise d'un accès de pitié pour les chevaux, ce qui n'était cependant pas dans ses habitudes, voulut descendre pour qu'ils pussent monter avec moins de peine la côte, qui était rude.

Ce fut une joie pour Roger de prendre Corysandre dans ses bras pour l'aider à descendre et de la serrer plus tendrement qu'il n'avait osé le faire jusqu'à ce jour, et ce fut une joie pour lui comme pour elle de marcher côte à côte dans cette montée ombragée par de grands bois sombres.

Madame de Barizel était restée en arrière. Tout à coup elle appela Corysandre, qui redescendit, tandis que Roger continuait de monter.

— Eh bien? demanda madame de Barizel à voix basse lorsque sa fille fut à portée de l'entendre.

Corysandre, qui connaissait bien sa mère, s'attendait à cette question et elle avait préparé sa réponse.

— Il m'a dit qu'il m'aimait, murmura-t-elle.

— Enfin, peu importe; maintenant la victoire est à nous. Tu vois si j'avais raison dans mes prévisions et mes combinaisons; écoute-moi donc jusqu'au bout. Tant qu'il ne m'aura pas adressé sa demande, je te prie de t'arranger pour ne pas te trouver seule avec lui. Moi, de mon côté, je ferai en sorte que vous n'ayez pas de tête-à-tête, ceux que je vous ai ménagés étaient indispensables, maintenant ils seraient nuisibles. Il vaut mieux exaspérer le désir du duc et l'entretenir que de le satisfaire.

XXVII

Elle attendait la demande du duc de Naurouse pour le soir même; aussi fut-elle assez vivement surprise, lorsqu'en arrivant à Bade le duc prit congé d'elles sans avoir rien dit.

— Ce sera pour demain, pensa-t-elle.

Mais la journée du lendemain fut ce qu'avait été

celle du dimanche, au moins quant à la demande attendue.

Evidemment il se passait quelque chose d'extraordinaire.

Depuis qu'elle s'était mis en tête de faire faire à Corysandre un grand mariage, elle vivait sous le coup d'une menace qui, se réalisant, pouvait anéantir ses espérances et toutes ses combinaisons : le passé. Qu'un de ces prétendants vînt à connaître ce passé, ne se retirerait-il pas ?

Savine l'avait-il connu ?

Pour Savine, la question n'avait plus qu'un intérêt théorique ; mais, pour le duc, elle avait un intérêt immédiat et pratique d'une telle importance, qu'il fallait coûte que coûte agir de façon à savoir à quoi s'en tenir, et surtout à voir par quels moyens on combattrait, si cela était possible, l'impression que cette révélation du passé avait produite.

Le lendemain, au réveil, son plan était arrêté, et lorsque son fidèle Leplaquet fut introduit dans sa chambre pour déjeuner avec elle, elle lui en fit part.

— Eh bien ! demanda Leplaquet en entrant, le duc s'est-il prononcé ?

— Non, et cela m'inquiète beaucoup ; aussi ai-je décidé d'agir pour obliger le duc à parler enfin.

— Comment cela ?

En lui écrivant ou plutôt en lui faisant écrire par vous. C'est-à-dire en empruntant votre plume si fine et si habile pour écrire une lettre que Corysandre recopiera et que j'enverrai.

— Ah ! par exemple, voilà qui est tout à fait original.

— Me blâmez-vous ?

— Moi ! Je n'ai jamais blâmé personne et ce ne

serait pas par vous que je commencerais. Seulement vous me permettrez, n'est-ce pas, de trouver originale une mère qui écrit les lettres d'amour de sa fille, car cette lettre, je ne peux l'écrire que sous votre dictée ou tout au moins sous votre inspiration, et c'est vous vraiment qui l'écrivez. Voilà ce qui est drôle. Mais quant à le blâmer, non. Je ne condamne jamais ce qui réussit, et je sais bien que vous réussirez ; pour le succès je n'ai que des applaudissements.

— Vous savez que le duc a déclaré son amour à Corysandre sur la plate-forme de la cathédrale de Fribourg.

— Ça, c'est drôle aussi.

— En descendant, Corysandre était terriblement émue et elle n'a pas pu me cacher son trouble. Je l'ai interrogée et elle m'a, en honnête fille qu'elle est, avoué ce qui s'est passé. Le duc a assisté de loin à cet interrogatoire, et, sans savoir ce qui s'est dit entre nous, il ne trouvera pas invraisemblable que je sache la vérité ; la sachant, il est tout naturel que je ne veuille plus recevoir le duc... Cela est hardi, j'en conviens, mais le succès n'appartient pas aux timides. Hier, j'ai reçu M. de Naurouse parce que j'ai cru qu'il venait me demander la main de ma fille. Il ne m'a pas adressé sa demande, je ne le reçois pas aujourd'hui, ce qui va avoir lieu tantôt quand il se présentera, Corysandre, avec qui je me suis expliquée, écrit au duc pour l'avertir de ce qui se passe et pour le mettre en demeure de se prononcer.

— Et si le duc montrait cette lettre ?

— Cela n'est pas à craindre : le duc est trop honnête homme pour cela : d'ailleurs on doit apporter beaucoup de prudence dans la rédaction de cette lettre et c'est pour cela que j'ai besoin de vous. Vous connaissez la situation, allez donc; je recopierai cette lettre pour que Corysandre ne sache pas qu'elle est de vous et, après l'avoir fait copier par ma fille, je l'enverrai. Cherchez ce qu'il faut pour écrire et mettez-vous au travail.

Mais trouver ce qu'il fallait pour écrire n'était pas chose commode chez madame de Barizel, qui n'écrivait jamais ni lettres, ni comptes, ni rien, un peu par paresse, beaucoup par prudence pour qu'on ne vît pas son écriture et surtout son orthographe. C'était même cette grave question de l'orthographe qui faisait qu'elle demandait à Leplaquet de lui écrire cette lettre, car si Corysandre en savait plus qu'elle, elle n'en savait pas beaucoup cependant, et il ne fallait pas que le duc s'aperçût que celle qu'il aimait ne savait rien.

Toutes les recherches de Leplaquet furent vaines, il fallut faire apporter de la cuisine un registre crasseux et un encrier boueux pour qu'il pût écrire son brouillon.

— Vous comprenez la situation ? dit madame de Barizel.

— C'est que c'est vraiment délicat, dit-il avec embarras.

— Pas pour vous, mon ami.

— Cela le décida; il se mit à écrire assez rapidement, sans s'arrêter; les feuillets s'ajoutèrent aux feuillets.

— Il ne faudrait pas que cela fût trop long, dit madame de Barizel.

— Je sais bien, mais c'est que c'est le diable de faire court : il faut des préparations, des transitions.

— Chez une jeune fille ? Enfin, allez.

Il alla encore et il arriva enfin au bout de son sixième feuillet.

— Je crois que c'est assez, dit-il, voulez-vous voir ?

— Si vous voulez lire vous-même, je suivrai mieux.

Il commença sa lecture, que madame de Barizel écouta sans interrompre, sans un mot d'approbation ou de critique. Ce fut seulement quand il se tut qu'elle prit la parole.

— C'est admirable, dit-elle, plein de belles phrases bien arrangées et de beaux sentiments merveilleusement exprimés, seulement ce n'est pas tout à fait ainsi qu'écrit une jeune fille.

— Ah ! dit Leplaquet d'un air pincé.

— Ne soyez pas blessé de mon observation, mon ami, toutes les fois que j'ai lu des lettres de femmes dans des romans écrits par des hommes, je les ai trouvées fausses et maladroites ; les hommes ne savent pas attrapper le tour des femmes ni leur manière de dire, qui, toute vague qu'elle paraisse, est cependant si précise. C'est là le défaut de votre lettre, qui dit trop nettement les choses, trop régulièrement, en suivant un programme raisonné : les femmes n'écrivent pas ainsi.

— Alors, comment écrivent-elles ?

— Je ne suis qu'une ignorante, je ne sais pas faire des phrases d'auteur ; mais voilà ce que j'aurais dit... Voulez-vous l'écrire ?

Il reprit la plume avec mauvaise humeur et écrivit ce qu'elle dictait, assez lentement, en pesant ses mots, mais cependant sans hésitation :

« Je n'aurais jamais eu la pensée que notre intimité
» devait cesser ; j'étais heureuse ; je vivais de ma
» journée de la veille et de l'espérance du lendemain,
» sans rien prévoir, sans rien attendre, et voilà que
» tout à coup on me prouve que ce que je croyais per-

» mis est blâmable, que ce qui faisait ma joie est dé-
» fendu.

— Il me semble qu'après avoir confessé son amour il est bon que Corysandre me fasse intervenir ; elle aime, mais elle cède à sa mère.

— Très bon ; continuez.

» Il va nous être interdit de nous voir ; vous ne se-
» rez plus reçu chez ma mère, et si je veux rester
» l'honnête fille que je dois être il me faudra effacer
» de mon souvenir... »

— Elle s'interrompit :

— Si nous mettions « même » !

— ... Même de mon souvenir les doux moments
» passés ensemble ; je devrai me dire que j'ai rêvé.
» Rêvé ! rêvé notre première entrevue, rêvé nos pro-
» menades, nos heures de liberté, vos paroles, vos re-
» gards !... »

Elle s'interrompit encore :

— Est-ce distingué, de mettre des points d'exclamation ?

— Pourvu qu'il n'y en ait pas trop.

— Eh bien, mettez-en juste ce que les convenances permettent.

Elle continua de dicter :

« ... C'est ce que le monde nous impose, c'est ce
» qu'on exige de nous ; et je ne puis ni agir, ni lutter,
» je ne puis que courber la tête, désespérée de mon
» impuissance. Quelle navrante chose d'être obligée
» de vous dire : « Ne venez plus », quand je voudrais
» au contraire vous appeler toujours ; mais je le dois.
» Seulement saurez-vous jamais ce qu'une telle dé-
» marche m'aura coûté de douleurs,... » — Soyons tendre, n'est-ce pas ? « ce que j'en peux souffrir.
» Comprendrez-vous qu'il m'a fallu toute ma foi en

10.

» votre honneur, ma confiance en vos sentiments, ma
» croyance en vous, pour n'être pas arrêtée au pre-
» mier mot de cette lettre et pour la terminer en vous
» disant... »

Elle s'arrêta :

— Qu'est-ce qu'elle peut bien lui dire? c'est là le point délicat, car il faut qu'elle en dise assez sans en trop dire.

Après un moment de réflexion, elle poursuivit :

« ... En vous disant Allez à ma mère, elle seule
» peut vous ouvrir notre maison qu'elle veut vous
» tenir fermée. »

— Et c'est tout : s'il ne comprend pas, c'est qu'il est stupide. Maintenant, mon ami, relisez cela ; arrangez mes phrases, donnez-leur une bonne tournure. Je crois que l'essentiel est dit.

— Je me garderai bien de changer un seul mot à cette lettre, qui est vraiment parfaite et que, pour mon compte, j'admire. Vous me démontrez une chose que je croyais déjà : c'est qu'il n'y a que les femmes qui puissent écrire des lettres.

XXVIII

Aussitôt que Leplaquet fut parti, madame de Barizel se mit à copier la lettre qu'elle avait dictée, ou plutôt à la dessiner, car pour son esprit ignorant aussi bien que pour sa main inexpérimentée l'écriture était une sorte de dessin; elle imitait scrupuleusement ce qu'elle avait devant les yeux; puis, quand elle avait fini un mot, elle comptait sur le modèle le nombre de lettres dont il se composait, et elle faisait aussitôt la même opération sur sa copie. Ne fallait-il pas que Corysandre ne pût pas se tromper?

Enfin, après beaucoup de mal et de temps, elle vint à bout de ce travail, et aussitôt elle fit appeler sa fille; mais, avant que Corysandre entrât, elle eut soin de cacher sa copie.

— Je t'ai fait appeler, dit madame de Barizel, pour te parler de M. de Naurouse.

Corysandre regarda sa mère avec inquiétude; elle eût voulu qu'on ne lui parlât pas de Roger.

— Je t'ai dit, continua madame de Barizel, que s'il ne se prononçait pas nous romprions toutes relations.

— Il s'est prononcé.

— Avec toi, oui; mais avec moi? C'est dimanche qu'il t'a déclaré son amour; le soir même il devait me demander ta main ou en tous cas il devait le faire le lendemain; il ne l'a pas fait. Je dois donc, quoi qu'il m'en coûte, ne pas laisser cette cour se prolonger plus longtemps. A partir d'aujourd'hui notre porte sera fermée au duc.

Cela fut dit d'une voix ferme qui annonçait une volonté inébranlable.

Cependant, après quelques courts instants de silence, elle parut s'adoucir.

— Cela est terrible pour toi, ma pauvre fille, je le comprends, je le sens; mais que puis-je y faire?

— Pourquoi ne pas attendre? essaya Corysandre.

— Sois certaine que ça n'a pas été sans de longues hésitations que je me suis arrêtée à cette résolution. Je l'ai balancée toute la nuit, ne pouvant pas me résoudre à te briser le cœur, prévoyant bien, sentant bien quelle serait ta douleur. Un moment j'ai cru avoir trouvé un moyen pour n'en pas venir à cette terrible extrémité et pour amener le duc à me demander ta main aujourd'hui même ; mais, après l'avoir longuement examiné, j'y ai renoncé.

— Et pourquoi? s'écria Corysandre en se jetant sur cette espérance qui lui était présentée.

— Pour deux raisons : la première, c'est qu'il est un peu aventureux; la seconde, c'est que tu n'en voudrais peut-être pas.

— Je voudrai tout ce qui ne nous séparera pas.

— Tu dis cela.

— Cela est ainsi.

— Au reste, je veux bien t'expliquer ce moyen; s'il n'a plus d'importance maintenant que je l'ai rejeté, au moins peut-il te montrer combien vivement je veux ton bonheur et aussi comment je m'ingénie toujours à t'éviter des chagrins. Tu écrivais au duc...

— Moi?

— Ah! tu vois; sans savoir, voilà que tu m'interromps.

— C'est de la surprise, rien de plus.

— Tu écrivais au duc et tu lui disais que j'exigeais la rupture de votre intimité; puis, après avoir en quelques mots exprimé combien cela t'était cruel, tu ajoutais qu'il n'y avait qu'un moyen pour que cette rupture n'eût pas lieu; et ce moyen, c'était qu'il vînt à moi. Cela m'avait tout d'abord paru excellent, si bien que j'avais même écrit la lettre, tiens, la voici; veux-tu la lire? Tu me diras si ces sentiments sont les tiens et si je me suis mise à ta place.

Elle lui tendit la lettre, et Corysandre, l'ayant prise, commença à la lire; mais madame de Barizel ne la laissa pas aller loin.

— Est-ce que tu n'aurais pas évoqué ces souvenirs

dont je parle, si tu avais toi-même écrit? demanda-t-elle.

— Oui, je crois.

Corysandre continua sa lecture, que sa mère interrompit bientôt :

— N'aurais-tu pas encore dit toi-même que tu étais navrée de parler contre ton cœur?

— Oh! oui.

— Allons, je vois que j'ai bien deviné tes sentiments, mais n'est-il pas tout naturel qu'une mère, bien que n'étant pas près de sa fille, écrive en quelque sorte sous sa dictée? En réalité cette lettre est de toi.

Corysandre acheva sa lecture.

— Quel malheur, dit madame de Barizel, qu'on ne puisse pas l'envoyer au duc.

Elle fit une pause et, comme Corysandre ne disait rien, elle ajouta :

— Il y aurait des chances pour que le duc accourût tout de suite : au moins cela m'avait paru probable en l'écrivant, car tu penses bien que je n'ai eu qu'un but : enlever M. de Naurouse à ses hésitations, inexplicables s'il t'aime comme tu le crois.

— Et pourquoi ne pas l'envoyer? dit Corysandre lentement et en hésitant à chaque mot.

— S'il ne t'aime pas, il saisira cette occasion de rupture.

— Il m'aime.

— Si tu en es sûre, cela augmente singulièrement les chances de le voir accourir; seulement, moi qui n'ai pas les mêmes raisons pour me fier à cet amour, j'ai dû renoncer à ce moyen que j'avais trouvé tout d'abord et qui conciliait tout : notre dignité et ton amour; car tu sens bien, n'est-ce pas, que cette question de dignité est considérable ? Que nous continuions à recevoir le duc maintenant comme avant, et il s'étonnerait bien certainement des facilités que je t'accorde, peut-être même cela lui inspirerait-il des doutes pour le passé.

— Si je copiais cette lettre ? répéta Corysandre, qui se perdait dans ces paroles contradictoires et qui d'ailleurs était trop profondément émue par la menace de sa mère pour pouvoir raisonner.

Puisqu'on lui disait, puisqu'on lui expliquait que cette lettre devait tout concilier, ne serait-ce pas folie à elle de refuser le moyen qui lui était offert ? En elle il y avait bien quelque chose qui protestait contre l'emploi de ce moyen ; mais elle n'était guère en état d'entendre la voix de sa conscience et de son cœur, troublée, entraînée qu'elle était par la voix de sa mère qui ne lui laissait pas le temps de se reconnaître et de réfléchir.

— Je n'ai pas le droit de t'empêcher de risquer cette aventure, dit madame de Barizel.

— Je pourrais la lui remettre quand il viendra.

— Oh! non, cela serait très mauvais ; ce qu'il faut, si tu veux copier cette lettre, c'est qu'elle n'arrive au duc qu'après que nous ne l'aurons pas reçu. Aussitôt qu'il sera parti, tu la remettras à Bob, qui la portera, et il est possible que quelques minutes après nous voyions le duc accourir ou qu'il m'écrive pour me demander une entrevue. Je dis que cela est possible, mais je ne dis pas que cela soit certain. Vois et décide toi-même.

Comme Corysandre restait hésitante, madame de Barizel reprit :

— Pour moi, au milieu de ces incertitudes, mon devoir de mère est heureusement tracé et je n'ai qu'à le suivre tout droit : Ne plus recevoir le duc... à moins qu'il ne se présente pour me demander ta main et, quoi qu'il m'en coûte, je ne faillirai pas à ce devoir ; plus tard, quand tu ne seras plus sous le coup immédiat de la douleur, tu me remercieras de ma fermeté.

Elle se dirigea vers la porte comme pour sortir ; mais elle ne sortit pas, car, tout en ayant l'air de vouloir laisser Corysandre à ses réflexions, elle tenait essentiellement, au contraire, à ce qu'elle ne pût pas réfléchir.

— A quelle heure doit venir le duc aujourd'hui ?
— A une heure pour...
— Et il est ?
— Midi passé.
— Déjà. Alors tu n'as que juste le temps d'écrire..., si tu veux écrire.
— Je vais écrire.
— Alors, tu es sûre de lui ?
— Oui.

XXIX

Quand Roger se présenta et que Bob lui répondit que « madame la comtesse ne pouvait pas le recevoir ni mademoiselle non plus », il fut étrangement surpris. Cette heure matinale avait été choisie la veille avec Corysandre pour s'entendre à propos d'une promenade, et il était d'autant plus étonnant qu'on ne le reçût pas, que Bob, interrogé, répondait que ni

« madame la comtesse ni mademoiselle n'étaient malades ».

Il dut se retirer, déconcerté, se demandant ce que cela signifiait.

Mais il ne pouvait guère examiner froidement cette question en la raisonnant, étant agité au contraire par une impatience fiévreuse.

Les réponses aux lettres qu'il avait écrites à ses amis d'Amérique pour leur demander des renseignement sur la famille de Barizel ne lui étaient pas encore parvenues, et la veille il avait expédié des dépêches à ses deux amis pour les prier de lui faire savoir par le télégraphe s'il pouvait donner suite au projet dont il les avait entretenus dans ses lettres ; c'était à la dernière extrémité qu'il s'était décidé à employer le système des dépêches qui, en un pareil sujet et aussi bien pour les demandes que pour les réponses, ne pouvait être que mauvais par sa concision et surtout par sa discrétion obligée; mais, après ce qui s'était passé entre lui et Corysandre, dans la tour de l'église de Fribourg, il ne pouvait plus attendre. Par la poste les réponses pouvaient tarder encore huit jours, peut-être plus. Se taire plus longtemps devenait tout à fait ridicule.

Revenant chez lui, il se trouva alors dans un état pénible de confusion et de perplexité, allant d'un extrême à l'autre, sans pouvoir raisonnablement s'arrêter à rien.

Il n'y avait pas une demi-heure qu'il était rentré, quand on lui monta la lettre de Corysandre, sans lui dire qui l'avait apportée.

Son premier mouvement fut de la jeter sur une table ; il n'en connaissait point l'écriture et il avait bien autre chose en tête que de s'occuper des lettres que pouvaient lui adresser des gens qui lui étaient indifférents.

C'étaient des dépêches qu'il attendait, non des lettres.

Comme il ne pouvait rester en place et qu'il marchait à travers son appartement, il passa plusieurs fois auprès de la table sur laquelle il avait jeté cette lettre : puis à un certain moment il la prit machinalement entre ses doigts et il lui sembla que ce papier exhalait le parfum de Corysandre.

Sans aucun doute c'était là une hallucination : il pensait si fortement à Corysandre, elle occupait si bien son cœur et son esprit, qu'il la voyait partout.

Cependant il ne put s'empêcher de flairer cette lettre, et aussitôt une commotion délicieuse courut dans ses nerfs et le secoua de la tête aux pieds; c'était bien le parfum de Corysandre, le même au moins que celui qu'il avait si souvent respiré avec enivrement.

Vivement il déchira l'enveloppe et il lut :

« Allez à ma mère... »

Evidemment il n'avait que cela à faire, et telle était la situation que créait cette lettre, qu'il ne pouvait pas attendre davantage.

Pour que Corysandre ne se fût pas jusqu'à ce jour fâchée de ses hésitations et de son silence, il fallait qu'elle eût vraiment l'âme indulgente, ou plutôt il fallait qu'elle l'aimât assez pour n'être sensible qu'à son amour ; mais maintenant, comment ne serait-elle pas blessée d'un retard qui serait pour elle la plus cruelle des blessures en même temps que le plus injuste des outrages? comment s'imaginer que plus tard elle pourrait s'en souvenir sans amertume ?

Jamais il n'avait éprouvé pareille anxiété, car, s'il avait de puissantes raisons pour attendre, il en avait de plus puissantes encore pour n'attendre pas.

Quoi qu'il décidât, il serait en faute : s'il se prononçait tout de suite, envers son nom ; s'il ne se prononçait pas, envers son amour.

Comme il agitait anxieusement ces pensées, sa porte s'ouvrit.

C'était une dépêche qu'on lui apportait.

« Pouvez donner suite à votre projet, mais plus sage
» serait d'attendre le.tre partie depuis six jours.

Plus sage !

D'un bond il fut à son bureau.

« Madame la comtesse,

» J'ai l'honneur de vous demander une entrevue,
» je vous serais reconnaissant de me l'accorder au-
» jourd'hui même, aussitôt que possible.

» On attendra votre réponse.

» Daignez agréer l'expression de mon profond res-
» pect.

» NAUROUSE. »

Au bout de dix minutes on lui remit sous enveloppe une carte portant ces simples mots: « Madame la comtesse de Barizel attend monsieur le duc de Naurouse. »

Lorsqu'il se présenta devant la comtesse, il croyait qu'il prendrait le premier la parole ; mais elle le devança :

— Vous avez dû être surpris, monsieur le duc, dit-elle cérémonieusement, de ne pas nous trouver lorsque vous avez bien voulu nous honorer de votre visite ? Je vous dois une explication à cet égard et je vais vous la donner. Ma fille et moi, monsieur le duc, nous avons beaucoup de sympathie pour vous et nous sommes l'une et l'autre très heureuses de l'agrémen que vous paraissez trouver en notre compagnie, agrément qui est partagé d'ailleurs ; mais ma fille est une jeune fille, et, qui plus est, une jeune fille à marier. Tant que nos relations ont gardé un caractère de camaraderie mondaine, je n'ai pas eu à m'en préoccuper ; vous paraissiez éprouver un certain plaisir à nous rencontrer, nous en ressentions un très vif à nous trouver avec vous, c'était parfait. Mais en ces derniers temps on m'a fait des observations... très sérieuses, au moins au point de vue des usages français qui désormais doivent être les nôtres, sur... comment dirais-je bien... sur votre intimité avec ma fille. Mes yeux alors se sont ouverts, mon devoir de mère a parlé haut et j'ai décidé que, quoi qu'il nous en coûtât, à ma fille et à moi, nous devions rompre des relations qui plus tard pouvaient nuire à Corysandre, et qui même lui avaient peut-être déjà nui. C'est ce qui vous explique pourquoi nous n'avons pas pu recevoir votre visite tantôt. Sans doute j'aurais pu la recevoir et vous donner alors les raisons que je vous donne en ce moment, mais j'ai pensé que vous comprendriez vous-même le sentiment qui me faisait agir. Vous avez voulu une franche explication, la voilà.

— Si j'ai insisté pour être reçu, ce n'a point été dans l'intention de provoquer cette explication que vous voulez bien me donner avec tant de franchise. Il y a longtemps que j'aime mademoiselle Corysandre...

— Vous, monsieur le duc !

— En réalité je l'aime du jour où je l'ai vue pour la première fois. Mais si vif, si grand que soit cet amour, je n'ai pas voulu écouter ses inspirations avant d'être bien certain que je n'obéissais pas à des illusions enthousiastes ; aujourd'hui cette certitude s'est faite dans mon esprit aussi bien que dans mon cœur et je viens vous demander de me la donner pour femme.

Aucune émotion, ni trouble, ni joie, ni triomphe, ne se montra sur le visage de madame de Barizel en entendant cette parole qu'elle avait cependant si anxieusement attendue et si laborieusement amenée.

Elle resta assez longtemps sans répondre, comme si elle était plongée dans un profond embarras ; à la fin elle se décida, mais en hésitant.

— Avant tout je dois vous avouer que votre demande. dont je suis fort honorée, me prend tout à fait au dépourvu et me cause une surprise que je n'ai pas la force de cacher, car j'étais loin de soupçonner votre amour pour elle, — la résolution que j'ai mise à exécution aujourd'hui en est la preuve. Avant de vous répondre je dois donc tout d'abord interroger ma fille, dont je ne connais pas les sentiments et que je ne contrarierai jamais dans son choix. Et puis il est une personne aussi que je dois consulter, notre meilleur ami en France, le second père de ma fille, M. Dayelle, qui, je ne vous le cacherai pas, sera peut-être votre adversaire, au moins dans une certaine mesure, c'est-à-dire...

— M. Dayelle m'a expliqué pourquoi il me considérait comme un assez mauvais mari ; mais c'est là un excès de rigorisme contre lequel je me défendrai facilement si vous voulez bien m'entendre.

— Je voudrais que ce fût notre ami Dayelle qui vous entendît, car je dois avoir égard à son opinion. Justement je l'attends. Vous pourrez donc le faire revenir de ses préventions, qui, j'en suis convaincue, ne sont pas fondées ; mais, jusque-là il est bien entendu que la mesure que j'avais cru devoir prendre et qui s'imposait à ma prévoyance de mère n'a plus de raison d'être, et que toutes les fois que vous voudrez bien venir, nous serons heureuses, ma fille et moi, de vous recevoir.

— Alors j'aurai l'honneur de vous faire ma visite ce soir.

Roger se retira.

Ce fut cérémonieusement que madame de Barizel le reconduisit ; mais aussitôt qu'il fut parti elle monta quatre à quatre à la chambre de sa fille, où elle entra en dansant.

— Enfin ça y est, s'écria-t-elle, embrasse-moi, duchesse !

XXX

Si l'annonce du mariage de mademoiselle de Barizel, de la belle Corysandre avec le prince Savine avait fait du tapage, celle de son mariage avec le duc de Naurouse en fit un bien plus grand encore. On avait parlé de Savine, parce que Savine voulait qu'on parlât de lui et employait dans ce but toute sorte de moyens. On parlait du duc de Naurouse tout naturellement, parce qu'on avait plaisir à s'occuper de lui. Savine n'était aimé de personne ; Naurouse était sympathique à tout le monde, même à ceux qui ne le connaissaient que pour ce qu'on racontait sur son compte.

Et puis c'était la semaine des courses, et les anciens amis de Roger étaient arrivés à Bade ; le prince de Kappel, Poupardin, Montrévault et dix autres avec leurs maîtresses présentes ou anciennes, et tous s'étaient jetés sur cette nouvelle :

— Naurouse se marie, est-ce possible ?

On l'avait entouré, questionné, félicité, et tout d'abord il avait mis une certaine réserve dans ses réponses ; mais, lorsqu'à la suite de l'entrevue avec Dayelle et d'un nouvel entretien avec madame de Barizel, dans lequel celle-ci, « éclairée sur les sentiments de sa fille et conseillée par son ami Dayelle », avait formellement donné son consentement, il avait très franchement montré combien il était heureux de ce mariage, n'attendant même pas les questions pour l'annoncer à ceux de ses amis qu'il estimait assez pour leur parler de son bonheur.

Les félicitations les plus vives qu'il reçut furent celles du prince de Kappel :

— Etes-vous heureux, cher ami, de pouvoir vous marier librement et de vous choisir votre femme vous-même et tout seul ! Je crois que si j'avais la liberté de faire comme vous, je me marierais ; tandis qu'il est bien certain que je mourrai garçon pour ne pas me laisser marier à quelque princesse de sang royal, mais tuberculeux ou scrofuleux, qu'on m'imposerait au nom de la politique et à qui je devrais faire des enfants... si je pouvais. J'aime mieux ne pas essayer. D'ailleurs, un futur roi qui ne se marie pas, c'est drôle, et on est original comme on peut.

Parmi ses amis, un seul, au lieu de le féliciter, le blâma et très vivement, parlant au nom de l'amitié et de la raison, employant la persuasion et la raillerie pour empêcher ce qu'il appelait un suicide : ce fut Mautravers.

Contrairement à son habitude, Mautravers n'était point arrivé à Bade pour le commencement des courses, et quand Roger, surpris de ne le pas voir, avait demandé de ses nouvelles, on lui avait répondu qu'il ne viendrait probablement pas; cependant il était venu, et, le matin de la deuxième journée, en débarquant de chemin de fer il était tombé chez Roger encore au lit et endormi.

— Enfin vous voilà de retour et pour longtemps, j'espère.

— Pour très longtemps, pour toujours probablement.

— Est-ce que ce qu'on raconte serait vrai ?

— Que raconte-t-on ?

— Que vous avez l'idée de vous marier.

— C'est vrai.

— Vous marier avec une Américaine, une étrangère, vous, François-Roger de Charlus, duc de Naurouse ?

— Cette Américaine est d'origine française : elle appartient à une très vieille et très bonne famille du Poitou, les Barizel.

— On m'avait dit tout cela, car on s'occupe beaucoup de vous en ce moment, et on m'a dit aussi que c'était par amour que vous vouliez épouser cette jeune fille, mais je ne l'ai pas cru.

— Vraiment !

— Qu'on me dise que vous faites un mariage de convenance avec une jeune fille de votre rang, et cela pour continuer votre nom, pour avoir une maison, je ne répondrai rien, ou presque rien, bien que le mariage soit à mon sens la chose la plus folle du monde; mais un mariage d'amour, vous, vous, Roger, jamais je ne l'admettrai. Qu'on puisse aimer sa femme de cœur éternellement comme l'exige la loi du mariage, je veux bien vous le concéder; c'est rare, cependant c'est possible. Mais à côté des sentiments du cœur, il y en a d'autres, n'est-ce pas? Eh bien, croyez-vous que ceux-là puissent être éternels? Vous avez eu des maîtresses, et dans le nombre il y en a que vous avez aimées passionnément, eh bien! est-ce qu'à un moment donné, tout en éprouvant encore pour elles de la tendresse, vous n'avez pas été désagréablement surpris de vous apercevoir que sous d'autres rapports elles vous étaient devenues absolument indifférentes, ne vous disant plus rien, à ce point que vous vous demandiez avec stupéfaction comment elles avaient pu éveiller en vous un désir? Vous savez comme moi que cela est fatal et que ceux-là même qui sont les plus fortement maîtres de leur volonté n'échappent pas à cette loi humaine. Quand cela arrivera dans votre mariage d'amour, car il faudra bien qu'un jour ou l'autre cela arrive, et que vous resterez en présence d'une femme aigrie, d'autant plus insupportable qu'elle aura de justes raisons pour se plaindre, vous vous souviendrez de mes paroles; seulement il sera trop tard. Et notez qu'en parlant ainsi je ne calomnie pas l'amour, car je reconnais volontiers qu'on peut aimer une maîtresse indéfiniment, toujours, même vieille, et cela tout simplement parce qu'elle n'est pas liée à vous, parce que vous ne lui appartenez pas; tandis qu'une femme qu'on a, ou plutôt qui vous a du matin au soir et du soir au matin, on ne peut pas ne pas s'en lasser, et alors...

Mautravers était resté dans la chambre, tandis que Roger était entré dans son cabinet de toilette, et c'était de la chambre qu'il parlait. Sur ces derniers mots, Roger sortit du cabinet une serviette à la main, s'essuyant le cou et le visage.

— Mon cher ami, dit-il posément, tout en se frottant, ce n'est pas d'aujourd'hui que vous me faites entendre des paroles du genre de celles que vous venez de m'adresser. On dirait que c'est chez vous une spécialité. Bien souvent vous m'avez fait souffrir ; aujourd'hui que j'ai un peu plus d'expérience, vous m'intéressez. Aussi ne vous ai-je pas interrompu, curieux de voir où vous vouliez en venir. J'avoue que je ne le sais pas encore, car, si vous avez pour but de me faire renoncer à ce mariage, vous devez comprendre qu'il est trop tard. Je suis engagé, et vous savez bien que je ne me dégage jamais. D'ailleurs, tout ce que vous venez de me dire, fût-il vrai et dût-il se réaliser, que cela ne m'arrêterait pas. J'aime celle que je vais épouser, je l'aime passionnément, et, dussé-je n'avoir qu'un jour de bonheur près d'elle, pour ce jour je donnerais tout ce qui me reste de temps à vivre. Vous voyez donc que rien ne changera ma résolution... sentimentale. Mais, alors même que les sentiments qui s'ont inspirée n'existeraient pas, je la réaliserais cependant quand même, car je veux me marier tout de suite, et pour cela j'ai une raison qui, quand je vous l'aurai dite, vous fera, j'en suis certain, m'approuver : cette raison, c'est que je veux avoir des enfants afin que mon nom ne puisse point passer un jour aux Condrieu.

Disant cela il regarda Mautravers en plein visage et il s'établit entre eux un assez long silence ; puis il reprit :

— Ma fortune, je puis la leur enlever par un bon testament ; mais pour mon nom je ne puis l'empêcher sûrement de tomber entre leurs mains que par un mariage qui me donnera des enfants... et je me marie. Au reste vous allez voir bientôt que celle que j'épouse est digne non seulement d'inspirer l'amour, mais encore de le retenir et de le fixer.

— Je n'ai rien dit qui fût personnel à mademoiselle de Barizel, j'ai parlé en général.

— Elle sera tantôt aux courses ; je vous présenterai à elle ; quand vous la connaîtrez, vous serez peut-être moins absolu dans vos théories.

— Est-ce que vous dînez ce soir chez madame de Barizel ? demanda-t-il.

— Non.

— Eh bien, alors nous dînerons ensemble si vous voulez bien.

Comme Roger faisait un mouvement pour refuser :

— Bien entendu, vous aurez toute liberté pour vous en aller aussitôt que vous voudrez, de façon à faire une visite du soir à mademoiselle de Barizel, si vous le désirez.

XXXI

Roger devait aller aux courses avec madame de Barizel et Corysandre, et il avait été convenu qu'il irait les chercher : pour lui c'était une fête de se montrer en public avec celle qui serait sa femme dans quelques semaines.

Comme il allait sortir, on lui remit une lettre portant le timbre de Washington, — la lettre justement qu'annonçait la dépêche.

En la prenant il éprouva une vive émotion : « Plus sage d'attendre lettre », disait la dépêche.

Maintenant que cette lettre arrivait, était-il sage à lui de l'ouvrir ? Au point où en étaient les choses il ne pouvait pas revenir en arrière. Et le pût-il, le dût-il, il n'en aurait pas le courage : une douleur, il la supporterait, si cruelle qu'elle fût ; mais il ne l'imposerait jamais à Corysandre.

Son mouvement d'hésitation fut court : l'anxiété était trop poignante pour qu'il l'endurât, et d'ailleurs ce n'était point son habitude d'hésiter en face d'un danger.

Il lut :

« Mon cher Roger,

» Je voudrais répondre à votre lettre d'une façon
» simple et précise ; par malheur, cela n'est pas facile,
» car pour faire une enquête sur la famille dont vous
» me parlez il faudrait aller dans le Sud, et je suis
» justement retenu dans le Nord sans pouvoir m'ab-
» senter de l'abominable résidence de Washington,
» bien faite pour donner le spleen à l'homme le plus
» gai de la terre. Je suis donc obligé de m'en tenir à
» des renseignements obtenus de seconde main ; n'ou-
» bliez pas cela, cher ami, en me lisant et surtout en
» prenant une résolution d'après ces renseignements
» que j'ai le regret de ne pouvoir pas certifier con-
» formes à la vérité. Sur le mari il y a unanimité : un
» gentleman et, ce qui est mieux, un gentilhomme
» dans toute l'acception du mot : homme d'honneur
» et de cœur, noble des pieds à la tête, dans sa vie,
» ses manières, ses habitudes, ses mœurs. Tous ceux
» qui parlent de lui le représentent comme un type
» qu'on ne rencontre pas souvent ici. Resté Français
» bien que n'ayant pas vécu en France, mais Français
» d'origine, Français de sang, et Français du dix-
» huitième siècle avec quelque chose de brillant, de
» chevaleresque, d'insouciant, qu'on ne trouve plus
» maintenant ; s'est distingué pendant la guerre et a
» accompli des actions qui eussent été héroïques dans

» un pays où l'on serait moins sensible à la pratique
» et au but; n'a eu que des amis, et tous ceux qui
» parlent de lui le font avec sympathie ou admiration.
» J'allais oublier un point qui cependant a son impor-
» tance : il avait hérité d'une grande fortune engagée
» dans toutes sortes de complications; il ne l'a point
» dégagée, loin de là, et l'abolition de l'esclavage a
» dû lui porter un coup funeste; mais à cet égard je ne
» puis vous fixer aucun chiffre, et il m'est impossible
» de vous répondre suivant l'usage américain : —
» Vaut.... tant de mille dollars. — Sur la mère, au
» lieu de l'unanimité, c'est la contradiction que je
» rencontre; pour les uns, c'est une femme remar-
» quable; pour les autres, c'est une aventurière,
» et ceux-là même racontent sur elle toutes sortes
» d'histoires scandaleuses que je ne peux pas vous
» rapporter, car si elles étaient vraies, elles seraient,
» invraisemblables, et, je vous l'ai dit, il ne m'est pas
» possible en ce moment d'aller me renseigner aux
» sources, de façon à vous dire ce qu'il y a d'exagé-
» ration là dedans. Ce sera pour plus tard, si par un
» mot ou une dépêche vous me demandez de faire
» cette enquête. Il est entendu que, pour cela comme
» pour tout, je suis entièrement à votre disposition et
» que ce me sera un plaisir de vous obliger. Parlez
» donc; dans quinze jours, c'est-à-dire au moment où
» vous recevrez cette lettre, je serai libre d'aller dans
» le Sud, dans l'Est, dans l'Ouest, au diable, pour vous.
» Enfin sur la fille il y a la même unanimité que
» sur le père : la plus belle personne du monde, a
» provoqué l'admiration la plus vive, un vrai en-
» thousiasme chez tous ceux qui l'ont vue. La seule
» chose à noter et à interpréter contre elle est qu'elle
» a manqué plusieurs mariages sans qu'on sache

» pourquoi. Est-ce elle qui n'a pas voulu de ses pré-
» tendants? sont-ce les prétendants qui n'ont pas
» voulu d'elle? On ne peut pas me renseigner sur ce
» point; il semble donc qu'il n'y ait rien de grave.
» Voilà pour aujourd'hui tout ce que je puis vous dire.
» Cela manque de précision, j'en conviens; mais je
» vous répète que je suis tout à vous, prêt à aller à la
» Nouvelle-Orléans ou ailleurs au premier signe que
» vous me ferez. »

Écrite sans alinéa, comme il est d'usage en diplomatie, et en écriture bâtarde aussi nette que si elle avait été lithographiée, cette lettre fut un soulagement pour Roger. Sans doute elle était sur un point assez inquiétante, mais il avait craint pire. En somme, elle était aussi satisfaisante que possible sur M. de Barizel et sur Corysandre, ce qui était l'essentiel. Le père, homme d'honneur et de cœur, noble des pieds à la tête, « la fille, la plus belle personne du monde. » C'était quelque chose cela, c'était beaucoup. Il est vrai que du côté de la mère les choses ne se présentaient plus sous le même aspect; mais ces histoires scandaleuses dont on parlait vaguement se rapportaient sans doute à des amants, et il ne pouvait pas exiger que sa belle-mère fût un modèle de vertu : ce n'est pas sa belle-mère qu'on épouse, sans quoi on ne se marierait jamais.

Cependant, comme il ne fallait rien négliger, il envoya une dépêche à son ami pour le prier d'aller sinon à la Nouvelle-Orléans pour suivre cette enquête, au moins de la confier à quelqu'un de sûr et, cela fait, il se rendit chez madame de Barizel le cœur léger, plein de confiance, ne pensant plus aux mauvaises paroles de Mautravers. Il allait passer quelques heures avec Corysandre, la voir, l'entendre, quelle préoccupation eût résisté à cette joie !

En arrivant il fut surpris de trouver un air sombre sur le visage de madame de Barizel; avec inquiétude il interrogea Corysandre du regard, mais celle-ci ne lui répondit rien ou plutôt le regard qu'elle attacha sur lui ne parlait que de tendresse et d'amour.

Ce fut madame de Barizel elle-même qui vint au-devant des questions qu'il n'osait pas poser :

— J'aurais un mot à vous dire ? fit-elle en passant dans le petit salon.

Il la suivit.

Elle tira une lettre de sa poche :

— Voici une lettre que je viens de recevoir, dit-elle, une lettre anonyme qui vous concerne : j'ai hésité sur la question de savoir si je vous la montrerais ; mais, tout bien considéré, je pense que vous devez la connaître.

Elle la lui tendit ouverte :

« Un de vos amis, qui est en même temps l'admi-
» rateur de votre charmante fille, se trouve vivement
» ému par le bruit qu'on fait courir du prochain ma-
» riage de celle-ci avec M. le duc de Naurouse. Pour
» que vous donniez votre consentement à ce mariage
» il faut que vous ne connaissiez pas le jeune duc, ce
» qui n'est explicable que parce que vous êtes étran-
» gère. Ce qu'est le duc moralement, je n'en veux dire
» qu'un mot : jamais il n'aurait été admis par une
» famille française honorable qui aurait eu souci du
» bonheur de sa fille. Mais ce qu'il est physiquement,
» je veux vous l'expliquer : il est né d'un père qui por-
» tait en lui le germe de plusieurs maladies mortelles,
» auxquelles il a d'ailleurs succombé jeune encore, et

» d'une mère qui est morte poitrinaire. Il a hérité et
» de son père et de sa mère. Si vous en doutez, exa-
» minez-le attentivement : voyez ses pommettes sail-
» lantes; ses yeux vitreux, son teint pâle; surtout
» regardez bien sa main hippocratique, qui, pour tous
» les médecins, est un des signes les plus certains de
» la tuberculose pulmonaire. Depuis son enfance il a
» été constamment malade et, en ces dernières années,
» très gravement. Si vous voulez que votre fille soit
» prochainement veuve avec un ou deux enfants qui
» seront les misérables héritiers de leur père pour la
» santé, faites ce mariage qui, pour vous, maintenant
» avertie, serait un crime. »

— Vous voyez ! dit madame de Barizel.

Roger ne répondit pas; mais silencieusement il regarda cette lettre qui tremblait entre ses doigts.

— Si nous ne vous connaissions pas depuis long-temps, continua madame de Barizel, il est certain que cette lettre au lieu de m'inspirer un profond mépris, m'aurait jetée dans une angoisse terrible : heureusement, je sais par expérience que les craintes qu'elle voudrait provoquer ne sont pas fondées, et c'est pour cela que je vous la communique, uniquement pour cela, pour que vous vous teniez en garde contre les ennemis odieux qui recourent à de pareilles armes.

— D'ennemis, je n'en ai qu'un, dit Roger, mon grand-père, et je suis aussi certain que cette lettre est de lui que si je l'avais entendu la dicter : il voudrait m'empêcher de me marier afin qu'un jour son autre petit-fils, celui qu'il aime, hérite de mon titre et de mon nom et pour cela il ne recule devant aucun moyen. Pour conserver ma fortune, il m'a fait nommer autrefois un conseil judiciaire; maintenant pour m'empêcher d'avoir des enfants, il écrit ces lettres infâmes.

Violemment il la froissa dans sa main crispée.

— Je comprends, dit madame de Barizel, que vous soyez profondément blessé et peiné; mais au moins ne vous inquiétez pas, de pareilles dénonciations ne peuvent rien sur mes résolutions, et pour Corysandre, il n'est pas besoin de vous dire, n'est-ce pas, qu'elle n'en sait et n'en saura jamais rien ?

En voyant comment madame de Barizel accueillait ces révélations, il pouvait ne pas s'inquiéter pour son mariage, mais pour lui-même il ne pouvait pas ne pas penser à cette lettre. .

Il était vrai que son père était mort jeune; il était vrai que sa mère était poitrinaire : il était vrai que lui-même depuis son enfance avait été bien souvent malade. Était-il donc condamné à transmettre à ses enfants les maladies héréditaires qu'il aurait reçues de ses parents ?

Une main hippocratique ? Qu'était-ce que cela ? Avait-il vraiment la main hippocratique ?

Sa journée, dont il s'était promis tant de bonheur fut empoisonnée, et le charmant sourire de Corysandre, sa douce parole, ses regards tendres ne parvinrent pas toujours à chasser les nuages qui assombrissaient son front.

A un certain moment il vit dans la foule un médecin parisien qu'il avait connu autrefois et qu'on était sûr de rencontrer partout où il y avait des cocottes; aussitôt, se levant de la chaise qu'il occupait auprès de Corysandre, il alla à lui.

— Docteur, j'ai un renseignement à vous demander, dit-il en l'emmenant à l'écart. A quels signes reconnaît-on donc ce que vous appelez la main hippocratique ?

— Au renflement en massue de la dernière phalange des doigts et à l'incurvation de l'ongle, qui devient convexe par sa face dorsale.

— Est-ce que cette main est le signe des maladies de poitrine.

— Trousseau dit qu'elle est propre aux tuberculeux ; mais cela est exagéré : elle s'observe aussi chez des individus parfaitement sains.

— Je vous remercie.

Avant de revenir auprès de Corysandre, Roger s'en alla tout à l'extrémité de l'enceinte du pesage, et là, se dégantant rapidement, il examina ses deux mains, qu'il n'avait jamais regardées, en se demandant si elles étaient ou n'étaient pas hippocratiques.

Il ne remarqua ce renflement en massue, et encore assez léger, qu'à un doigt de ses deux mains, l'annulaire ; quant à l'incurvation de l'ongle, il ne savait pas trop ce que cela pouvait être ; c'était sans doute un terme de médecine, il le chercherait.

XXXII

Roger croyait dîner avec Mautravers seul ; mais, quand il entra dans le salon où celui-ci l'attendait, il trouva plusieurs convives réunis : le prince de Kappel, Poupardin, Montrévault, Sermizelles, Cara, Balbine, Esther Marix et enfin Raphaëlle.

Hommes et femmes s'empressèrent au-devant de

lui, pour lui tendre la main; quand Raphaëlle lui tendit la sienne, il ne fut pas maître de retenir un léger mouvement.

— Ne me remerciez pas d'avoir invité une ancienne amie, dit Mautravers, qui l'observait, c'est elle-même qui s'est invitée tout à l'heure quand elle a su que nous dînions ensemble.

— Ça c'est beau, dit Poupardin.

— Au moins c'est unique, répondit Raphaëlle, ce n'aurait pas été pour vous, mon cher Poupardin, que j'aurais adressé cette demande à Mautravers.

On se mit à rire et Poupardin n'osa pas se fâcher tout haut.

— Ne remarquez-vous pas une chose curieuse, dit Mautravers, c'est qu'à l'exception de Carami mort et de Savine en voyage, nous voilà tous réunis aujourd'hui pour célébrer les adieux à la vie de notre ami, comme nous étions réunis il y a cinq ans pour fêter son entrée dans la vie.

— Si cette remarque est juste, dit le prince de Kappel, elle n'est pas consolante, car elle prouve que nous tournons toujours dans le même cercle et sur place, comme des chevaux de cirque; à Paris, comme à l'étranger, comme partout, hommes, femmes, nous sommes toujours les mêmes, et franchement ça manque de diversité. Nous allons dire les mêmes choses qu'à Paris, rire des mêmes plaisanteries, manger la même sauce brune, la même sauce rouge, la même sauce blanche; et puis demain nous recommencerons.

On se mit à table et Raphaëlle se plaça à côté de Roger; ce voisinage n'était guère pour lui plaire, mais il eût été maladroit et ridicule d'en rien laisser paraître. Aussi s'assit-il sans faire la moindre observation ; c'était déjà trop qu'il eût montré de la surprise en la voyant : elle ne lui était, elle ne pouvait lui être que complètement indifférente et il ne devait pas plus se rappeler qu'il l'avait aimée, qu'il ne devait se souvenir qu'elle l'avait trompé; tout cela était si loin !

Cependant, au lieu de se tourner vers elle, il adressa la parole à Balbine, qu'il avait à sa gauche, et pendant assez longtemps il s'entretint avec elle, sans plus faire attention à Raphaëlle que s'il ne la connaissait pas.

A un certain moment, cet entretien s'étant interrompu, Raphaëlle se pencha vers lui et, parlant d'une voix étouffée, de manière à n'être entendue que de lui seul :

— Cela te contrarie, dit-elle, que je me sois invitée à ce dîner.

Ce tutoiement le blessa; se tournant vers elle vivement, il la regarda de haut, puis tout à coup se baissant de façon à lui parler à l'oreille :

— Le jour où nous nous sommes séparés, dit-il, j'étais sur le balcon et j'ai tout entendu.

— Ç'a été justement parce que je te savais sur le balcon du boudoir et parce que je savais aussi que de ce balcon on entendait tout ce qui se disait chez mes parents que j'ai parlé. Ne fallait-il pas t'amener à rompre?

Il eut un tressaillement.

— Est-ce que tu te confesses? demanda Cara.

— Justement, répondit-elle.

— Alors cela sera long?

— Si je disais tout, ça ne finirait pas aujourd'hui.

— Continue, mais tout haut.

— Merci.

Elle continua comme si elle n'avait pas été interrompue, s'exprimant au milieu de ces neuf personnes à peu près aussi librement que si elle avait été seule, car c'était un de ses talents, de pouvoir parler en jetant hardiment à la face des gens ce qu'elle voulait dire, sans que ses voisins l'entendissent.

— Il y a longtemps que je sentais, que je voyais que tu te perdrais pour moi, par générosité, par amour, et que si les choses continuaient ainsi ta famille te ferait interdire. Plusieurs fois déjà j'avais essayé de rompre et, tout ce que je t'avais proposé, tu l'avais repoussé; si tu savais comme cela m'avait été doux ! Alors, voyant qu'il fallait te sauver malgré toi, j'ai inventé cette comédie. Tu sais : ce n'est pas impunément qu'on fait du théâtre; j'ai pris un moyen qui m'était inspiré par mon métier, j'ai joué une scène... atroce, en me disant pour me soutenir que si tu pouvais me croire ce que je paraissais être, tu souffrirais moins et te guérirais plus sûrement, plus vite.

Le maître d'hôtel l'interrompit pour placer devant elle une assiette à laquelle elle ne toucha pas.

— Je sais bien, continua-t-elle, que je ne suis pas une bien bonne comédienne; mais il paraît que ce jour-là j'ai eu du talent, car tu as cru à la scène que je jouais, tu y as cru pendant de longues années, tu y crois peut-être encore en ce moment même, te disant que j'ai été la plus misérable des femmes, au lieu de voir que j'en étais la plus tendre, la plus dévouée, tendre jusqu'au sacrifice de mon amour, dévouée jusqu'au suicide.

— Que diable chuchotez-vous donc à l'oreille de Naurouse ? demanda Montrévault, ça n'est pas correct, cela, ma chère.

Assurément non, cela n'était pas correct; elle le sentait sans qu'il fût besoin de le lui faire observer, mais, comme, elle n'avait pas dit tout ce qu'elle voulait dire, elle prit bravement son parti et se décida à achever tout haut ce qu'elle avait commencé tout bas :

— Ce que je lui dis? fit-elle en se mettant de face et en promenant sur tous les convives un regard assuré, une chose bien simple, bien élémentaire, mais qui, cependant, peut vous être utile à tous, j'entends à tous les hommes qui sont ici, et dont je veux bien vous faire part pour votre éducation. Comme je n'aurai à tromper aucun de vous, je peux parler franchement. Ce que je disais, le voici : Tout homme s'imagine, quand il est l'amant d'une femme qui lui témoigne de l'amour, qu'il doit être seul et que, s'il ne l'est pas, c'est qu'il n'est pas aimé; eh bien! ça, c'est des bêtises.

— Bravo! cria Balbine.

— Certainement, continua Raphaëlle, une femme peut n'aimer qu'un homme et l'aimer exclusivement, si bien que tous les autres ne sont rien pour elle; mais, quant à n'avoir qu'un seul amant, ça c'est une autre affaire, et il n'en est pas une seule, si elle est franche, qui vous dira que c'est possible; il en faut un pour ceci, un autre pour cela, enfin des relais.

— Très bien, dit Mautravers en riant, au moins tu es franche.

— Je m'en flatte; c'était là ce que j'expliquais au duc, au petit duc, comme nous disions autrefois, quand Montrévault m'a interrompue pour me rappeler que je n'étais pas correcte, ce qui est grave. Et le but de cette explication était de lui prouver... ça, j'aimerais mieux le lui dire tout bas, mais puisque je ne serais pas correcte, il faut bien que je le dise tout haut, tant pis pour ceux que ça blessera...

— Va toujours, dit Mautravers, ceux qui se blesseront de tes paroles auront mauvais caractère.

— Et puis, comme Savine ne peut pas m'entendre il m'est bien égal qu'on se fâche ou qu'on ne se fâche pas. Donc le but de mon explication était de lui prouver que bien que nous nous soyons fâchés, je l'ai aimé, tendrement, passionnément aimé, et, qu'en réalité, je n'ai jamais aimé que lui.

Il y eut une explosion de cris et d'exclamations.

— Ça, c'est aimable pour Poupardin, dit Mantravers dominant le tumulte.

— Poupardin cheval de renfort, dit Montrévault.

— Pourquoi avez-vous voulu que je dise haut ce que j'étais en train de dire bas, continua Raphaëlle sans se laisser déconcerter, ce n'est pas ma faute. Nous nous sommes fâchés, mon petit duc et moi, sans explication; après plusieurs années je le retrouve, alors je saisis l'occasion aux cheveux et je m'explique! c'est bien naturel. Dans d'autres circonstances je n'aurais pas risqué cette explication, parce qu'on aurait pu supposer que je n'entreprenais ma justification que dans un but intéressé, mais maintenant cela n'est pas à craindre, cette idée ne peut venir à personne et je suis bien aise que le petit duc sache...

— Qu'il a été l'homme aimé et non un vulgaire amant, dit Sermizelles, c'est entendu.

— Il le sait.

— Il en est fier.

— Il en rêvera.

— Ton souvenir consolera ses vieux jours.

— Blaguez tant que vous voudrez, répliqua Raphaëlle, cela m'est égal; j'ai dit ce que je voulais dire.

Elle se mit alors à manger consciencieusement, en femme qui veut regagner le temps perdu, et, pendant le reste du dîner, elle ne chercha point à s'adresser à Roger en particulier, ne lui parlant que lorsqu'elle y était amenée naturellement par les hasards de la conversation.

Au dessert, Roger se leva et quitta la table.

— Comment, vous nous abandonnez? s'écria Balbine; c'est scandaleux!

— Et il a joliment raison! dit le prince de Kappel.

Sans plus répondre à ceux qui l'approuvaient qu'à ceux qui le blâmaient, Roger se retira pour se rendre auprès de Corysandre, et en chemin une question qu'il s'était déjà posée lui revint : Pourquoi Raphaëlle avait-elle essayé cette justification? Il était dans des dispositions où l'on se défie de tout et de tous : les étranges paroles que Mautravers lui avait adressées le matin, puis presque aussitôt la lettre anonyme que madame de Barizel lui avait communiquée, l'avaient mis sur ses gardes; il traversait bien évidemment une phase décisive, et des dangers, des embûches dressées par M. de Condrieu-Revel, devaient l'envelopper de toutes parts. On ne reculerait devant rien pour rompre son mariage. Cela était bien certain, il le savait, il le voyait, et ses soupçons ne devaient s'arrêter devant personne; mais enfin il lui paraissait difficile d'admettre que les explications de Raphaëlle pussent se rattacher à ces dangers, ou, si cela était, il ne voyait ni par où ni comment. Raphaëlle était trop intelligente pour croire qu'il pouvait revenir à elle, alors même qu'il croirait qu'elle s'était immolée, qu'elle s'était suicidée pour lui. Et si ce n'était pas cela qu'elle avait cherché, ce qui eût été absurde, il ne trouvait pas ce qu'elle avait pu vouloir, au moins en ce qui touchait son mariage.

XXXIII

Le lendemain matin, au moment où Roger allait descendre pour déjeuner, il entendit un bruit de voix dans son antichambre, et ce bruit se continuant comme s'il y avait une discussion entre Bernard et une personne qui voudrait entrer, il ouvrit sa porte.

La personne qui voulait entrer n'était autre que Raphaëlle, et Bernard, qui aimait à se substituer à son maître, s'imaginant que celui-ci ne devait pas être en disposition de recevoir une ancienne maîtresse, refusait de la recevoir :

— Puisque j'affirme à madame que M. le duc est sorti.

C'était sur ce mot que Roger avait ouvert la porte.

Sans daigner remettre le valet de chambre à sa place, Raphaëlle, passant devant lui, se hâta d'entrer.

Elle lui tendit la main en le regardant ; il lui donna la sienne, mais ce ne fut pas bien franchement. Cette visite n'était pas pour lui plaire, pas plus que ce tutoiement auquel elle s'obstinait, bien qu'il eût évité de la tutoyer lui-même.

Elle parut ne pas s'en apercevoir et, tirant un fauteuil, elle s'assit.

— Sais-tu pourquoi j'ai tenu si fort à te présenter ma justification ? lui demanda-t-elle.

— Pour te justifier probablement, répondit-il en employant de mauvaise grâce le tutoiement.

— Sans doute ; mais tu me connais mal si tu t'imagines que je n'ai été guidée que par un motif étroitement personnel. Depuis notre séparation j'ai supporté ton mépris, trouvant, je te l'avoue, une joie orgueilleuse à me dire : « Il ne saura jamais ce que j'ai fait pour lui, mais il suffit que je le sache, moi. » — Et cela me suffisait réellement. Tu penses bien que dans ma vie j'ai eu des heures d'amertume, n'est-ce pas, et de dégoût? Mais quand, dans ces heures-là, je pensais à toi, j'étais tout de suite relevée et je redressais la tête quand je me disais : « Voilà ce que j'ai fait pour l'homme que j'aimais. » Eh bien! j'aurais continué à me taire s'il n'était pas venu un moment où j'ai eu besoin de ton estime, non pour moi, mais pour toi.

Comme il la regardait avec étonnement, se demandant où tendaient ces étranges paroles, elle continua :

Tu ne comprends rien à ce que je te dis là, n'est-ce pas? mais tu vas voir bientôt que je ne dis pas un seul mot inutile. Cependant, avant d'en arriver là, il faut que je te dise encore que c'est pour toi que je suis à Bade, au risque d'une scène terrible avec Savine quand il apprendra que je suis venue ici, bien qu'il m'ait demandé de rester à Paris pendant son absence, et les demandes de Savine, ce sont les ordres du plus féroce des despotes. Enfin il faut que tu saches aussi que c'est moi qui ai arrangé ce dîner avec Mautravers, qui ne voulait pas m'inviter et qui ne s'est décidé qu'en pensant que j'avais sans doute l'espérance de t'entraîner à faire une infidélité à ta fiancée, — ce qui, pour sa nature bienveillante, est un plaisir très doux. — Maintenant que tout cela est expliqué, écoute-moi.

Elle fit une pause, se recueillant, puis elle poursuivit :

12

— Tu sais qu'avant ton retour en Europe le bruit a couru que Savine devait épouser mademoiselle de Barizel ?

— Que ce nom ne soit pas prononcé entre nous, dit Roger en étendant la main par un geste énergique.

— Oh! sois tranquille, ce n'est pas d'elle que je veux parler; je n'ai rien à en dire; jamais l'idée ne me serait venue de porter un témoignage contre une jeune fille que tu aimes et dont tu veux faire ta femme; tu me calomnies si tu me juges capable d'une pareille bassesse. Rassure-toi donc et laisse-moi continuer sans m'interrompre; ce que j'ai à dire est déjà assez difficile; si tu me troubles je n'en viendrai jamais à bout.

Elle fit une nouvelle pause :

— Tu connais Savine, tu comprends donc sans qu'il soit besoin que je te le dise que je ne l'aime pas. Savine mourra sans avoir jamais aimé et sans avoir jamais été aimé; peut-être, quand il sera vieux, le regrettera-t-il, mais il sera trop tard. Cependant malgré son égoïsme, son avarice, sa sécheresse de cœur, sa méchanceté, sa dureté, sa lâcheté, malgré tous les défauts et tous les vices qui font de lui un des plus vilains masques qu'on puisse rencontrer, je tiens à lui... parce qu'il m'est nécessaire. Si je pouvais aimer; je n'aurais jamais été sa maîtresse; mais, dans les dispositions où je suis, mieux vaut lui qu'un autre; au moins il a une qualité : la richesse, et, bien qu'il y tienne terriblement, à cette richesse, on peut avec un peu d'habileté lui en extraire de temps en temps quelques bribes. De ces bribes je n'ai pas assez et il me faut quelques années encore pour atteindre le chiffre que je me suis fixé, car, avec lui, le travail d'extraction est d'un difficile que tu n'imaginerais jamais, toi qui es la générosité même. Aussi, quand j'ai appris le bruit qu'on faisait courir de son mariage, tu peux te représenter l'état dans lequel cela m'a jetée; on ne perd pas ainsi un homme qui vous fait la femme la plus enviée de Paris. Tout d'abord je me suis refusée à admettre que ce mariage fût possible, car je croyais bien connaître mon Savine, et ce qui s'est passé m'a donné raison; mais devant la persistance de ce bruit j'ai fini par m'inquiéter un peu, puis beaucoup, et alors j'ai eu l'idée d'empêcher ce mariage si je le pouvais. Avant tout il me fallait savoir quelle était celle que Savine voulait épouser, et j'ai envoyé un homme dont j'étais sûr faire une enquête ici.

— Il suffit, dit Roger, je comprends maintenant où tend cet entretien, restons-en là; je ne veux pas en entendre davantage; j'en ai déjà trop entendu.

— Il faut que tu m'entendes, dit-elle, il le faut, au nom de ton honneur.

— Mon honneur ne regarde que moi seul, et je ne permets à personne d'en prendre souci.

— Quand tu sais qu'il est en danger, oui; mais quand tu ne sais pas qu'il est menacé, ne permets-tu pas qu'on t'avertisse? Je t'ai dit que je ne voulais pas parler de... de celle que tu aimes, tu peux donc m'entendre sans craindre que mes paroles soient un outrage pour elle; mais il y a plus : tu dois m'entendre, tu le dois pour ton nom, dont tu es si justement fier, pour ton bonheur. Quand on se marie on prend des renseignements sur la famille de celle qu'on épouse, pourquoi repousserais-tu ceux que je t'apporte?

Il eut un geste de colère; puis, d'une voix sourde :

— Parce qu'on choisit ceux à qui on demande un témoignage.

— Ah! Roger! s'écria-t-elle, tu es cruel pour une femme qui ne veut que ton bien et qui ne demande rien que d'être entendue quand elle élève la voix non pour elle, mais pour toi ; tu la frappes injustement. Mais je ne veux pas me plaindre, encore moins me fâcher ; je me mets à ta place, je sens ce que ma démarche doit te faire souffrir et je sais que, quand tu souffres, la colère l'emporte en toi sur la bonté et la générosité de ton caractère ; si tu regrettes le coup dont tu viens de me frapper, écoute-moi, c'est la seule réparation que je veuille.

— Mais pourquoi donc, s'écria-t-il violemment, venir m'imposer des paroles que je ne veux pas entendre, car elles s'adressent à des personnes dont il ne peut pas être question entre nous?

— Parce qu'il faut que tu les entendes, ces paroles, parce que si je ne venais pas te les dire, les sachant, je serais coupable d'une infamie et d'une lâcheté. Ce que j'ai appris, je ne l'ai pas cherché pour toi, mais, maintenant que je le sais, je ne peux pas, je ne dois pas le garder pour moi. Refuserais-tu donc d'écouter une voix qui t'avertirait que tu vas tomber dans un précipice, parce que tu n'aurais pas demandé cet avertissement? N'est-ce pas un devoir de te le donner, de te le crier, pour qui voit ce précipice, et vas-tu me répondre que je ne suis pas digne de t'avertir? Mais ce serait de la folie.

L'insistance même de Raphaëlle avait fini par émouvoir Roger. Son premier mouvement avait été de lui fermer la bouche ; mais, ne le pouvant pas, il avait été peu à peu ébranlé par l'ardeur qu'elle avait mise à vouloir parler quand même et malgré lui ; et puis le souvenir de la lettre de son ami, le secrétaire de la légation de Washington, lui revenait et le troublait.

Brusquement il se décida :

— Hier tu m'as dit des choses bien étranges et bien invraisemblables, auxquelles je n'ai pas voulu répondre; aujourd'hui l'heure est venue de me prouver que tu étais sincère hier, et pour cela c'est de m'apporter les preuves palpables, évidentes, de ce que tu veux me révéler. Si tu me donnes ces preuves, je te croirai non seulement pour aujourd'hui, mais encore pour hier; au contraire, si tu ne me les donnes pas, je te traiterai comme la dernière des misérables.

Vivement elle étendit le bras :

— Alors mets ta main dans la mienne, s'écria-t-elle, la condition que tu m'imposes, je la tiens, et les preuves que tu exiges, je te les donnerai, non pas dans un délai que je pourrais allonger, non pas demain, mais tout de suite, car ces preuves, je les ai là, les voici :

Disant cela, elle tira une liasse de papiers de la poche de sa robe et la présenta à Roger, qui, prêt à la prendre, eut un mouvement de répulsion.

— Mais, avant de te les mettre sous les yeux, continua-t-elle, il faut que je t'explique comment elles sont venues entre mes mains. Je t'ai dit que voulant empêcher Savine de m'abandonner pour se marier, j'avais envoyé ici un homme sûr, habitué à ce genre de recherches, qui devait faire une enquête sur ce qu'était celle que Savine allait épouser, disait-on, et sur la famille de celle-ci. Mon homme me confirma ce mariage, qui lui parut décidé; mais les renseignements qu'il me donna n'eurent pas une grande importance. Ils m'apprirent ce que tu as dû voir toi-même sur l'intérieur, les relations, les habitudes de madame de Barizel, qui

12.

n'ont rien de respectable et qui sentent terriblement la bohême.

Roger voulut l'interrompre.

— Il faut bien, dit-elle, que j'appelle les choses par leur nom ; d'ailleurs, madame de Barizel étant une étrangère, il n'y a rien d'extraordinaire à ce qu'elle ne vive pas comme tout le monde. Si je n'avais à parler que de cela, je n'en dirais rien. Sans me rapporter rien de précis, mon homme m'en dit assez cependant pour me faire comprendre que si je voulais poursuivre mon enquête en Amérique, je pouvais en apprendre assez sur madame de Barizel pour empêcher Savine de devenir son gendre. C'était grave d'envoyer un agent en Amérique et de poursuivre là-bas des recherches de ce genre ; cela exigeait de grands frais. Mais, d'autre part, c'était grave aussi de perdre Savine, et les risques que je courais d'un côté n'étaient nullement en rapport avec les chances que je pouvais m'assurer d'un autre. J'envoyai donc mon homme en Amérique.

— Ah !

Il eût voulu retenir cette exclamation qui trahissait son émotion, mais en voyant la tournure que prenaient les choses, il n'avait pas été maître de ne pas la laisser échapper, car ce n'était pas, comme il l'avait supposé tout d'abord, de bavardages mondains qu'il allait être question, de racontages ramassés à Paris ou à Bade ; ce que Raphaëlle avait fait pour son intérêt à elle, c'était ce qu'il aurait voulu, ce qu'il aurait dû faire lui-même pour son honneur.

— Et ce que je t'apporte, dit-elle, c'est le résultat des recherches que mon homme a faites en Amérique, avec preuves à l'appui, car il me fallait ces preuves pour Savine, et j'avais recommandé qu'on ne recueillît aucun bruit sans le faire appuyer par un témoignage certain ; tous les renseignements qu'on a recueillis n'ont pas été prouvés, mais ceux qui l'ont été suffiront, et au delà, pour t'éclairer.

Au lieu de continuer, elle s'arrêta, et son visage, qu'avait animé l'ardeur de la discussion, prit une expression désolée :

— Si tu savais, dit-elle, comme je suis peinée de te causer une douleur, moi qui voudrais tant t'éviter un chagrin, moi qui aurais voulu que mon souvenir ne fût pas associé à de mauvais souvenirs! Mais je suis comme une mère qui doit avoir le courage de frapper l'enfant qu'elle aime.

— Au fait, dit Roger, ces renseignements, ces preuves...

Après avoir résisté pour ne pas l'entendre, c'était lui maintenant qui la pressait de parler.

— Tu sais le nom de madame de Barizel, son nom de famille?

— Non.

— C'est fâcheux, car cela t'aurait permis de suivre les renseignements et les témoignages que je vais successivement te donner sur sa jeunesse, qui est la partie intéressante de sa vie; mais tu pourras savoir facilement ce nom même sans le lui demander. Elle a acheté un terrain aux Champs-Élysées, soi-disant pour construire dessus un hôtel, mais en réalité et tout simplement pour éblouir les épouseurs, et son nom de fille se trouve dans cet acte : Olympe de Boudousquié ou plutôt sans *de*, Olympe Boudousquié tout court, ainsi que le prouve ce certificat de baptême, revêtu, comme tu le vois, de toutes les signatures et de toutes les cachets qui peuvent affirmer son authenticité.

Disant cela, elle prit dans sa liasse un papier qu'elle

présenta à Roger, et, pendant qu'il lisait, elle continua :

— Tu vois : le père, Jérôme Boudousquié, professeur de musique; la mère, Rosalie Aitie, modiste, cela n'indique guère que la fille de ces gens-là ait droit à la particule, n'est-ce pas? Au reste, cette Rosalie Aitie était une personne remarquable par sa beauté, à laquelle il n'a manqué pour faire fortune qu'un autre théâtre que Natchez, qui est une petite ville de trois à quatre mille habitants, où une femme, même de talent (et il paraît qu'elle était douée), ne peut pas briller, et puis il y avait en elle un vice qui devait l'empêcher de s'élever : son sang; elle était d'origine noire, bien que parfaitement blanche...

Comme Roger avait laissé échapper un mouvement, elle s'interrompit pour prendre deux pièces qu'elle lui tendit :

— Ceci est prouvé; la mère de Rosalie Aitie était, tu le vois, une esclave.

Elle fit une pause pour que Roger eût le temps de lire les papiers qu'elle lui avait présentés; puis, sans le regarder, pour ne pas augmenter sa confusion qu'elle n'avait pas besoin d'examiner attentivement, car elle se trahissait par un tremblement des mains, elle continua :

— M. Jérôme Boudousquié disparut quand sa fille Olympe était encore tout enfant. Mourut-il? se sauvat-il pour fuir sa femme? Les renseignements manquent; mais cela n'a pas une grande importance, pas plus que la lacune qui existe entre le moment où madame Boudousquié quitte Natchez et celui où nous la retrouvons à la Nouvelle-Orléans, tenant l'emploi des mères nobles ou pas du tout nobles auprès de sa fille Olympe, lancée dans la haute cocotterie, et déjà mademoiselle de Boudousquié pour ceux qui ne savent pas d'où elle vient. Elle a un succès de tous les diables, succès dû autant à sa beauté qu'à son habileté, car tout le monde s'accorde à reconnaître que c'est une femme très forte. Malheureusement, sur cette période, les renseignements manquent aussi, c'est-à-dire les renseignements avec preuve à l'appui, les seuls dont nous ayons à nous occuper, tandis que les histoires au contraire abondent. Cependant je dois en citer une, une seule : on raconte qu'elle assassina un des amants qui allait lui échapper en s'embarquant et qu'elle lui vola les débris de la fortune qu'il emportait avec lui; le coup de revolver fut mis au compte de la jalousie par des juges complaisants.

— Ceci est absurde, s'écria Roger, et c'est se moquer de moi que de me raconter de pareilles histoires.

— Je ne l'ai racontée que pour que tu voies ce qu'on dit de madame de Barizel et quelle est sa réputation. N'est-ce pas chose grave qu'on puisse parler ainsi d'une femme, même alors que cette femme serait innocente? Pour la charger d'un pareil crime, ne faut-il pas qu'on la juge capable de le commettre? Enfin je n'insiste pas là-dessus. Une seule chose est certaine, c'est qu'après la mort de ce personnage, qui s'appelait Jose Granda et qui était Espagnol, elle quitte la Nouvelle-Orléans pour Charlestown, où un riche commerçant se ruine et se tue pour elle : William Layton. Justement le jeune frère de William Layton, qui l'a alors connue comme la maîtresse de son frère et qui a été témoin de cette ruine et de ce suicide, est établi à Paris, 45, rue de l'Echiquier, et il peut donner, il donne volontiers tous les renseignements qu'on lui demande sur la femme qui a causé la mort de son frère et la ruine de sa famille. Tu n'as qu'à l'interroger pour qu'il parle : c'est un témoin vivant et qui, par son honorabilité, mérite toute confiance. Tu retiens l'adresse, n'est-ce pas : M. Daniel Layton, 45, rue de l'Echiquier ?

Il répondit par un signe de tête, car une émotion poignante le serrait à la gorge : ce n'était plus une histoire absurde qu'on lui racontait. Pour avoir la preuve de celle-ci, il n'avait qu'à interroger un témoin, un témoin vivant et honorable. Madame de Barizel serait donc l'aventurière dont parlait la lettre de Washington et les histoires invraisemblables dont il était question dans cette lettre seraient vraies ? Était-ce possible ? Il se débattait contre cette question, et son amour pour Corysandre se révoltait à cette pensée.

— Après Charlestown, continua Raphaëlle, il y a encore une disparition. On la retrouve à Savannah menant grande existence, maîtresse d'un négociant qui, ruiné par elle, est venu se refaire une fortune en France, où il a réussi : M. Henry Urquhart, au Havre. Lui aussi parle volontiers d'Olympe Boudousquié, car elle n'a laissé que de mauvais souvenirs à ses amants et ils la traitent sans ménagement ; il n'y a qu'à l'interroger aussi, celui-là. Nouvelle disparition. Elle va à la Havane, d'où la ramène le comte de Barizel, qui la présente et la traite comme sa femme. L'a-t-il véritablement épousée ? On n'en sait rien : mon homme n'a pas pu se procurer le certificat de mariage. C'est possible cependant, car le comte était un homme passionné, un parfait gentilhomme français dont on dit le plus grand bien ; il n'y a contre lui ou plutôt conter sa fortune qu'une mauvaise chose : en mourant il n'a laissé que de grosses dettes, de sorte qu'on se demande comment sa veuve peut mener le train qui est le sien depuis qu'elle est à Paris. Il est vrai que les réponses ne manquent pas à ces questions pour ceux qui veulent prendre la peine d'ouvrir les yeux et de voir comment madame de Barizel manœuvre entre Dayelle et Avizard. Mais ceci n'est pas mon affaire. Tu peux là-dessus en savoir autant que moi, ou si tu ne peux pas en savoir autant parce que tu n'es pas du métier, tu peux en voir assez cependant pour te faire une opinion. Enfin je ne m'occupe pas de ce qui se passe à Paris ou à Bade, et je ne suis venue à toi que pour te parler de ce que je savais sur la vie de madame de Barizel en Amérique. Le hasard ou plutôt mon intérêt m'ayant amenée à rechercher ce qu'était cette femme qui, par son habileté et surtout par son audace, est parvenue à prendre place dans le monde, et une place si haute, qu'elle croit pouvoir, par sa fille, se rattacher aux plus grandes familles; il m'a paru que je me ferais en quelque sorte sa complice si je ne t'avertissais pas de ce que j'avais appris. Si je ne t'ai pas tout dit, tu en sais cependant assez maintenant pour ne pas continuer ta route en aveugle. Ce que tu feras, je ne me permets pas de te le demander. Je n'ai plus qu'une chose à ajouter, c'est que jamais personne au monde ne saura un mot de ce que je viens de te dire. Je te laisse ces papiers, pour moi inutiles; tu en feras ce que ton honneur t'indiquera.

Elle se leva, tandis que Roger restait assis, anéanti, écrasé par ces terribles révélations.

Le premier mouvement qu'il fit longtemps, très longtemps après le départ de Raphaëlle, fut d'étendre la main pour prendre un *Indicateur des chemins de fer* qui était là sur une table; mais il lui fallut plusieurs minutes pour trouver ce qu'il cherchait : les lettres dansaient devant ses yeux troublés et les filets noirs qui séparent les trains se brouillaient; enfin il parvint à voir que le premier train pour Paris était à trois heures, ce serait ce train-là qu'il prendrait.

Mais avant de partir il voulut voir Corysandre, et aussitôt il se rendit aux allées de Lichtenthal.

Ce fut Corysandre qui descendit pour le recevoir.

— Quel bonheur! dit-elle, le visage radieux, je ne vous attendais pas de sitôt; quelle bonne surprise!

Il se raidit pour ne pas se trahir :

— C'est une mauvais nouvelle que je vous apporte : je suis obligé de partir pour Paris par le train de trois heures.

— Partir!

Elle le regarda en tremblant : instantanément son beau visage s'était décoloré.

— Et pourquoi partir? demanda-t-elle d'une voix rauque.

— Pour une chose très grave... mais rassurez-vous, chère mignonne, et dites-vous que je n'ai jamais mieux senti combien profondément, combien passionnément je vous aime qu'en ce moment où je suis obligé de m'éloigner de vous... pour quelques jours seulement, je l'espère.

Tendrement elle lui tendit la main et le regardant avec des yeux doux et passionnés :

— Alors partez, dit-elle, mais revenez vite, n'est-ce pas, très vite? Si courte que soit votre absence, elle sera éternelle pour moi.

A ce moment madame de Barizel ouvrit la porte et entra dans le salon; vivement Corysandre courut au-devant d'elle :

— Si tu savais quelle mauvaise nouvelle, dit-elle.

— Quoi donc?

Roger voulut répondre lui-même :

— Je suis obligé de partir pour Paris à trois heures et je viens vous faire mes adieux.

— Comment partir! Vous n'assistez pas aux dernières journées de courses?

— Cela m'est impossible.

— Mais vous ne nous aviez pas parlé de ce départ.

— C'est que je ne savais pas moi-même que je partirais; c'est ce matin, il y a quelques instants, que ce départ a été décidé.

Avec Corysandre il s'était senti le cœur brisé; mais avec madame de Barizel ce n'était pas un sentiment de lâcheté qui l'anéantissait, c'était un sentiment d'indignation et de fureur qui le soulevait. Était-elle vraiment la femme que Raphaëlle venait de lui montrer? Il pouvait le savoir.

Il fit quelques pas vers la porte :

— C'est justement avec deux de vos compatriotes, dit-il en regardant madame de Barizel, que j'ai à traiter l'affaire... capitale qui m'appelle à Paris, deux Américains, M. Layton, de Charlestown...

Elle pâlit.

—... Et M. Henry Urquhart, de Savannah.

Il crut qu'elle allait défaillir; mais elle se redressa :

— Bon voyage! dit-elle.

XXXIV

Le trouble de madame de Barizel avait été le plus terrible des aveux.

Cependant Roger partit pour Paris, et, après avoir

vu M. Layton, le frère du suicidé de Charlestown, il alla au Havre pour voir M. Urquhart.

Une fille ! La mère de celle qu'il aimait avait été une fille !

Il revint à Paris, écrasé, mais cependant ferme dans sa résolution.

Jamais il ne reverrait Corysandre.

Comment supporteraient-ils l'un et l'autre cette séparation ? Il n'en savait rien, il ne se le demandait même pas, car ce n'était pas de l'avenir qu'il pouvait s'occuper, c'était du présent, du présent seul.

Et dans ce présent il n'y avait qu'une chose : la fille d'Olympe Boudousquié ne pouvait pas être duchesse de Naurouse.

Ce que souffrirait Corysandre, ce qu'il souffrirait lui-même, il devait pour le moment écarter cela de sa pensée et tâcher de ne voir que ce que l'honneur de son nom lui imposait.

Il se serait fait tuer pour l'honneur de ce nom : cette résolution serait un suicide.

Et dans le wagon qui le ramenait du Havre à Paris, il arrêta la mise à exécution de cette résolution, s'y reprenant à vingt fois, à cent fois, ne restant fixé qu'à un seul point, qui était qu'il ne devait pas retourner à Bade, car il sentait bien que, s'il revoyait Corysandre, il n'y aurait ni volonté, ni dignité, ni honneur qui tiendraient contre elle ; et puis, que lui dirait-il, d'ailleurs ? Il ne pouvait pas lui parler de sa mère, il faudrait qu'il inventât des prétextes ; lesquels ? Elle le verrait mentir, et cela il ne le voulait pas.

Il écrirait donc.

Il fut emporté dans un tel trouble, un tel émoi, une telle angoisse, un tumulte si vertigineux, qu'il fut tout surpris de se trouver arrivé à Paris : le temps, la distance, étant choses inappréciables pour lui.

Immédiatement il se rendit chez lui et tout de suite il écrivit ses lettres, dont les termes étaient arrêtés dans sa tête.

« Madame la comtesse,

» En vous disant que je partais pour voir MM. Lay-
» ton et Urquhart vous avez compris qu'il me serait
» impossible de donner suite au projet de mariage
» dont je vous avais entretenu. Après avoir vu ces
» deux messsieurs, je vous confirme cette impossi-
» bilité.

» Naurouse. »

Puis il passa à la lettre de Corysandre; mais, avant de pouvoir poser la plume sur le papier, il la laissa tomber plus de dix fois, l'esprit affolé, le cœur défaillant :

« Je vous aime, chère Corysandre, et c'est sous le
» coup de la plus affreuse, de la plus grande douleur
» que j'aie jamais éprouvée que je vous écris.

» Nous ne nous verrons plus.

» Cependant mon amour pour vous est ce qu'il
» était hier, plus profond même, et ce que je vous
» disais en me séparant de vous, je vous le répète en
» toute sincérité : Je vous aime, je vous adore.

» Mais l'implacable fatalité nous sépare et il n'y a
» pas de volonté humaine qui puisse nous réunir.

» Adieu; mon dernier mot sera celui qui a com-
» mencé cette lettre, celui qui remplit ma vie : je vous
» aime, chère Corysandre.

» Roger. »

Cette lettre écrite, il la relut, et il voulut la déchirer, car elle ne disait nullement ce qu'il voulait dire ; mais, quand il la recommencerait dix fois, vingt fois, à quoi bon, puisque, ce qui était dans son cœur, il ne pouvait justement pas l'exprimer.

Il avait décidé que ce serait Bernard resté à Bade qui porterait ces deux lettres, et, en les envoyant à celui-ci, il lui donna ses instructions qu'il précisa minutieusement : tout d'abord, Bernard devait porter la lettre adressée à Corysandre et la remettre lui-même aux mains de mademoiselle de Barizel ; quand à celle de madame de Barizel, il était mieux qu'il la remît à quelqu'un de la maison sans explication.

Lorsque l'enveloppe dans laquelle il avait placé ces lettres fut fermée, il la garda longtemps devant lui, ne pouvant pas l'envoyer à la poste : c'était sa vie, son bonheur, qu'il allait sacrifier, son amour.

Jamais il n'avait éprouvé pareille douleur, pareille angoisse, et si son cœur ne défaillait pas dans les faiblesses de l'irrésolution, il se brisait sous les efforts de la volonté.

Il fallait qu'il renonçât à celle qu'il avait aimée, qu'il aimait si passionnément, et il y renonçait ; mais au prix de quelles souffrances accomplissait-il ce devoir !

Enfin l'heure du départ des courriers approcha ! il ne pouvait plus attendre ; il prit la lettre et la porta lui-même au bureau de la rue Taitbout, marchant rapidement, résolument ; mais, lorsqu'il la jeta dans la boîte, il eut la sensation qu'il lui en aurait moins coûté de presser la gâchette d'un pistolet dont la gueule eût été appuyée sur son cœur.

Il était près de la rue Le Peletier ; le souvenir de Harly se présenta à son esprit, non de Harly son ami, — il n'avait point d'ami à cette heure et l'humanité entière lui était odieuse, mais de Harly, médecin ; il monta chez lui.

En le voyant entrer, Harly vint à lui vivement.

— Quelle joie, mon cher Roger !

Mais en remarquant combien il était pâle et comme tout son visage portait les marques d'un profond bouleversement, il s'arrêta.

— Qu'avez-vous donc ? Êtes-vous malade ? s'écria-t-il.

— Malade, non ; mort : je viens de rompre mon mariage.

Plusieurs fois Roger avait écrit à Harly pour lui parler de ce mariage et lui dire combien il aimait Corysandre.

— J'ai rompu, continua Roger, et j'aime celle que je devais épouser plus que je ne l'ai jamais aimée ; de son côté elle m'aime toujours, c'est vous dire ce que je souffre. Plus tard, je vous expliquerai les raisons de cette rupture ; aujourd'hui je viens demander au médecin un remède pour oublier et dormir, car, si j'ai eu le courage d'accomplir cette rupture, j'ai maintenant la lâcheté de ne pas pouvoir supporter ma douleur.

— Mais que voulez-vous ?

— Je vous l'ai dit : oublier, dormir, ne pas penser, ne pas souffrir.

— Mais, mon ami, la douleur morale s'use par le temps ; on ne la supprime pas. Si je la suspends par le sommeil, au réveil vous la retrouverez aussi intense qu'en ce moment.

— J'aurai dormi, j'aurai échappé à moi-même, à mes pensées, à mes souvenirs.

— Et après ?

— Ce n'est pas demain qui m'occupe en ce moment, c'est aujourd'hui.

Harly ne l'avait pas vu depuis deux ans et il le trou-

vait plus pâle, plus maigre que lorsqu'il l'avait quitté.
Ce long voyage ne lui avait pas été salutaire. La fièvre
bien certainement ne le quittait pas.

Dans ces conditions comment allait-il supporter la
crise qu'il traversait? Par les lettres qu'il avait reçues
Harly savait que Roger avait mis toutes les espérances de sa vie dans ce mariage qui, pour lui, était
le point de départ d'une existence nouvelle, sérieusement, utilement remplie, avec toutes les joies de l'amour et de la famille, ces joies qu'il n'avait jamais
connues et après lesquelles il aspirait si ardemment.
Dans cette existence tranquille et régulière, il aurait
pu trouver le rétablissement de sa santé, tandis que
s'il reprenait ses anciennes habitudes il y trouverait
sûrement l'aggravation rapide de sa maladie.

Comment l'empêcher de les reprendre?

XXXV

Ce que Harly avait prédit se réalisa : quand Roger
sortit de son assoupissement il trouva sa douleur aussi
intense que la veille et même plus lourde, plus accablante, car il n'était plus enfiévré par la résolution à
prendre puisque l'irréparable était accompli, et c'était
le sentiment de cet irréparable qui pesait sur lui de
tout son poids.

C'était fini, il ne la verrait plus, et cependant elle
était là devant ses yeux plus belle, plus radieuse, plus
éblouissante qu'il ne l'avait jamais vue ; ce n'était pas
la mort qui la lui enlevait, mais sa propre volonté.
Cette séparation, il l'avait voulue, il la voulait et ce-

pendant il en était à se demander s'il n'était pas plus coupable envers Corysandre en l'abandonnant qu'il ne l'eût été envers l'honneur de son nom en l'épousant Que lui avait-il valu jusqu'à ce jour, ce nom dont il avait été, dont il était si fier ? La guerre avec sa famille qui avait empoisonné sa jeunesse, et maintenant le sacrifice de son bonheur.

Il ne pouvait pas rester enfermé toute la journée, tournant et retournant la même pensée, voyant et revoyant toujours la même image.

Il envoya chercher une voiture :

— Où faut-il aller ?

— Faites-moi faire le tour de Paris par les boulevards extérieurs.

En arrivant pour la seconde fois à la Porte-Maillot, le cheval de sa victoria n'en pouvait plus ; il descendit de voiture, en prit une autre et recommença sa promenade.

A sept heures, il se fit conduire chez Bignon ; mais au lieu d'entrer au rez-de-chaussée, il monta à l'entresol pour dîner seul dans un salon particulier.

— Combien monsieur le duc veut-il de couverts ? demanda le maître d'hôtel, qui le reconnut.

— Un seul.

— Que commande monsieur le duc ?

— Ce que vous voudrez.

A huit heures il entra à l'Opéra.

Il ne tarda pas à ne pas pouvoir rester en place ; la musique l'exaspérait.

Il sortit et s'en alla aux Bouffes.

Mais il n'y resta pas davantage.

Alors il se fit conduire aux Folies-Dramatiques, d'où il se sauva au bout d'un quart d'heure.

Ces gens qui paraissaient s'amuser, ces comédiens

qui jouaient sérieusement, la foule, le bruit, les lumières, tout lui faisait horreur.

Il entra chez lui, se disant que le lendemain ce serait la même chose, puis le surlendemain, puis toujours ainsi.

Mais le lendemain justement il n'en fut pas ainsi.

Le matin, comme il allait sortir, pour sortir, sans savoir où aller, le valet de chambre, entrant dans son cabinet, lui demanda s'il pouvait recevoir madame la comtesse de Barizel.

La comtesse à Paris! Il resta un moment abasourdi.

— Avez-vous dit que j'étais chez moi? demanda-t-il.

— J'ai dit que j'allais voir si M. le duc pouvait recevoir.

Son parti fut pris.

— Faites entrer, dit-il.

Il passa dans le salon, s'efforçant de se calmer. Ce n'était que la comtesse, il n'avait pas de ménagement à garder avec elle ; il haïssait, il méprisait cette misérable femme qui le séparait de Corysandre.

Elle entra la tête haute, avec un sourire sur le visage, et comme Roger, stupéfait, ne pensait pas à lui avancer un siège, elle prit un fauteuil et s'assit. Elle eût fait une visite insignifiante, qu'elle n'eût certes pas paru être plus à son aise.

— J'ai reçu votre lettre hier matin, dit-elle, et aussitôt je me suis mise en route pour venir vous demander ce qu'elle signifie.

— Que je renonce à la main de mademoiselle de Barizel.

— Oh! cela, je l'ai bien compris; mais pourquoi renoncez-vous à la main de ma fille ?

Il avait eu le temps de se remettre, et en voyant

cette assurance qui ressemblait à un défi, un sentiment d'indignation l'avait soulevé.

— Parce qu'un duc de Naurouse ne donne pas son nom à la fille de mademoiselle Olympe Boudousquié.

Il croyait la faire rentrer sous terre, elle se redressa au contraire et son sourire s'accentua :

— Je crois, dit-elle, que vous êtes victime d'une étrange confusion de nom, que des malveillants, des jaloux ont inventée dans un sentiment de haine stupide et de basse envie pour ma fille : je me nomme, il est vrai, de Boudousquié du nom de mon père; mais de Boudousquié et Boudousquié sont deux. Lorsque avec des yeux égarés vous êtes venu m'annoncer que vous partiez pour voir MM. Layton et Urquhart, j'ai été pour vous avertir qu'on tendait un piège à votre crédulité, comme on avait essayé d'en tendre un à la mienne lorsqu'on m'avait écrit pour m'avertir qu'il y avait en vous le germe de je ne sais quelle maladie mortelle, car déjà on m'avait menacée, pour m'escroquer de l'argent, de me rattacher à cette famille Boudousquié avec laquelle je n'ai rien de commun ; mais je ne l'ai point fait, pensant que vous ne donneriez pas dans cette invention grossière. Je crois que j'ai eu tort ; je vois que ces gens ont su troubler votre jugement, cependant si ferme et si droit d'ordinaire, et je viens me mettre à votre disposition pour vous fournir toutes les explications que vous pouvez désirer. Il s'agit de ma fille, de son bonheur, de son honneur, et je n'écoute, moi, sa mère, que cette seule considération. Que vous a-t-on dit!

— Vous le demandez !
— Certes.
— M. Layton m'a dit qu'Olympe Boudousquié,

après avoir ruiné son frère dont elle était la maîtresse, avait amené celui-ci à se tuer. M. Urquhart m'a dit que la même Olympe Boudousquié, qui l'avait trompé et ruiné, était la dernière des filles.

— Eh bien ! en quoi cela a-t-il pu vous toucher ? Il n'y a jamais eu rien de commun entre la famille Boudousquié, à laquelle appartenait cette... fille, et la famille de Boudousquié d'où je sors.

— Alors comment se fait-il que le portrait d'Olympe Boudousquié, que M. Urquhart a conservé et m'a montré, soit... le vôtre ?

Du coup, madame de Barizel, si pleine d'assurance, fut renversée ; une pâleur mortelle envahit son visage et Roger crut qu'elle allait défaillir. Se voyant observée, elle se cacha la tête entre ses mains, mais le tremblement de ses bras trahit son émotion.

Cependant elle se remit assez vite, au moins de façon à pouvoir reprendre la parole :

— Je n'essayerai pas de cacher ma confusion et ma honte, dit-elle, car je veux vous avouer la vérité, toute la vérité. Que ne l'ai-je fait plus tôt ! Je vous aurais épargné les douleurs par lesquelles vous avez passé et que vous nous avez imposées, à ma fille et à moi. J'avoue donc que, tout à l'heure, en vous disant qu'il n'y avait rien de commun entre Olympe Boudousquié et ma famille, j'ai manqué à la vérité : en réalité cette Olympe était la fille de mon père, fille naturelle, née de relations entre mon père et une jeune femme...

— Mademoiselle Aitie, modiste à Natchez ; j'ai le certificat de baptême d'Olympe Boudousquié et beaucoup d'autres pièces authentiques la concernant et concernant aussi sa mère.

Madame de Barizel eut un mouvement d'hésitation, cependant elle continua :

— Vous savez comme ces liaisons se font et se défont facilement. Mon père eut le tort de ne pas s'occuper de cette fille qui, devenue grande, suivit les traces de sa mère ; c'est à elle que se rapportent sans doute les pièces dont vous parlez, à elle aussi que se rapportent les récits qui ont été faits par MM. Layton et Urquhart et si vous trouvez qu'une certaine ressemblance existe entre le portrait qu'on vous a montré et moi, vous devez comprendre que cette ressemblance est assez naturelle puisque celle qui a posé pour ce portrait était... ma sœur.

— Et cette sœur naturelle, puis-je vous demander ce qu'elle est devenue ?

— Morte.

— Il y a longtemps ?

— Une quinzaine d'années.

— Vous avez un acte qui constate sa mort.

— Non, mais on pourrait sans doute le trouver... en le cherchant.

— Eh bien, je puis éviter cette peine, car j'ai une série d'actes s'appliquant à cette Olympe Boudousquié qui permettent de la suivre jusqu'au moment où M. le comte de Barizel l'a ramenée de la Havane.

— Monsieur le duc !

Mais Roger ne se laissa pas interrompre, vivement il se leva et étendant le bras vers la porte :

— Je vous prie de vous retirer.

— Mais je vous jure.

— Me croyez-vous donc assez naïf pour avoir foi aux serments d'Olympe Boudousquié ?

Elle se jeta aux genoux de Roger en lui saisissant une main malgré l'effort qu'il faisait pour se dégager :

— Eh bien ! je partirai, s'écria-t-elle avec un accent déchirant, je retournerai en Amérique, vous n'entendrez jamais parler de moi, je serai morte pour le monde, pour vous, même pour ma fille ; mais, je vous en conjure à genoux, à mains jointes, en vous priant, en vous suppliant comme le bon Dieu, ne l'abandonnez pas, ne renoncez pas à ce mariage. Elle est innocente, elle est la fille légitime du comte de Barizel dont la noblesse est certaine ; elle vous aime, elle vous adore. La tuerez-vous par votre abandon ? C'est sa douleur qui m'a poussée à cette démarche. Ne vous laisserez-vous pas émouvoir, vous qui l'aimez ? l'amour ne parlera-t-il pas en vous plus que l'orgueil ?

— Que l'orgueil, oui ; que l'honneur, non, jamais !

XXXVI

Madame de Barizel était partie depuis longtemps et Roger n'avait pas quitté son salon, qu'il arpentait en long et en large, à grands pas, fiévreusement, quand le domestique entra de nouveau.

— Il y a là une dame, dit-il, qui veut à toute force voir monsieur le duc ; elle refuse de donner son nom.

— Ne la recevez pas.

— Elle est jeune, et sous son voile elle paraît très jolie.

Roger ne fut pas sensible à cette raison qui, dans la bouche du domestique, paraissait toute-puissante :

— Ne la recevez pas, dit-il, ne recevez personne.

Mais, avant que le domestique fût sorti, la porte du salon se rouvrit et la jeune dame qui paraissait très jolie sous son voile entra.

Roger n'eut pas besoin de la regarder longuement pour la reconnaître ; son cœur avait bondi au-devant d'elle :

— Vous !

— Roger !

Le domestique sortit vivement.

Elle se jeta dans les bras de Roger.

— Chère Corysandre !

Ils restèrent longtemps sans parler, se regardant, les yeux dans les yeux, perdus dans une extase passionnée ; ce fut elle qui la première prit la parole :

— Ma présence ici vous explique que je ne vous en veux pas de votre lettre, j'ai été foudroyée en la lisant, je n'ai pas été fâchée. Fâchée contre vous, moi !

Et elle s'arrêta pour le regarder, mettant toute son ame, toute sa tendresse, tout son amour dans ce regard, frémissante de la tête aux pieds, éperdue, anéantie ; ce n'était plus l'admirable et froide statue qu'il avait vue en arrivant à Bade, mais une femme que la passion avait touchée et qu'elle entraînait.

Tout à coup un flot de sang empourpra son visage et elle se cacha la tête dans le cou de Roger.

— Si je viens à vous, dit-elle faiblement, chez vous, ce n'est pas pour vous demander les raisons qui vous empêchent de me prendre pour femme.

— Mais...

— Ces raisons, ne me les dis pas, s'écria-t-elle dans un élan irrésistible, je ne veux pas les connaître... au moins je ne veux pas que tu me les dises.

De nouveau, elle se cacha le visage contre lui.

Puis après quelques instants elle poursuivit sans le regarder :

— Si un homme comme vous ne tient pas l'engagement qu'il a pris... librement, c'est qu'il a pour agir ainsi des raisons qui s'imposent à son honneur; je sens cela. Lesquelles? Je ne les sais pas, je ne veux pas les savoir, je ne veux pas qu'on me les dise.

Elle jeta ses mains sur ses yeux et ses oreilles comme si elle avait peur de voir et d'entendre.

— Tu as pensé à moi, n'est-ce pas, demanda-t-elle, avant de prendre cette résolution, à ma douleur, à mon désespoir; tu as pensé que je pouvais en mourir.

Il inclina la tête.

— Et cependant tu l'as prise?

— J'ai dû la prendre.

— Tu as dû! C'est bien cela, je comprends; mais tu m'aimes, n'est-ce pas; tu m'aimes encore?

— Si je t'aime !

La prenant dans ses bras, il l'étreignit passionnément; ils restèrent sans parler, les lèvres sur les lèvres.

Mais doucement elle se dégagea :

— Ce que je te demande, je le savais avant que tu me le dises, je l'avais senti, je l'avais deviné, et c'est parce que je sentais bien que tu m'aimais, que tu m'aimes toujours que je suis venue à toi, car enfin nous ne pouvons pas être séparés, — j'en mourrais. Et toi, supporterais-tu donc cette douleur? vivrais-tu sans moi? Pour moi, je ne peux pas vivre sans toi, sans ton amour. Je le veux, il me le faut et je viens te le demander. Ce que disait ta lettre, n'est-ce pas, c'était que je ne pouvais pas être ta femme?

Il baissa la tête, ne pouvant pas répondre.

— Pourquoi ne réponds-tu pas? s'écria-t-elle, pourquoi ne parles-tu pas franchement ? Tu as peur que je t'adresse des questions. Mais ces questions m'épouvantent encore plus qu'elles ne peuvent t'épouvanter toi-même. En me disant que tu m'aimais toujours et que tu ne pouvais pas faire de moi ta femme, tu m'as tout dit. Je ne veux pas en savoir davantage. Il y a là quelque mystère, quelque secret terrible que je ne dois pas connaître puisque tu ne me l'as pas dit et que tu montres tant d'inquiétude à la pensée que je peux te le demander. Je ne suis qu'une pauvre fille sans expérience, je ne sais que bien peu de chose dans la vie et du monde ; mais, pour mon malheur, j'ai appris à regarder et à voir, et ce que bien souvent je ne comprends pas, je le devine cependant. Ce que j'ai deviné c'est qu'après avoir voulu me prendre pour ta femme, tu ne le veux plus maintenant.

— Je ne le peux plus.

— Mais tu peux m'aimer cependant, tu m'aimes. Eh bien, ne nous séparons plus. Me voici ; prends-moi, garde-moi.

Elle lui jeta les bras autour du cou, et le regardant sans baisser les yeux :

— Me veux-tu ?

— Et j'ai pu t'écrire que nous ne nous verrions plus ? s'écria-t-il.

— Oh ! ne t'accuse pas. A ta place j'aurais agi comme toi sans doute ; à la mienne tu ferais ce que je fais ; tu as eu la douleur de résister à ton amour, moi j'ai la joie d'obéir au mien. Et sens-tu comme elle est grande, sens-tu comme elle m'exalte, comme elle m'élève au-dessus de toutes les considérations si sages et si petites de ce monde ? Jusqu'à ce jour je n'ai eu qu'un orgueil, celui de ma beauté ; on m'a tant dit que j'étais belle, on m'a montré tant d'enthousiasme, tant d'admiration, que j'ai cru... quelquefois que j'étais au-dessus des autres femmes ; au moins je l'ai cru pour la beauté, car pour tout le reste je savais bien que je n'étais qu'une fille très ordinaire. Mais voilà que tu m'aimes, voilà que je t'aime, que je t'aime passionnément, plus que tout au monde, plus que ma réputation, plus que mon honneur, plus que tout, et voilà que c'est par mon amour que je deviens supérieure aux autres, puisque je fais ce que nulle autre sans doute n'oserait faire à ma place et m'en glorifie.

Elle le regarda un moment ; ses yeux lançaient des flammes, sa poitrine bondissait, elle était transfigurée par la passion.

— C'est que j'ai foi en toi, continua-t-elle, et que je sais que tu m'acceptes comme je me donne, — entièrement. Où tu voudras que j'aille, j'irai ; ce que tu voudras, je le voudrai. Je n'aurai pas d'autre volonté que la tienne, d'autres désirs que les tiens, d'autre bonheur que le tien ; heureuse que tu m'aimes, ne demandant rien, n'imaginant rien, ne souhaitant rien que ton amour. Si tu savais comme j'ai besoin d'être aimée ; si tu savais que je ne l'ai jamais été... par personne, tu entends, par personne, et que mon enfance a été aussi triste, aussi délaissée que la tienne.

Comme il la regardait dans les yeux, elle détourna la tête.

— Ne parlons pas de cela, dit-elle, je veux plutôt t'expliquer comment j'ai pris cette résolution.

Elle avait jusqu'alors parlé debout ; elle attira un fauteuil et s'assit, tandis que Roger prenait place devant elle sur une chaise, lui tenant les mains dans les siennes, penché vers elle, aspirant ses paroles et ses regards.

— C'est aussitôt après avoir lu ta lettre et quand ma mère m'a donné celle que tu lui écrivais que je me suis décidée. Comme elle m'annonçait qu'elle venait à Paris pour dissiper le malentendu qui s'était élevé entre vous, je lui ai demandé à l'accompagner, devinant bien qu'il ne s'agissait point d'un malentendu comme elle disait et que rien ni personne ne te ferait revenir sur cette rupture, que tu n'avais pu arrêter qu'après de terribles combats, forcé par des raisons qui ne changeraient pas. Elle a consenti à mon voyage. Nous sommes arrivées ce matin, et elle m'a dit qu'elle venait chez toi. J'ai attendu son retour, mais sans rien espérer de bon de sa visite. Lorsqu'elle est rentrée, dans un état pitoyable de douleur et de fureur, elle m'a dit que tu persistais dans ta résolution. Alors je suis sortie; dans la rue j'ai appelé un cocher qui passait et je lui ai dit de m'amener ici. Il a fallu subir l'examen de ton concierge et de ton valet de chambre. Mais qu'importe! Pouvais-je être sensible à cela en un pareil moment! Me voici, près de toi, à toi, cher Roger; ne pensons qu'à cela, au bonheur d'être ensemble. Moi, je me suis faite à l'idée de ce bonheur puisque, depuis hier, je savais que ces mots que tu as dû avoir tant de peine à écrire : « Nous ne nous verrons plus », n'auraient pas de sens aujourd'hui; mais toi, ne te surprend-il pas ?

Glissant de son siège, il se mit à genoux devant elle, et dans une muette extase, il la contempla, la regarda des pieds à la tête, tandis qu'il promenait dans de douces caresses ses mains sur elle, sur ses bras, sur son corsage, la serrant, l'étreignant comme s'il avait besoin d'une preuve matérielle pour se persuader qu'il n'était pas sous l'influence d'une illusion.

— Que ne puis-je te garder toujours ainsi, à mes

pieds, dit-elle en souriant ; mais nous ne devons pas nous oublier. Il est impossible que ma mère ne s'aperçoive pas bientôt de mon départ. Elle me cherchera. Ne me trouvant pas, la pensée lui viendra bien certainement que je suis ici, car elle sait combien je t'aime. Il ne faut pas qu'elle puisse me reprendre, car elle saurait bien nous séparer, dût-elle me mettre dans un couvent jusqu'au jour où elle aurait arrangé un autre mariage pour moi. Ce mariage, je ne l'accepterais pas ; cela, tu le sais. Mais je ne veux pas de luttes, je ne veux pas d'intrigues. Arrache-moi à cette existence... misérable. Partons, partons aussitôt que possible.

— Tout de suite. Où veux-tu que nous allions ?

— Et que m'importe ! J'aurais voulu aller à Varages, à Naurouse, là où tu as vécu, où tu devais me conduire. Mais ce serait folie en ce moment ; on nous retrouverait trop facilement, et il ne faut pas qu'on nous retrouve, il ne le faut pas, aussi bien pour toi que pour moi. Allons donc où tu voudras ; moi je ne veux qu'une chose : être ensemble. Tous les pays me sont indifférents ; ils me deviendront charmants quand nous les verrons ensemble.

— L'Espagne !
— Si tu veux.
— Partons.
— Le temps d'envoyer chercher une voiture.

Mais au moment où il se dirigeait vers la porte, un bruit de voix retentit dans le vestibule, comme si une altercation venait de s'élever entre plusieurs personnes.

XXXVII

Roger courut à la porte pour la fermer, et en même temps, se tournant vers Corysandre, il lui fit signe d'entrer dans la pièce voisine, qui était sa chambre.

Il n'avait pas tourné le pêne, qu'on frappa à la porte non avec le doigt, mais avec la main pleine, trois coups assez forts.

— Au nom de la loi, ouvrez! cria une voix assurée.

Evidemment c'était madame de Barizel qui venait reprendre Corysandre.

Au lieu d'ouvrir, Roger traversa le salon en courant et entra dans sa chambre, où il trouva Corysandre.

— Ma mère! murmura-t-elle d'une voix épouvantée.
— Oui.
— Qu'allez-vous faire ?
— Nous allons descendre par l'escalier de service; vite.

La prenant par la main, il l'entraîna de la chambre dans le cabinet de toilette, du cabinet de toilette dans un couloir de dégagement au bout duquel se trouvait la porte de l'escalier de service; mais cette porte était fermée à clef, et la clef ne se trouvait pas dans la serrure.

Roger n'avait pas pensé à cela, il fut déconcerté. Où chercher cette clef ? Il n'en avait pas l'idée.

Avant qu'il eût pu réfléchir, un bruit de pas retentit au bout du couloir. Alors, tenant toujours Corysandre par la main, il rentra dans le cabinet de toilette dont il verrouilla la porte. C'était se faire prendre dans une souricière ; mais ils n'avaient aucun moyen de sortir.

Corysandre étreignit Roger dans ses deux bras, et, comme il se baissait vers elle, elle l'embrassa passionnément, désespérément, comme si elle avait conscience que c'était le dernier baiser qu'elle lui donnait et qu'elle recevait de lui.

— Entrons dans ta chambre, dit-elle, et ouvre la porte ; ne nous cachons pas.

Mais il n'eut pas à aller tirer le verrou : au moment où ils arrivaient dans la chambre, la porte opposée à celle par laquelle ils entraient s'ouvrait, et derrière un petit homme à lunettes, vêtu de noir, ils aperçurent madame de Barizel.

Le petit homme entr'ouvrit sa redingote et Roger aperçut le bout d'une écharpe tricolore.

— Monsieur le duc, dit le commissaire de police, je suis chargé de rechercher chez vous mademoiselle Corysandre de Barizel, mineure au-dessous de seize ans, que sa mère, madame la comtesse de Barizel, ici présente, vous accuse d'avoir enlevée et détournée.

Roger s'était avancé, tandis que Corysandre était restée en arrière, mais sans chercher à se cacher, la tête haute, ne laissant paraître sa confusion que par le trouble de ses yeux et la rougeur de son visage.

Sur ces derniers mots du commissaire elle s'avança à son tour et vint se poser à côté de Roger.

— Je n'ai été ni enlevée, ni détournée, dit-elle en s'efforçant d'affermir sa voix, qui malgré elle trembla, je suis venue volontairement.

Le commissaire salua de la tête sans répondre,

tandis que madame de Barizel levait au ciel ses mains indignées et frémissantes.

— Prétendez-vous, monsieur le duc, dit le commissaire, s'adressant à Roger, que mademoiselle est venue chez vous simplement en visite ?

Roger ne répondit rien.

— S'enferme-t-on au verrou pour recevoir des visites ? s'écria madame de Barizel ; cherche-t-on à se sauver ? Enfin une jeune fille va-t-elle faire une visite à un jeune homme ? Cette défense est absurde.

— Me suis-je donc défendu ? demanda Roger avec hauteur.

— M. de Naurouse n'a pas à se défendre, dit vivement Corysandre, il n'a rien fait ; s'il faut un coupable, ce n'est pas lui.

Toutes ces paroles, celles de Corysandre, de Roger et de madame de Barizel, étaient parties irrésistiblement, sans réflexion, sous le coup de l'émotion ; seul le commissaire; qui en avait vu bien d'autres et qui d'ailleurs n'était point partie intéressée, avait su ce qu'il disait.

Cependant le temps avait permis à Roger de se reconnaître, au moins jusqu'à un certain point, c'est-à-dire qu'il ne comprenait rien à ce qui se passait.

Cependant il fallait qu'il parlât, qu'il se défendît, ou s'il ne se défendait pas, qu'il sût à quoi cela l'entraînait. Madame de Barizel, habile et avisée comme elle l'était, n'avait certes pas décidé une pareille aventure à la légère.

— Monsieur le commissaire, dit-il, je voudrais avoir quelques instants d'entretien avec vous.

— Je suis à votre disposition, monsieur le duc, répondit le commissaire, qui paraissait beaucoup mieux disposé en faveur des accusés que de l'accusateur.

— Mais, monsieur... s'écria madame de Barizel.

— Ne craignez rien, madame, la porte est gardée.

Avant de sortir, Roger regarda Corysandre comme pour lui demander pardon de la laisser seule; mais elle lui fit signe qu'elle avait compris. Alors il passa dans le salon avec le commissaire.

— Monsieur le commissaire, dit-il, c'est une question que je voudrais vous adresser si vous le permettez : vous avez parlé d'accusation tout à l'heure, cette accusation est-elle sérieuse ? sur quoi porte-t-elle ? à quoi expose-t-elle ?

— Vous avez un code, monsieur le duc ?

— Non.

— C'est cependant un livre qui devrait se trouver chez tout le monde, dit-il sentencieusement; enfin, puisque vous n'en avez pas, je vais tâcher de répondre à vos questions. Vous demandez si cette accusation est sérieuse ? Oui, monsieur le duc, au moins par ses conséquences possibles. Les articles sous le coup desquels elle vous place sont les 354, 355, 356, 357 du code pénal, qui disent que quinconque aura enlevé ou détourné une fille au-dessous de seize ans subira la peine des travaux forcés à temps.

Roger ne fut pas maître de retenir un mouvement.

— C'est ainsi, monsieur le duc ; on ne sait pas cela dans le monde, n'est-ce pas ? Cependant telle est la loi. Elle dit aussi que, quand même la fille aurait consenti à son enlèvement ou suivi volontairement son ravisseur, si celui-ci est majeur de vingt-un ans ou au-dessus, il sera condamné aux travaux forcés à temps. Mademoiselle de Barizel, en affirmant qu'elle était venue librement chez vous, a paru vouloir vous innocenter ; vous voyez qu'elle s'est trompée. N'oubliez pas cela, monsieur le duc. De même n'oubliez pas non plus le dernier article que je signale tout particulièrement à votre attention, et qui dit que dans le cas où le ravisseur épouserait la fille qu'il a enlevée, il ne pourrait être condamné que si la nullité de son mariage était prononcée. Dans l'espèce, vous sentez, n'est-ce pas, l'importance de cet article ?

Baissant la tête, le commissaire adressa à Roger par-dessus ses lunettes un sourire qui en disait long.

— Vous avez deviné qu'on voulait me contraindre à ce mariage ? dit Roger.

— Hé ! hé ! hé !

Il n'en dit pas davantage ; mais il se frotta les mains, satisfait sans doute d'avoir été compris.

— J'ai un procès-verbal à dresser, dit-il, je puis m'installer ici, n'est-ce pas ?

Il s'assit devant la table.

— Ce procès-verbal doit constater la porte fermée à clef, la tentative de fuite par l'escalier de service, le désordre de la toilette de la jeune personne. Pourquoi donc avez-vous fermé cette porte, monsieur le duc ?

— Je n'ai pensé qu'à la mère et j'ai voulu lui échapper.

— Fâcheux.

Abandonnant le commissaire, Roger rentra dans la chambre ; Corysandre était assise à un bout, madame de Barizel à un autre.

— Eh bien, monsieur le duc, demanda-t-elle, vous êtes-vous fait renseigner par M. le commissaire sur les conséquences de ce que la loi française appelle un détournement de mineure ?

Comme Roger ne répondait pas, elle continua :

— Oui, n'est-ce pas. Alors vous savez que ces conséquences sont un procès en cour d'assises et une condamnation aux travaux forcés.

Corysandre se leva et d'un bond vint à Roger.

— Je pense, poursuivit madame de Barizel, que cela vous a donné à réfléchir et que vous pouvez me faire connaître vos intentions. Vous aimez ma fille. De son côté, elle vous aime passionnément, follement; sa démarche le prouve. L'épousez-vous?

Avant qu'il eût pu répondre. Corysandre s'était jetée devant lui et, s'adressant à sa mère :

— M. le duc de Naurouse ne peut pas m'épouser, dit-elle.

— Je ne te parle pas, s'écria madame de Barizel.

— Je réponds pour lui.

Puis se tournant vers Roger :

— Si à la demande qu'on t'adresse sous le coup de cette pression infâme, dit-elle, tu répondais : « Oui », tu ne serais plus le duc de Naurouse que j'aime. Tu ne pouvais pas me prendre pour ta femme hier, tu le peux encore moins aujourd'hui.

Madame de Barizel parut hésiter un moment ; mais presque aussitôt ses yeux lancèrent des éclairs, tandis que ses narines retroussées et ses lèvres minces frémissaient : elle se leva et s'avançant :

— Et pourquoi donc M. le duc de Naurouse ne peut-il pas t'épouser? dit-elle d'un air de défi; s'il a des raisons à donner pour justifier son refus, j'entends des raisons honnêtes et avouables, qu'il les donne tout haut. Parlez, monsieur le duc, parlez donc.

Une fois encore Corysandre intervint en se jetant au-devant de Roger :

— Ah ! vous savez bien qu'il ne parlera pas, s'écria-t-elle, et que je n'ai pas à lui demander, moi, votre fille, de se taire.

Malgré sa fermeté, madame de Barizel fut déconcertée ; mais son trouble ne dura qu'un court instant :

— Vous réfléchirez, monsieur le duc, dit-elle ; — votre femme, ou vous ne la reverrez jamais.

Sans répondre, Corysandre se jeta sur la poitrine de Roger.

— A toi pour la vie, s'écria-t-elle, pour la vie, je te le jure.

La porte du salon s'ouvrit :

— Si monsieur le duc de Naurouse veut signer le procès-verbal? dit le commissaire de police.

XXXVIII

Quel usage madame de Barizel allait-elle faire de son procès-verbal.

Il ne fallut pas longtemps à Roger pour voir qu'il ne lui était pas possible, non seulement de résoudre cette question, mais même de l'examiner, et tout de suite il pensa à Nougaret. Il croyait cependant bien en avoir fini avec les avoués, les avocats et les gens d'affaires.

Bien que les tribunaux fussent en vacances Nougaret était au travail. Les vacances étaient pour lui son temps le plus occupé ; il mettait à jour son arriéré.

Il fit raconter à Roger comment les choses s'étaient passées, minutieusement, et il exigea un récit complet non seulement sur le fait même du procès-verbal du commissaire de police, mais encore sur les antécédents de madame de Barizel.

— C'est le caractère du personnage qui nous expliquera ce dont il est capable, dit-il pour décider Roger, qui hésitait.

Il fallut donc que Roger répétât le récit de Raphaëlle et les témoignages de MM. Layton et Urquhart.

— Et la jeune personne, demanda l'avoué, elle n'est pas complice de sa mère?

— Elle !

— Ça s'est vu.

Ce fut un nouveau récit, celui de l'intervention de Corysandre.

— C'est très beau, dit l'avoué ; seulement cela serait plus beau encore si c'était joué, car il est bien certain que par la venue chez vous de cette jeune fille qui vous dit : « Ne me prenez pas pour votre femme, puisque je ne suis pas digne de vous ; mais gardez-moi pour votre maîtresse, puisque nous nous aimons », vous avez été profondément touché.

— C'est l'émotion la plus forte que j'aie éprouvée de ma vie.

— Il est bien certain aussi, n'est-ce pas, qu'en se jetant entre sa mère et vous pour dire : « Il ne peut pas m'épouser, » elle vous a paru très belle,

— Admirable d'héroïsme.

— C'est bien cela ; de sorte que vous l'aimez plus que vous ne l'avez jamais aimée.

— Au point que je me demande si je ne commets pas la plus abominable des lâchetés en ne l'épousant pas.

— C'est bien cela. Certes, monsieur le duc, je serais désespéré de dire une parole qui pût vous blesser dans votre amour. Je comprends que vous admiriez cette belle jeune fille pour son sacrifice plus encore que pour sa beauté ; mais enfin je ne peux pas ne pas vous faire observer que ce sacrifice arrive bien à point pour peser sur vos résolutions. Et notez que je ne veux pas insinuer qu'elle n'a pas été sincère ; je n'insinue jamais rien, je dis les choses telles qu'elles sont. Et ce que je dis présentement, c'est que nous avons affaire à une mère très forte qui a bien pu pousser sa fille, sans que celle-ci ait vu ou senti la main qui la faisait agir.

— Je vous affirme que tout en elle a été spontané, inspiré seulement par le cœur.

— Je veux le croire ; mais il est possible que le contraire soit vrai, et cela suffit pour vous avertir d'avoir à vous tenir sur vos gardes. D'ailleurs les raisons qui vous empêchaient hier d'épouser mademoiselle de Barizel existent encore aujourd'hui, il me semble, et je ne crois pas que par sa démarche auprès de vous, pas plus que par la mise en mouvement du commissaire de police, madame de Barizel se soit réhabilitée ; elle est ce qu'elle était, et elle a pris soin de vous prouver elle-même qu'on ne l'avait pas calomniée en vous la représentant comme une aventurière dangereuse. Maintenant quel parti va-t-elle tirer de son procès-verbal ? C'est là qu'est la question pressante.

— Justement. A ce sujet je voudrais vous faire observer que je crois que mademoiselle de Barizel a plus de seize ans.

— C'est quelque chose ; mais ce n'est pas assez pour vous mettre à l'abri. Si la loi punit des travaux forcés le ravisseur d'une fille au-dessous de seize ans, elle punit de la réclusion le ravisseur d'une mineure ; or si mademoiselle de Barizel a plus de seize ans, elle a toujours moins de vingt-un ans et, par conséquent, la plainte peut être déposée et le procès peut être fait. Le fera-t-elle?

— Elle est capable de tout, et l'histoire du coup de revolver tiré sur un amant qui se sauvait d'elle, que je n'avais pas voulu admettre lorsqu'on me l'avait racontée, me paraît maintenant possible.

— En disant : le fera-t-elle? ce n'est pas à elle que je pense, c'est aux avantages qu'elle peut avoir à le faire. A vous en menacer, les avantages sautent aux yeux : elle espère vous faire peur ; avant de se laisser amener sur le banc des assises ou de la police correctionnel, un duc de Naurouse réfléchit, et entre deux hontes il choisit la moindre.

La moindre serait la condamnation.

— C'est elle qui raisonne et elle pense bien que la moindre pour vous serait de devenir son gendre. C'est là son calcul : tout a été préparé pour vous effrayer et vous amener au mariage par la peur. C'est un chantage comme un autre et, à vrai dire, je suis surpris que celui-là ne soit pas plus souvent pratiqué ; mais voilà, les coquins n'étudient le code que pour échapper aux conséquences de leurs coquineries et non pour en préparer de nouvelles. S'ils savaient quelles armes la loi tient à la dispositions des habiles !

— Si madame de Barizel n'a pas étudié le code, soyez sûr qu'elle se l'est fait expliquer var des gens qui le connaissent.

— J'en suis convaincu, car le coup qu'elle a risqué part d'une main expérimentée ; mais justement parce qu'elle n'a pas agi à la légère, elle doit savoir que vous pouvez très bien, au lieu d'avoir peur du procès, l'affronter. S'il en est ainsi, sa fille, qui présentement est encore mariable, devient immariable. Si belle, si séduisante que soit une jeune fille, elle ne trouve pas de mari quand elle a été enlevée ou détournée et quand un procès retentissant a fait un scandale épouvantable autour de son nom. Que devient madame de Barizel si elle ne marie pas sa fille? Une aventurière vieillie qui n'a plus un seul atout dans son jeu, puisqu'elle a perdu le dernier. Vous pouvez donc être certain qu'avant de déposer sa plainte, elle y regardera à deux fois. Elle a joué ses premières cartes et elle a gagné, c'est-à-dire qu'elle a gagné son procès-verbal sur lequel elle peut échafauder une action... si vous avez peur; mais si vous n'avez pas peur, que va-t-elle en faire de son procès-verbal? Voyez-vous son embarras avant de risquer une aussi grosse partie? Mon avis est donc de ne pas bouger et de laisser venir. Soyez assuré qu'il viendra quelqu'un, qu'on cherchera à vous tâter, qu'on vous fera même des propositions. Nous verrons ce qu'elles seront. Pour le moment, tout cela ne nous regarde pas.

— Hélas!

— C'est en homme d'affaires que je parle, car je devine très bien ce que vous devez souffrir.

— Ce n'est pas à moi que je pense, c'est à... elle.

Le quelqu'un qui devait venir et que Nougaret avait annoncé avec sa sûreté de diagnostic, ce fut Dayelle.

Un matin, au bout de huit jours, pendant lesquels Roger avait vainement cherché à apprendre ce que Corysandre était devenue, retenu qu'il était par la réserve que Nougaret lui avait imposée, Bernard, de retour de Bade, annonça M. Dayelle, et celui-ci fit son entrée, grave, majestueux, s'étant arrangé une tête et une tenue pour cette visite, plus imposant, plus important qu'il ne l'avait jamais été, serré dans sa redingote noire, son menton rasé de près relevé par son col de satin.

Après les premières paroles de politesse, Roger attendit, s'efforçant d'imposer silence à son émotion et de ne pas crier le mot qui lui montait du cœur :
— Où est Corysandre ?

— Monsieur le duc, dit Dayelle, je viens vous demander quelles sont vos intentions.

— Mes intentions ? A propos de quoi ? Au sujet de qui ?

— Au sujet de mademoiselle de Barizel, de qui je suis l'ami le plus ancien... un second père.

— J'ai fait connaître ces intentions à madame la comtesse de Barizel ; il m'est, à mon grand regret, impossible de donner suite au projet que j'avais formé et dont je vous avais entretenu.

— Mais depuis que vous avez fait connaître vos intentions à madame de Barizel, il s'est passé un... incident grave qui a dû les modifier.

— Il ne les a point modifiées.

— Vous m'étonnez, monsieur le duc ; c'est un honnête homme qui vous le dit.

Roger ouvrit la bouche pour remettre cet honnête homme à sa place ; mais il ne pouvait le faire qu'en accusant madame de Barizel, et il ne le voulut pas.

— Monsieur le duc, continua Dayelle, qui paraissait éprouver un réel plaisir à prononcer ce mot, monsieur le duc, c'est de mon propre mouvement que je me suis décidé à cette démarche auprès de vous, dans l'intérêt de Corysandre que j'aime d'une affection très vive ; je viens de voir madame de Barizel bien décidée à demander aux tribunaux la réparation de l'injure sanglante que vous lui avez faite, je l'ai arrêtée en la priant de me permettre de faire appel à votre honneur...

— C'est justement l'honneur qui m'empêche de

poursuivre ce mariage, dit Roger, incapable de retenir cette exclamation.

— Monsieur le duc, cela est grave ; il y a dans vos paroles une accusation terrible. Qui la justifie ? Vous ne pouvez pas laisser mes amies, madame de Barizel aussi bien que sa fille, sous le coup de cette accusation tacite.

— J'ai donné à madame de Barizel les raisons qui me font rompre un mariage que je désirais ardemment.

— Vous avez écouté de basses calomnies, monsieur le duc.

Roger ne répondit pas.

Dayelle le pressa ; Roger persista dans son silence, et il eût rompu l'entretien s'il n'avait espéré pouvoir trouver le moyen de savoir où était Corysandre.

— Je suis surpris, monsieur le duc, que vous persistiez dans votre inqualifiable refus de me donner des explications que je me croyais en droit de demander à votre loyauté. Je venais à vous en conciliateur. Vous avez tort de me repousser, car vous perdez Corysandre que vous dites aimer.

— Que j'aime et qui m'aime.

— Sa mère a dû la faire entrer dans un couvent, et si vous ne l'en faites pas sortir en l'épousant, elle y restera enfermée jusqu'à sa majorité, car vous sentez bien qu'après ce procès elle ne pourrait jamais se marier.

Roger, se raidissant contre son émotion, voulut essayer de suivre les conseils de Nougaret :

— Alors nous attendrons cette majorité, dit-il, j'ai foi en elle comme elle a foi en moi ; par ce procès, madame de Barizel déshonorera sa fille, voilà tout.

XXXIX

« Nous attendrons ».

Mais c'était une parole de défense, une bravade, un défi qui n'avait d'autre but que de montrer qu'il n'était pas plus effrayé par la menace du procès que par celle du couvent.

En réalité, il espérait bien n'avoir pas à attendre longtemps; Corysandre trouverait certainement un moyen pour lui faire savoir dans quel couvent elle était; et lui, de son côté, en trouverait un pour la tirer de ce couvent. Réunis, ils partiraient, et bien adroite serait madame de Barizel si elle les rejoignait.

Quant aux poursuites en détournement de mineure, il semblait, après la visite de Dayelle, qu'il ne devait pas s'en inquiéter; jamais madame de Barizel ne poursuivrait ce procès qui perdrait sa fille, et à la vengeance elle préférerait son intérêt.

Il se trouva avoir raisonné juste pour les poursuites, mais non pour Corysandre.

Des poursuites il n'entendit pas parler, si ce n'est par Nougaret, qui lui apprit que Dayelle avait fait des démarches auprès du commissaire de police et auprès de quelques autres personnes pour qu'on gardât le silence sur le procès-verbal, qui serait enterré.

De Corysandre il ne reçut aucune nouvelle; le temps s'écoula; la lettre qu'il attendait n'arriva pas. Il devait donc la chercher, la trouver; mais comment?

Madame de Barizel avait quitté Paris pour s'installer

chez Dayelle, dans un château que celui-ci possédait aux environs de Poissy, et où il passait tous les ans la saison d'automne avec son fils et tout un cortège d'invités qui se renouvelaient par séries ; en la surveillant adroitement, en la suivant, elle devait vous conduire au couvent où Corysandre était enfermée.

Mais il ne lui convenait pas de remplir ce rôle d'espion, et d'ailleurs il eût suffi que madame de Barizel pût soupçonner qu'elle était espionnée pour dérouter toutes les recherches ; il lui fallait donc quelqu'un qui pût exercer cette surveillance avec autant de discrétion que d'habileté.

L'idée lui vint de demander à Raphaëlle de lui donner l'homme qu'elle avait envoyé en Amérique ; sans doute il éprouvait bien une certaine répugnance à s'adresser à Raphaëlle ; mais cet homme, en obtenant les renseignements relatifs à madame de Barizel, avait donné des preuves incontestables d'activité et d'habileté ; il connaissait déjà celle-ci, et c'étaient là des considérations qui devaient l'emporter, semblait-il, sur sa répugnance ; puisque c'était par Raphaëlle seule qu'il pouvait savoir qui était cet homme, il fallait bien qu'il le lui demandât.

Aux premiers mots qu'il lui adressa à ce sujet, elle parut embarrassée ; mais bientôt elle prit son parti.

— C'est que la personne dont tu me parles, dit-elle, ne fait pas son métier de ces sortes d'affaires ; c'est par amitié qu'elle a bien voulu me rendre ce service ; en un mot, c'est mon père. Tu vois combien il est délicat que je lui demande de faire pour toi ce qu'il a bien voulu faire pour moi. Et puis, ce qui est délicat aussi, c'est de lui donner des raisons pour justifier à ses propres yeux son intervention. Ces raisons, je ne te les demande pas, elles ne me regardent pas. Mais lui, avant d'agir, voudra savoir pourquoi il agit. C'est un homme méticuleux, qui pousse certains scrupules à l'exagération; le type du vieux soldat. Enfin je vais tâcher de te l'envoyer ; tu t'arrangeras avec lui.

Raphaëlle réussit dans sa mission qu'elle présentait comme si délicate, si difficile, et le lendemain matin Roger vit entrer M. Houssu, sanglé dans sa redingote boutonnée comme une tunique, les épaules effacées, la poitrine bombée, avec un large ruban rouge sur le cœur. Il salua militairement et, d'une voix brève :

— Monsieur le duc, je viens à vous de la part de ma fille... à qui je n'ai rien à refuser. Elle m'a dit que vous aviez besoin de mes services pour rechercher une jeune fille que sa mère ferait retenir injustement dans un couvent. Je me mets donc à votre disposition, d'abord pour avoir le plaisir de vous obliger, — il salua, — ensuite pour être agréable à ma fille, — il mit la main sur son cœur d'un air attendri, — enfin parce que mes principes d'homme libre s'opposent à ces séquestrations dans les couvents.

Comme Roger se souciait peu de connaître les principes de M. Houssu, il se hâta de parler de la question de rémunération.

— A la vacation, monsieur le duc, dit Houssu avec bonhomie, à la vacation, je vous compterai le temps passé à cette surveillance... et mes frais, au plus juste.

Soit que Houssu voulût tirer à la vacation, soit toute autre raison, le temps s'écoula sans qu'il apportât aucun renseignement sur Corysandre; cependant il était bien certain qu'il s'occupait de cette surveillance avec activité, car, s'il était muet sur Corysandre, il était d'une prolixité inépuisable sur madame de Barizel, dont Roger pouvait suivre la vie comme s'il l'avait partagée.

Mais ce n'était pas de madame de Barizel qu'il s'inquiétait, c'était de Corysandre.

Que lui importait que madame de Barizel quittât, deux fois par semaine, le château de Dayelle pour venir à Paris et qu'en arrivant elle allât déjeuner avec Avizard dans un cabinet, tantôt de tel restaurant, tantôt de tel autre; puis qu'après avoir quitté Avizard elle allât passer une heure avec Leplaquet dans une chambre d'un des hôtels qui avoisinent la gare Saint-Lazare; cela confirmait ce que Raphaëlle lui avait raconté, mais que lui importait! Son opinion sur madame de Barizel était faite, et il n'était d'aucun intérêt pour lui qu'on la confirmât ou qu'on la combattît.

Cependant il fallait qu'il écoutât tous ces rapports de Houssu, de même qu'il fallait qu'il autorisât celui-ci à continuer sa surveillance, car c'était en la suivant qu'on pouvait espérer arriver à Corysandre.

Mais les journées s'ajoutaient aux journées et Houssu ne trouvait rien.

Que devait penser Corysandre? Ne l'accusait-elle point de l'abandonner?

L'automne se passa et madame de Barizel revint à Paris.

— Maintenant, dit Houssu, nous la tenons.

Mais ce fut une fausse espérance; elle n'alla point voir sa fille et ses domestiques, interrogés, ne purent rien dire de satisfaisant. Les uns pensaient que mademoiselle était retournée en Amérique, une autre croyait qu'elle était à Paris; la seule chose certaine était qu'elle n'écrivait pas à sa mère et que sa mère ne lui écrivait pas. Quant à celle-ci, on parlait de son prochain mariage avec Dayelle.

Ce mariage inspira à Houssu une idée que Roger

n'accepta pas; elle était cependant bien simple : c'était de faire savoir à madame de Barizel que si elle ne rendait pas la liberté à sa fille, on ferait manquer son mariage avec Dayelle en communiquant à celui-ci les renseignements avec pièces à l'appui qui racontaient la jeunesse d'Olympe Boudousquié.

Houssu fut d'autant plus surpris que ce moyen fût repoussé, qu'il voyait combien était vive l'impatience, combien étaient douloureuses les angoisses du duc.

C'était non seulement pour Corysandre que Roger s'exaspérait de ces retards, mais c'était encore pour lui-même.

En effet, avec la mauvaise saison son état maladif s'était aggravé, et il ne se passait guère de jour sans que Harly le pressât de partir pour le Midi.

— Allez où vous voudrez, disait Harly, la Corniche, l'Algérie, Varages si vous le préférez, mais, je vous en prie comme ami, je vous l'ordonne comme médecin, quittez Paris dont la vie vous dévore.

— Bientôt, répondait Roger, dans quelques jours.

Car il espérait qu'au bout de ces quelques jours il pourrait partir avec Corysandre, et puisqu'on lui ordonnait le Midi, s'en aller avec elle en Égypte, dans l'Inde, au bout du monde.

Mais les quelques jours s'écoulaient; Houssu n'apportait aucune nouvelle de Corysandre, le mal faisait des progrès, la faiblesse augmentait et Harly revenait à la charge et répétait son éternel refrain : « Partez. » Partir au moment où il allait enfin savoir dans quel couvent se trouvait Corysandre, quitter Paris quand elle pouvait arriver chez lui tout à coup! Puisqu'elle était venue une fois, pourquoi ne viendrait-elle pas une seconde? Et il attendait.

Un matin Houssu se présenta avec une figure joyeuse.

— Cassez-moi aux gages, monsieur le duc, je n'ai été qu'un sot : j'ai surveillé madame de Barizel, tandis que c'était M. Dayelle qu'il fallait filer.

— Mademoiselle de Barizel, interrompit Roger.

— Elle est à Paris, au couvent des dames irlandaises, rue de la Glacière, où M. Dayelle va tous les jours la voir avec son fils. On dit... Mon Dieu, je ne sais pas si je dois le répéter à monsieur le duc...

— Allez donc.

— On dit que le fils doit épouser la fille en même temps que le père épousera la mère; c'est un moyen que M. Dayelle a trouvé afin de ne pas perdre l'argent qu'il a donné à madame de Barizel pour constituer la dot de sa fille.

— C'est insensé.

— Évidemment... Seulement on le dit, et j'ai cru que mon devoir était de le répéter à monsieur le duc.

— Il faut que vous fassiez parvenir aujourd'hui même à mademoiselle de Barizel la lettre que je vais vous donner.

— Cela sera bien difficile.

— Je payerai l'impossible.

— On tâchera.

Tout de suite Roger se mit à écrire cette lettre, qui fut longuement explicative et surtout ardemment passionnée, mais qui ne dit pas un mot des projets de mariage avec Dayelle fils.

Tandis que Houssu emportait cette lettre, il alla lui-même rue de la Glacière pour voir le couvent où elle était enfermée; mais il ne vit rien que des grands murs, des grands arbres et une grande porte aussi bien fermée que celle d'une prison.

Comme il restait devant cette porte, la regardant mélancoliquement, un bruit de voiture lui fit tourner la tête : c'était un coupé attelé de deux chevaux qui arrivait grand train, conduit par un cocher à livrée vert et argent, — celle de Dayelle.

Il s'éloigna pour n'être pas reconnu et, s'étant retourné, il vit descendre du coupé Dayelle accompagné de son fils ; le valet de pied avait sonné. La porte si bien fermée s'ouvrit ; ils entrèrent.

XL

C'était folie d'admettre que Léon Dayelle pouvait devenir le mari de Corysandre.

Mais alors pourquoi venait-il la voir avec son père ?

C'était une terrible femme que madame de Barizel, de qui l'on pouvait tout attendre, de qui l'on devait tout craindre ! Si elle se pouvait faire épouser par Dayelle, ne pouvait-elle pas faire épouser Corysandre par Léon ? Il est vrai qu'elle voulait ce mariage avec le père, tandis que Corysandre ne voudrait jamais le fils. Ce serait lui faire une mortelle injure que la croire capable d'une pareille trahison. Il avait foi en elle, en sa fidélité, en son amour.

Et cependant cette visite du père et du fils dans le couvent se prolongeait bien longtemps. Que pouvaient-ils dire ? Comment Corysandre pouvait-elle les écouter ?

C'était embusqué sous la porte d'un mégissier que Roger agitait fiévreusement ces questions, attendant qu'ils sortissent.

Enfin il les vit paraître ; ils montèrent en voiture, et il put à son tour partir et rentrer chez lui, où il attendit Houssu. Mais Houssu ne vint pas ce jour-là. Ce fut seulement le lendemain qu'il arriva, la mine longue : il n'avait pas réussi à trouver quelqu'un pour se charger de la lettre, et il craignait bien de n'être pas plus heureux. Les difficultés étaient grandes ; il voulut les énumérer, mais Roger l'interrompit en lui disant qu'il fallait, coûte que coûte, que cette lettre fût remise au plus vite dans les mains de mademoiselle de Barizel. Avec du zèle et de l'argent, on devait réussir.

— Soyez sûr que je n'économiserai ni l'un ni l'autre, dit Houssu.

Le lendemain il vint annoncer qu'il avait des espérances, le surlendemain qu'il n'en avait plus, puis deux jours après qu'il en avait de nouvelles et d'un autre côté.

Le temps recommença à s'écouler sans résultat, et Roger, exaspéré, voulut agir lui-même. Il pensa à s'adresser à mademoiselle Renée de Queyras, la tante de Christine, qui devait être en relation avec les dames irlandaises de la rue de la Glacière, comme elle l'était avec toutes les congrégations religieuses de Paris. Mais que lui dirait-il quand elle lui demanderait dans quel but il voulait avoir des nouvelles de mademoiselle de Barizel :

— C'est une fille que vous aimez? Oui. — Que vous voulez épouser? — Non, que je veux enlever.

C'était là une des fatalités de sa position qu'il ne pouvait trouver d'aide qu'auprès de gens comme Houssu. Il se cachait de Harly et de Nougaret ; à plus forte raison ne pouvait-il pas s'ouvrir à mademoiselle Renée.

Cependant il fallait qu'il se hâtât d'agir, car dans le monde, autour de lui, on commençait à parler du mariage de mademoiselle de Barizel, avec Léon Dayelle. Ce bruit, qui tout d'abord lui avait paru absurde, s'imposait maintenant à lui quoi qu'il fît pour le repousser. Il y avait des gens qui le regardaient d'une façon étrange, ceux-ci avec curiosité, ceux-là d'un air énigmatique. Il y en avait d'autres qui, plus naïfs ou plus cyniques, l'interrogeaient directement :

— Est-ce vrai que la belle Corysandre épouse le fils du père Dayelle?

Quand il ne répondait pas il y avait des gens qui répondaient pour lui, expliquant les raisons qui justifiaient ce mariage : la rouerie de madame de Barizel, la beauté de Corysandre, ses mariages manqués jusqu'à ce jour, la nullité de Léon Dayelle, l'avarice du père Dayelle qui voulait faire passer aux mains de son fils l'argent qu'il avait eu la faiblesse de se laisser arracher par madame de Barizel, ce qui était une opération véritablement habile.

Ainsi pressé, il allait se décider à chercher un nouvel agent pour l'adjoindre à Houssu, quand celui-ci vint l'avertir tout triomphant qu'il avait enfin trouvé une personne sûre pour faire remettre à mademoiselle de Barizel la lettre dont il était chargé.

— Et la réponse à cette lettre? demanda Roger.

— Si la jeune personne en fait une, j'ai pris mes précautions pour qu'elle nous parvienne demain; mais monsieur le duc doit comprendre que je ne peux pas savoir si mademoiselle de Barizel répondra.

Cela pouvait, en effet, faire l'objet d'un doute pour Houssu, mais non pour Roger, qui était bien certain qu'à sa lettre elle répondrait par une lettre non moins tendre, non moins passionnée. Maintenant que le moyen de correspondre était trouvé, ils s'écriraient, ils s'entendraient, et dans quelques jours elle serait à lui ; si ce n'était pas dans quelques jours, ce serait dans quelques semaines ; le temps n'avait plus d'importance pour eux.

Grande fut sa surprise ou plutôt sa stupéfaction quand le lendemain, au moment où il attendait Houssu, Bernard lui annonça que madame la comtesse de Barizel lui demandait un entretien et qu'elle était dans son salon, l'attendant.

Après quelques secondes de réflexion, il se dit qu'elle venait sans doute pour obtenir de lui les pièces compromettantes qu'il avait entre ses mains et au moyen desquelles il pouvait empêcher son mariage avec Dayelle s'il voulait s'en servir.

Il entra dans son salon le sourire aux lèvres, décidé à se montrer bon prince et à ne pas abuser des avantages de sa position : malgré tout elle était la mère de Corysandre.

Mais, ayant jeté sur elle un rapide coup d'œil, il remarqua qu'elle aussi était souriante et que son attitude, au lieu d'être celle d'une suppliante, était plutôt celle d'une femme sûre d'elle-même, qui peut parler haut.

C'était à elle d'entamer l'entretien et d'expliquer le but de sa visite, — ce qu'elle fit sans aucun embarras.

— C'est une lettre que je vous apporte, dit-elle.

— Je vous remercie, madame de la peine que vous avez prise.

— Une lettre de la part de ma fille.

Avant de tendre cette lettre qu'elle tenait cachée, elle la regarda avec un sourire ironique ; ce ne fut qu'après une pause assez longue qu'elle la sortit de sa poche.

Il reconnut celle qu'il avait remise à Houssu et ne fut pas maître de retenir un mouvement.

— Mon Dieu oui, monsieur le duc, c'est la vôtre, dit-elle en accentuant son sourire; l'agent que vous employez a payé des gens pour la faire parvenir à ma fille, et celle-ci, ayant reconnu l'écriture de l'adresse, n'a pas cru devoir l'ouvrir : elle me l'a remise pour que je vous la rapporte. Vous voyez que le cachet est intact, n'est-ce pas.

Puis, après avoir joui pendant quelques instants de la confusion de Roger, elle poursuivit :

— Comment n'avez-vous pas compris, que cet accueil était le seul que pouvait recevoir votre lettre? Elle serait arrivée le lendemain de la visite de ma fille ici, il en eût été sans doute autrement. Encore sous l'influence de son coup de tête, Corysandre n'eût pas réfléchi et elle aurait été peut-être entraînée. Vous savez comme on persiste facilement dans une folie; même quand on sait que c'est une folie on s'y obstine. Mais après le temps qui s'est écoulé, après votre long silence, elle a pu refléchir ; elle a envisagé la situation, elle vous a jugé, mal peut-être, mais enfin elle vous a jugé tel que les circonstances vous montraient et, à vrai dire, non à votre avantage. Songez donc qu'elle avait été prodigieusement étonnée et même assez profondément blessée de votre lenteur à vous déclarer à Bade, ne comprenant rien à votre réserve et se disant que vous étiez un amant bien compassé, bien froid, ce que vous appelez, je crois, un amoureux transi. Est-ce le mot?

Elle regarda toujours souriante, montrant ses dents blanches pointues; puis comme il ne répondait pas, elle continua :

— Lorsque après son départ d'ici et dans la solitude du couvent où je l'avais placée, elle a vu que vous ne faisiez rien pour l'arracher à ce couvent et que vous continuiez à vous enfermer dans votre prudente réserve, elle a trouvé que de transi vous deveniez tout à fait glacé. La situation que vous me faisiez était vraiment trop belle pour que je n'en profite pas, et je vous avoue que j'en ai tiré parti. Aux réflexions que faisait ma fille j'ai ajouté les miennes, qui je l'avoue encore, n'ont pas été à votre avantage. Croyez-vous qu'il a été difficile de prouver à ma fille que vous ne l'aimiez pas, que vous ne l'aviez jamais aimée. Est-ce que quand on aime une jeune fille, belle, honnête, tendre comme Corysandre, on ne l'épouse pas malgré tout? Est-ce qu'on se laisse arrêter par je ne sais quelles considérations d'orgueil? Quand on aime, il n'y a pas de considérations, il n'y a que l'amour. Est-ce que quand cette jeune fille est mise dans un couvent, on la laisse s'y morfondre et s'y désespérer? Si elle commence par là, elle finit par se consoler et se laisser consoler. C'est ce qui est arrivé. Après avoir écouté la voix de la raison, Corysandre, qui ignorait que vous aviez chargé un agent de la découvrir, a écouté celle de la tendresse. Vous dites?

— Rien, madame; je vous écoute, je vous admire.

— N'allez pas croire au moins que j'exagère. Il ne faut pas juger Corysandre sur son coup de tête et voir en elle une fille exaltée et passionnée, capable de tout dans un élan d'amour. Songez qu'elle a pu être poussée à ce coup de tête par une volonté au-dessus de la sienne, qui croyait ainsi assurer son mariage.

— Ah! vous le reconnaissez?

— J'explique, rien de plus. Mais ce que je veux surtout vous faire comprendre c'est la nature de ma fille. En réalité c'est une personne raisonnable, douce, tendre, qui a horreur des aventures, du désordre, de la lutte et qui désire par-dessus tout une existence régulière et calme. L'eût-elle trouvée auprès de vous, cette existence ? En devenant votre femme, oui, sans doute ; mais votre maîtresse... On la lui a offerte... elle l'a acceptée avec un cœur ému, plein de reconnaissance pour le galant homme qui voulait bien oublier qu'elle avait eu une minute d'égarement... rien qu'une minute. Aujourd'hui elle aime ce galant homme, — la façon dont elle répond à votre lettre vous le prouve, — et dans quelques jours elle devient la femme de M. Léon Dayelle.

Roger, qui tout d'abord avait été foudroyé, se tint la tête haute et ferme.

— Votre visite a devancé la mienne, dit-il, j'ai là certains papiers qui vous concernent : ce sont les pièces qui se rapportent à l'enquête faite à Natchez, la Nouvelle-Orléans, Charlestown, Savannah.

— Ces pièces n'ont aucun intérêt pour moi, dit-elle avec audace.

— Même si je vous les remets.

Il passa dans son cabinet et presque aussitôt il revint avec les papiers qui lui avaient été remis par Raphaëlle.

Madame de Barizel sauta dessus plutôt qu'elle ne les prit, et violemment elle les jeta dans la cheminée, où brûlait un grand brasier ; ils se tordirent et s'enflammèrent.

Alors elle passa devant Roger s'arrêtant un court instant :

— Monsieur le duc, vous êtes un homme d'honneur.

Il resta impassible, mais lorsqu'elle fut sortie en fermant la porte, il se laissa tomber sur un fauteuil et se cacha la tête entre ses mains.

XLI

Bien que Roger n'eût plus à attendre Corysandre, il n'avait pas voulu, cependant, obéir aux prescriptions de Harly et quitter Paris.

Au lieu de chercher le calme et la tranquillité qui lui eussent permis de se soigner, il s'était lancé à corps perdu dans la vie fiévreuse qui avait été celle des premières années de sa jeunesse. Après une longue disparition le monde qui s'amuse l'avait retrouvé partout où il y avait un plaisir à prendre et où il était de bon ton de se montrer : au Bois, chaque jour, quelque temps qu'il fît, montant un cheval brillant ou dans une voiture qui attirait les regards des connaisseurs ; aux courses, si éloignées qu'elles fussent dans la banlieue de Paris ; à toutes les premières représentations, si tard qu'elles finissent ; dans tous les petits théâtres à la mode, si enfumés, si étouffants qu'ils fussent. Où qu'on allât et toujours au premier rang, avec quelques amis, Mautravers, Sermizelles, le prince de Kappel, tantôt l'un, tantôt l'autre, car ils étaient obligés de se relayer pour le suivre, eux solides et bien portants, on était sûr d'apercevoir sa tête pâle aux joues creuses, aux yeux ardents qui, se promenant partout, sur toutes choses et sur tous indifféremment, ne trahissaient que l'ennui, le dégoût ou la raillerie.

Chaque matin Harly venait le voir et avant tout il l'interrogeait sur sa journée de la veille.

— A quelle heure êtes-vous rentré cette nuit ?

— A trois heures.

— C'est fou.

— Mais non, c'est sage. Pourquoi voulez-vous que je rentre? Pour ne pas dormir, pour réfléchir, pour songer; le bruit m'occupe.

— Au moins vous êtes-vous amusé?

— Je ne m'amuse pas; je m'étourdis, je m'use, je me fatigue.

— Vous vous tuez.

— Qu'importe. Mais, je vous en prie, ne parlons pas médecine : nous ne nous entendons pas; il me peine d'être en dissentiment avec vous que j'aime comme ami, mais que je crains comme médecin.

Il dit ces derniers mots avec une énergie voulue et comme avec une intention.

— Ce que vous me dites là est grave pour moi, car si vous ne voulez pas faire ce que je vous ordonne je suis obligé de me retirer... Oh! comme médecin, non comme ami.

Roger garda le silence un moment :

— Eh bien, dit-il, donnez-moi un de vos confrères, celui que vous appelleriez si vous étiez malade; je ne veux pas de cause de division entre nous; je vous aime trop.

S'il ne s'était pas laissé soigner par Harly, il n'avait pas été plus docile avec le médecin que celui-ci lui avait donné, et ce fut seulement quand il fut abattu tout à fait sur son lit, sans forces, qu'il s'arrêta et se livra à son nouveau médecin.

Ceux qui avaient été ses compagnons de plaisir furent presque tous ses compagnons de douleur. Du jour où il fut obligé de garder la chambre, il vit arriver chez lui ses anciens amis : Mautravers, le prince de Kappel, Sermizelles, Montrévault, Savine, et aussi les femmes de son monde : Cara, Balbine, Raphaëlle. On se donnait rendez-vous chez lui pour déjeuner, dîner ou souper, et sa cuisine, qui n'avait jamais vu une casserole, fut garnie de tous les ustensiles que pouvait désirer le cordon bleu le plus exigeant.

Quand il était en état de se mettre à table, l'on déjeunait ou l'on dînait avec lui ; quand il était souffrant ou quand il dormait, on se faisait servir comme s'il avait été là. Bernard prenait soin seulement de tenir fermées les portes du salon, de façon à ce que le tapage de la salle à manger n'arrivât pas jusqu'à la chambre à coucher ; on causait, on riait, et de temps en temps on le plaignait : — Pauvre petit duc. — Chut, s'il nous entendait. — C'est vrai. — Et l'on recommençait à plaisanter et à s'amuser, pour ne pas l'inquiéter. Bien souvent, après le déjeuner ou après le souper, on remplaçait la nappe blanche par un tapis en drap vert et une partie de la journée ou de la nuit on restait là à jouer ; les hommes arrivaient en sortant de leur cercle, les femmes après que le théâtre était fini, si elles n'avaient rien de mieux à faire ; c'était une maison qu'on avait la certitude de trouver toujours ouverte, avec table servie, ce qui est commode.

Si Roger se réveillait, on allait lui faire une visite à tour de rôle, courte pour ne pas le fatiguer, et l'on revenait bien vite prendre sa place devant la nappe ou le tapis vert. Quand les portes s'entr'ouvraient, de son lit il entendait le cliquetis de la vaisselle et de l'argenterie, ou le tintement des louis ; il s'informait des noms de ceux ou celles qui étaient là, et il faisait appeler ceux ou celles qu'il voulait voir, les renvoyant sans colère lorsqu'il les trouvait impatients d'aller finir le morceau servi dans leur assiette ou la partie commencée.

Seules ses matinées étaient solitaires, car c'était le moment du sommeil pour tous et pour toutes. Il est vrai que pour lui c'était le moment des tristes réflexions qui suivent ordinairement une nuit de fièvre; mais après lui avoir donné la journée ou la soirée, il n'était que juste de prendre le matin pour dormir. Pour le soigner et l'égayer, devait-on se rendre malade?

Un matin qu'il sommeillait à moitié, il entendit un bruit de pas sur le tapis; mais il n'y prit pas attention, croyant que c'était la garde de jour qui venait relever la garde de nuit. Tout à coup un fracas de verrerie lui fit brusquement tourner la tête pour voir qui venait de renverser cette verrerie, et il aperçut au milieu de la chambre, se tenant sur la pointe des pieds sans oser avancer ou reculer, son ancien professeur Crozat.

— Eh quoi! c'est vous, mon cher Crozat?

— Excusez-moi, je ne voulais pas faire de bruit?

— Et vous avez renversé le guéridon.

— Mon Dieu! oui, ça n'arrive qu'à moi, ces maladresses-là.

— Ce n'est rien; avancez et donnez-moi la main, que je vous dise combien je suis content de vous voir.

— Vrai?

— En doutez-vous?

— Non, et c'est pour cela que je suis venu quand j'ai appris par Harly que vous étiez malade, pour vous voir d'abord et puis pour me mettre à votre disposition, vous faire la lecture, si cela peut vous être agréable, écrire vos lettres.

— Merci, mon bon Crozat.

— Seulement je débute mal dans la chambre d'un malade.

D'un air piteux, il regarda les débris qui jonchaient le tapis.

— Ne vous inquiétez donc pas de cela. Dites-moi plutôt comment vous allez. Parlez-moi du *Comte et de la Marquise*.

— Je viens de le transformer en opéra-comique pour un musicien influent qui va le faire jouer... sûrement. Il est vrai que la musique nuira au poème, mais que voulez-vous !

Crozat raconta les mésaventures de sa pièce. Cela fut long et dura jusqu'au moment où Mautravers, qui était toujours le premier arrivé, entra ; alors il se retira.

Le lendemain, il revint à la même heure, et Roger le vit entrer portant un livre sous son bras.

— Qu'est-ce que cela ?

— L'*Odyssée* en grec ; j'ai pensé qu'après les journaux qui sont bien vides, vous seriez peut-être satisfait que je vous fasse une bonne lecture ; alors j'ai apporté l'*Odyssée*, que nous n'avons pas eu le temps de bien lire quand nous travaillions ensemble à Varages.

— En grec ?

— Oh! je vais vous le traduire, bien entendu ; parce que les traductions imprimées sont ridicules. — Il ouvrit le volume — Ainsi si je vous dis, comme dans toutes les traductions, que Télémaque « s'asseoit sur un siège élégant », cela ne vous fait rien voir, car il y a vingt façons d'être élégant pour un siège ; tandis que si je traduis « sur un siège sculpté », vous voyez tout de suite ce siège. Le mot propre, il n'y a que cela.

Tout de suite il commença sa traduction ; et ce fut seulement quand Mautravers arriva qu'il ferma son livre et s'en alla.

— Ça vous amuse ? demanda Mautravers à Roger d'un air méprisant.

— Lui, ça l'amuse, et moi ça me fait plaisir de lui laisser croire qu'il me fait plaisir.

Mautravers se promit de rendre la place impossible à ce cuistre, de façon à l'empêcher de revenir.

En effet il lui déplaisait qu'on entourât son ami, qu'il eût voulu être le seul à soigner et à visiter.

Dans chaque personne qui venait il voyait un coureur d'héritage, et il espérait bien, il voulait que la fortune du duc de Naurouse ou tout au moins la plus grosse part de cette fortune fût pour lui. N'était-ce pas tout naturel. Puisque Roger déshériterait sa famille, et puisque lui Mautravers était son plus ancien ami ? A qui laisser cette fortune, si ce n'est à lui ? Le prince de Kappel n'en avait pas besoin, Sermizelles était impossible, Montrévault aussi, Savine encore plus, Harly était incapable de recevoir en sa qualité de médecin ; les femmes, Balbine, Cara et même Raphaëlle, malgré son avidité et sa rouerie, ne recueilleraient certainement qu'un souvenir. Lui seul pouvait hériter et s'imposait au choix de Roger, qui avait si souvent exprimé sa volonté de soustraire sa fortune aux Condrieu.

Il se croyait déjà si bien maître de cette fortune, qu'il veillait à ce qu'il n'y eût pas trop de gaspillage dans la maison et même à ce qu'on ne détériorât pas le mobilier.

En ces derniers temps, Roger avait renouvelé ce mobilier et il avait apporté de Londres un meuble de chambre à coucher qui plaisait tout particulièrement à Mautravers : l'étoffe des rideaux du lit et des fenêtres, du canapé et des fauteuils était en satin bleu de ciel, à grands dessins brochés camaïeu du gris au blanc ; le bois des meubles était en citronnier des Iles, d'un grain serré et poli dont la teinte claire était relevée par des filets en acajou au-dessus desquels courait une petite peinture mignarde qui faisait l'effet d'une marqueterie ; le tout était parfaitement harmonieux, d'une décoration correcte, bien ordonnée, et les nuances du bois et de l'étoffe produisaient un effet doux et gracieux.

C'était justement la fraîcheur et la douceur de ces nuances qui inquiétaient Mautravers ; il avait peur qu'on les défraîchît ; il veillait sur les visiteurs, les examinant de la tête aux pieds, surtout aux pieds, et les jours de pluie il faisait des prodiges de diplomatie pour qu'on ne s'assît pas sur ce satin. Si l'on n'était pas venu en voiture, il se montrait impitoyable.

— Notre ami est bien fatigué, disait-il.

Son inquiétude alla si loin qu'un beau jour il apporta dans la chambre deux chaises du cabinet de toilette : une pour lui et l'autre qu'il trouvait toujours moyen d'offrir quand il était là et qu'il n'oubliait jamais de placer au pied du lit quand il s'en allait.

XLII

Mais il s'en allait aussi peu que possible, voulant veiller de près son ami, de manière à voir tous ceux qui venaient et entendre tout ce qui se disait.

Cependant il avait l'horreur de la maladie aussi bien que des malades : la maladie le dégoûtait, les malades l'exaspéraient. Ce sentiment était si vif chez lui que, malgré tout le désir qu'il avait de ne pas blesser Roger, il ne pouvait pas bien souvent ne pas montrer sa mauvaise humeur. Cela arrivait surtout à l'occasion des accès de toux qui, à chaque instant, prenaient le malade ; suffoqué, étouffé par ces accès, à bout de respiration, Roger, au lieu de se retenir, toussait quelquefois volontairement pour faire entrer un peu d'air dans ses poumons.

— Retenez-vous donc, disait Mautravers exaspéré ; vous vous faites mal.

— Mais non, cela me fait respirer.

— Cela vous épuise, au contraire.

Si les paroles étaient brutales, le ton sur lequel elles étaient dites était plus dur encore ; alors Roger se tournait du côté opposé à celui où se tenait son ami et il s'efforçait de ne pas tousser ; mais si l'on peut tousser volontairement, on ne peut pas ne pas tousser à volonté. Quand il sentait l'accès venir, il renvoyait Mautravers, tantôt sous un prétexte, tantôt sous un autre, s'ingéniant à en chercher.

Mais où il désirait surtout se débarrasser de lui, c'était quand Harly devait venir, afin d'avoir quelques instants de causerie intime et affectueuse qui le reposât.

Bien qu'il ne fît plus fonction de médecin, Harly n'en venait pas moins voir Roger tous les matins, et s'il ne lui prescrivait plus des remèdes qui, au point où en était arrivée la maladie, ne pouvaient pas avoir grande efficacité, il le réconfortait au moins par des paroles d'espérance et d'amitié aussi bonnes pour le cœur que pour l'esprit.

Ces heures du matin entre Harly et Crozat étaient les meilleures de la journée pour le malade, celles au moins qui lui faisaient oublier sa maladie et la gravité de son état.

Un jour Harly n'arriva pas seul : il amenait par la

main une petite fille de dix à onze ans, qui portait une corbeille recouverte de feuilles.

— C'est ma fille, dit-il, qui a voulu malgré moi vous apporter la première cueille de son cerisier. Vous savez, votre cerisier ?

— Comment si je sais ; mais c'est là un des meilleurs souvenirs de ma vie. J'ai eu la joie de faire ce jour-là une heureuse, et c'est là un plaisir qui m'a été donné... ou que je me suis donné trop rarement ; il est vrai qu'il est encore possible de rattraper le temps perdu.

— Certainement, dit Crozat.

— En se pressant, ajouta Roger avec un triste sourire.

Puis, pour ne pas rester sous cette dernière impression, il demanda à la petite fille de lui donner sa main pour qu'il l'embrassât, et il voulut qu'elle mangeât quelques cerises avec lui ; mais, pour lui, il n'en put manger que trois ou quatre, leur acidité l'ayant fait tousser.

— Ce sera pour tantôt, dit-il.

Puis, comme Harly et sa fille allaient se retirer, il rappela celle-ci :

— Claire est votre nom, n'est-ce pas ? demanda-t-il, et vous n'en avez pas d'autre ?

— Non.

— C'est un très joli nom.

S'il y avait des visites qui rendaient Roger heureux, il y en avait d'autres qui l'exaspéraient, bien qu'il ne les reçût pas : celles du comte de Condrieu et de Ludovic de Condrieu, qui chaque jour venaient ensemble se faire inscrire.

— Quelle belle chose que l'hypocrisie ! disait-il, voilà des gens qui savent que je les exècre et qui cependant viennent tous les jours à ma porte pour qu'on ne les accuse pas de me laisser mourir dans l'abandon ; si j'en avais la force je voudrais les recevoir un jour moi-même pour leur dire leur fait ; ils doivent cependant être bien convaincus qu'ils n'auront rien de moi.

— Cela serait trop bête, dit Mautravers.

— Alors il n'y aurait plus de justice en ce monde, dit Raphaëlle.

— L'avantage d'avoir des parents de ce genre, continua Mautravers, c'est qu'on peut les déshériter sans remords.

— Je voudrais plus et mieux, dit Roger.

S'il ne pouvait pas plus et mieux que les déshériter, il pouvait au moins leur faire peur, les tourmenter, les exaspérer de façon à ce qu'ils ne vinssent plus. Cette idée qui avait traversé son esprit devint bientôt chez lui une manie de malade et il voulut la mettre à exécution, ce qu'il fit un soir qu'il avait presque tous ses amis réunis autour de lui :

— Savez-vous une idée qui m'est venue, dit-il, c'est de me marier.

Et comme on le regardait pour voir s'il ne délirait point.

— De me marier *in extremis* avec une jeune fille de bonne maison qui aurait un enfant. Je légitimerais cet enfant par ce mariage et je lui assurerais mon nom, mon titre et ma fortune.

— Elle est absurde votre idée, s'écria Mautravers.

— Mais non, je sauverais mon nom et mon titre, ce qui n'est pas absurde, il me semble. Montrévault, vous qui avez tant de relations et qui connaissez tout le monde en France et à l'étranger, vous devriez me chercher cette jeune fille.

— On peut la trouver.

— Vous lui direz que je ne serai pas un mari gênant.

Il espérait bien que ces paroles seraient rapportées à M. de Condrieu ; mais il était loin de prévoir ce qu'elles produiraient.

Quelques jours après il vit entrer dans sa chambre Bernard, qui avait un air embarrassé :

— Ce sont deux religieuses, dit-il.

— Qu'on leur donne une offrande.

— Mais l'une de ces religieuses veut voir monsieur le duc.

— C'est impossible ; il faut le lui expliquer poliment.

— Je l'ai fait ; mais elle a insisté et elle a voulu que je vienne dire à monsieur le duc que celle qui désirait le voir était la sœur Angélique.

Sœur Angélique ! Mais c'était le nom en religion de Christine. Christine chez lui ; Christine qui voulait le voir. Etait-ce possible ?

L'émotion fit trembler sa voix :

— Quel est le costume de cette religieuse ? demanda-t-il. Une robe noire, une ceinture de cuir noir, une coiffe blanche à fond plissé ?

— Oui.

— Qu'elles entrent.

Pendant que Bernard allait les chercher, il s'efforça de calmer les mouvements tumultueux de son cœur : Christine à laquelle il avait si souvent pensé ! Christine qu'il avait si ardemment désiré revoir avant de mourir ! son amie d'enfance ! sa petite Christine !

Elle entra : elle était seule.

— Toi ! s'écria-t-il, tandis qu'elle s'avançait vers son lit.

Il lui tendit ses deux mains décharnées ; mais elle ne les prit point, répondant seulement à son élan par un sourire qui valait le plus doux, le plus tendre des baisers.

— Voilà que je te dis toi sans savoir si je peux te tutoyer : mais, tu vois, ma chère Christine, je ne suis plus qu'une âme, et dans le ciel, n'est-ce pas, les âmes amies doivent se tutoyer ? Pourquoi ne se tutoieraient-elles pas sur la terre ?

— J'ai appris que tu étais malade.

— Plus que malade, mourant.

— J'ai voulu te voir et j'en ai obtenu la permission de notre mère.

— Chère Christine, tu me donnes la plus grande des joies que je puisse goûter, et quand je n'espérais plus rien.

— Pourquoi parles-tu ainsi ?

— Parce que c'est fini. Serais-tu là, près de moi, s'il en était autrement ? C'est au mourant que tu viens dire adieu ; c'est le mourant que tu viens consoler par ta chère présence, et c'est plus que la consolation que tu lui apportes : c'est l'oubli du présent, c'est le retour dans le passé, dans la jeunesse, — la nôtre, où je te trouve partout près de moi, avec moi, mon amie, ma sœur, mon bon ange.

Elle détourna la tête pour cacher son attendrissement ; mais, après un moment de silence recueilli, elle attacha sur lui ses yeux émus, tandis que lui-même la regardait longuement, l'admirait, fraîche jeune, belle d'une beauté séraphique sous sa coiffe qui lui faisait une sorte d'auréole de sainte et de vierge.

Ils restèrent assez longtemps ainsi ; puis tout à coup, en même temps, des larmes roulèrent dans leurs paupières et coulèrent sur leurs joues, sans qu'ils pensassent à les retenir ou à les cacher.

— Ah ! Roger !

— Chère Christine !

Ce fut elle qui se remit la première, au moins ce fut elle qui parla :

— Ce retour dans le passé ne t'inspire-t-il pas un souvenir pour ta famille ? dit-elle d'une voix vibrante.

— Ma famille, c'est toi

— Je ne suis pas seule.

— Ah ! ne me parle ni de ton grand-père, ni de ton frère.

— Je le veux cependant, je le dois : à cette heure suprême ton cœur si bon, si droit, ne t'inspirera-t-il pas une parole de réconciliation ?

— Ah ! s'écria-t-il d'une voix rauque en se frappant la poitrine, quel coup tu viens de lui porter à ce cœur ! ce mot que tu as prononcé « Je le dois », m'a fait tout comprendre. Et je m'imaginais que c'était de ton propre mouvement que tu étais venue.

Un accès de toux lui coupa la parole ; mais assez vite il reprit, les joues rougies, les yeux étincelants :

— Tu ne savais pas hier que j'étais malade, j'en suis sûr, car les bruits de ce monde ne passent pas vos portes ; c'est ton grand-père qui t'a prévenue en allant t'avertir que tu devais veiller à mon salut et aussi à assurer ma fortune à ton frère. Oh ! tu sais que je le connais bien ; je le vois d'ici avec sa mine paterne. Eh bien ! pour mon salut, ne sois pas en peine : envoie-moi ton confesseur ; tu seras en paix, n'est-ce pas ? Mais pour ma fortune, jamais, tu entends, jamais ta famille n'en aura que ce que je ne puis pas lui enlever. Ah ! si j'avais pu te la laissez sans craindre qu'elle passe à ton frère !

Elle l'interrompit :

— Tu juges mal notre grand-père, ce n'est point à ta fortune comme tu le dis qu'il a pensé, c'est à l'honneur de ton nom.

A son tour il lui coupa la parole :

— Et tu as pu croire à cette histoire, toi qui me connais. Que ton grand-père y ait cru ; ça c'est ma vengeance et ma joie ; mais toi, Christine, toi, ma petite sœur, tu as pu croire que moi, duc de Naurouse prêt à paraître devant Dieu, je ferais un mensonge ; que la main de la Mort sur ma tête, et elle y est, tu la vois bien sur ce front décharné, — tu as pu croire que je parjurerais et que je reconnaîtrais un enfant qui ne serait pas de moi ! Ah ! tu ne sais pas ce qu'il me coûte, ce nom : et c'est là ton excuse. Aussi, malgré cet accès de colère, sois bien certaine que je ne t'en veux pas : mais à ceux qui t'envoient, à ceux-là...

De nouveau la toux lui coupa la parole et il eut une crise, suivie d'une faiblesse.

Christine éperdue voulut appeler, mais d'un signe il la retint.

— Que faut-il faire?

De sa main vacillante il lui montra une fiole, puis une cuillère ; et vivement elle lui donna ce qu'il paraissait demander.

Un peu de calme se produisit, mais en même temps l'abattement, l'anéantissement.

Elle se mit à genoux et, appuyant ses mains jointes, sur le lit, longuement elle pria en le regardant.

Puis, se relevant :

— Je demanderai à notre mère de venir te voir

demain, dit-elle, le temps qu'on m'avait accordé est plus qu'écoulé.

Il lui saisit la main et l'attirant par un mouvement irrésistible :

— Dis-moi adieu, Christine, et maintenant prie pour moi : jusqu'à ma dernière heure, ce me sera une joie de penser que tu prononces mon nom en t'adressant à Dieu. Dans le ciel tu sauras combien je t'ai aimée.

XLIII

Les médecins avaient déclaré qu'il ne devait point passer la semaine et même qu'il pouvait mourir d'un moment à l'autre, tout à coup, sans qu'on s'en aperçût, si on ne le veillait pas attentivement et sans le quitter.

Mautravers avait fait de cet avertissement un ordre, et il s'était installé rue Auber, y mangeant, y couchant, agissant en véritable maître de la maison, pour tout ordonner et diriger aussi bien que pour recevoir à sa table ceux qui, malgré l'imminence du danger, continuaient à venir s'y asseoir, chaque jour, déjeunant là, dînant, soupant, jouant comme s'ils avaient été dans un cercle ou un restaurant.

Malgré l'extrême faiblesse dans laquelle il était tombé, Roger avait conservé sa pleine connaissance et, contrairement à ce qui arrive avec la plupart des poitrinaires, il se rendait compte de son état : à l'entendre on pouvait croire qu'il calculait l'instant précis de sa mort, et à tout ce qu'on lui disait pour le tromper, il se contentait de secouer la tête avec un triste sourire.

— Ce qu'il y a d'affreux dans la mort, répétait-il quelquefois, ce n'est pas de renoncer à l'avenir, c'est de regretter le passé : bienheureux sont ceux qui ont un passé,

Mais ce n'était pas à tous ses amis qu'il parlait ainsi, seulement à quelques-uns : Harly, Crozat.

Un matin, au petit jour, il fit appeler Mautravers qui, s'étant couché tard après une soirée de déveine, arriva l'air maussade, aussi furieux d'être réveillé de bonne heure que d'avoir perdu la veille.

— Eh bien ! que se passe-t-il ? demanda-t-il en bâillant.

— Le moment approche.

— Ne dites donc pas de pareilles niaiseries, vous avez déjà surmonté plus d'une faiblesse, vous surmonterez celle-là. Voulez-vous quelque chose ? ajouta-t-il de l'air d'un homme pressé d'aller se remettre au lit.

— Oui, donnez-moi mon pupitre ; l'heure est venue de s'occuper de mon testament.

Instantanément ce mot changea la physionomie de Mautravers, qui se fit bienveillante et affectueuse.

— Tout de suite, cher ami.

Avec empressement il alla chercher ce pupitre qui était fermé à clef, et il l'apporta à Roger.

— Obligez-moi d'ouvrir les rideaux, dit Roger, on n'y voit pas.

Aussitôt les rayons rouges du soleil levant éclairèrent la chambre.

Alors Roger de sa main vacillante tâtonna sous son oreiller, et ayant trouvé un trousseau de clefs il ouvrit le pupitre.

Il chercha un moment parmi les papiers qui s'y trouvaient enfermés et ayant trouvé deux larges enveloppes scellées d'un cachet rouge il en prit une, après l'avoir attentivement examinée; il remit l'autre dans le pupitre qu'il referma à clef.

Sans en avoir l'air Mautravers ne perdait rien de ce qui se passait; il s'était placé en face d'une fenêtre comme pour regarder le levant, mais au moyen de la psyché il n'avait d'yeux que pour le lit.

Ce fut ainsi qu'il vit Roger ouvrir l'enveloppe qu'il avait prise, déplier une feuille de papier timbré, la lire puis la déchirer en petits morceaux : un testament qu'il annulait sans doute; l'autre, le sien assurément, était donc le bon.

Roger l'appela; vivement il alla à lui, il n'était plus maussade, il n'avait plus perdu,

— Voulez-vous anéantir ces papiers? dit Roger, montrant les morceaux.

— Comment?

— Puisque nous n'avons pas de feu allumé : jetez-les dans les cabinets et faites couler de l'eau.

Mautravers ramassa scrupuleusement tous ces morceaux les emporta, mais en sortant il laissa la porte de la chambre ouverte.

Debout, sur son séant, Roger écoutait; n'entendant rien, il appela :

— Je n'entends pas l'eau couler, cria-t-il faiblement.

C'est qu'avant de faire disparaître ces morceaux de papier Mautravers avait voulu voir ce qui était écrit dessus ; ayant lu plusieurs fois le mot « hospices » et les noms de Harly, de Corysandre et de Crozat, il fut convaincu que le testament conservé était bien déci-

16

dément le bon, c'est-à-dire le sien, et alors il fit couler l'eau abondamment, bruyamment.

— Mon testament est dans ce pupitre, dit Roger lorsqu'il rentra, vous le remettrez à M. Le Genest de la Crochardière; je vous le recommande : il déshérite les Condrieu qui ont été indignes pour moi. Vous comprenez combien je tiens à ce qu'il soit exécuté.

— Il sera sacré pour moi, s'écria Mautravers avec enthousiasme et je vous jure que je ferai tout pour qu'il soit exécuté.

— Merci; maintenant je vais être plus tranquille.

Il tourna le dos à la lumière crue du matin, tandis que Mautravers, qui n'avait plus envie de dormir s'installait dans un fauteuil, ne voulant pas qu'un autre que lui veillât un si brave garçon.

Il y avait une heure à peu près que Mautravers se promenait dans ses terres de Varages et de Naurouse, lorsqu'il crut remarquer que, depuis quelque temps déjà, Roger n'avait pas remué; il écouta et, n'entendant plus sa respiration, il s'approcha du lit : il était mort, tout à coup, comme avaient dit les médecins, sans qu'on s'en aperçût.

Aussitôt Mautravers réveilla toute la maison.

— Qu'on aille vite chercher M. Le Genest de la Crochardière, dit-il, qu'on le fasse lever, qu'il vienne tout de suite; avertissez-le que c'est pour recevoir le testament du duc de Naurouse.

Il attendit, suant d'impatience; mais ce ne fut pas le notaire qui arriva tout d'abord, ce fut Raphaëlle, qu'il n'avait pas dit de prévenir.

— Tu sais, dit-elle après la première explosion du chagrin, que le duc m'avait donné son argenterie et ses bijoux.

— Non, je n'en sais rien; mais il a fait un testament qu'on va ouvrir tout à l'heure, nous verrons cela.

— Je n'ai pas besoin du testament pour ce qui m'a été donné.

— Attendons.

Il n'y eut pas longtemps à attendre : le notaire arriva bientôt, Mautravers espérait qu'on allait ouvrir le testament tout de suite, mais il n'en fut rien.

— Je vais le déposer au président du tribunal, dit le notaire.

— Quand en connaîtra-t-on le contenu! s'écria Mautravers.

Puis, comprenant qu'il montrait trop franchement son impatiente curiosité :

— Il peut y avoir dans ce testament que je ne connais pas, dit-il, des prescriptions relatives aux obsèques et il est important que nous soyons fixés là-dessus.

— Vous le serez dans la journée, dit le notaire.

Le notaire parti, Mautravers déclara à Raphaëlle qu'ils devaient se retirer, et celle-ci ne fit pas d'observation.

Ils sortirent ensemble et se quittèrent à la porte, Raphaëlle tournant à gauche et Mautravers à droite; mais il n'alla pas plus loin que la Chaussée-d'Antin et revenant sur ses pas, il remonta l'escalier de Roger. Quand il entra dans la salle à manger, il trouva Raphaëlle, qui était revenue, elle aussi, au plus vite, en train d'emballer l'argenterie dans des serviettes. Déjà elle avait fourré plusieurs pièces dans ses poches.

— Je ne permettrai pas cela, s'écria Mautravers en sautant sur les serviettes qui étaient déjà nouées.

— De quoi te mêles-tu?

— J'ai juré de faire exécuter le testament de ce pauvre Roger.

— Tu espères donc bien hériter ! Ce pauvre Roger ! C'était de son vivant qu'il fallait le plaindre, au lieu de se faire son espion au profit du vieux Condrieu.

— Si quelqu'un a tiré parti du vieux Condrieu, n'est-ce pas toi, qui lui as vendu tes papiers pour faire manquer le mariage de Corysandre ?

La querelle allait s'envenimer; mais la porte s'ouvrit et M. de Condrieu entra, pouvant à peine se tenir, appuyé sur le bras de Ludovic :

— Oh ! mon pauvre petit-fils, s'écria-t-il d'une voix brisée, plus hésitante que jamais, mon cher petit-fils, où est-il ?

Il se heurtait aux meubles, aveuglé par les larmes. Heureusement Ludovic, guidé par Mautravers, put le conduire à la chambre mortuaire et le faire agenouiller auprès du lit, où il resta longtemps en prière, écrasé par la douleur, poussant des sanglots et criant;

— Mon cher petit-fils !

Peu à peu arrivèrent les amis de Roger : Harly, Crozat et les autres ; puis, vers midi, madame d'Arvernes, accompagnée d'un jeune homme plus jeune, plus frais, plus beau garçon encore que le vicomte de Baudrimont.

Elle voulut voir Roger et elle entra dans la chambre, ne faisant rien pour cacher les larmes qui coulaient sur ses joues. Se penchant sur lui, elle l'embrassa au front.

— Pauvre Roger, dit-elle.

Elle sortit, éclatant en sanglots. Dans la salle à manger, elle prit le bras du jeune homme qui l'accompagnait et, se serrant contre lui :

— N'est-ce pas qu'il était beau, dit-elle, mais

c'était ses yeux qu'il fallait voir, ces pauvres yeux qui n'ont plus de regard.

Les visites se continuèrent ainsi, reçues par M. de Condrieu et par Ludovic aussi bien que par Mautravers, qui agissait de plus en plus comme s'il était chez lui. N'était-ce pas maintenant une affaire de quelques minutes seulement; le notaire allait arriver.

Il se fit attendre longtemps encore; mais enfin il arriva, accompagné de Harly et de Nougaret, que M. de Condrieu regarda comme s'il voulait les mettre à la porte; mais il avait autre chose à faire pour le moment.

— Le testament de mon petit-fils, de mon cher petit-fils, a-t-il été ouvert? demanda-t-il au notaire.

— Oui, monsieur le comte, et en voici la copie.

— Veuillez la lire, dit M. de Condrieu.

— Mais, monsieur le comte...

— Veuillez la lire, répéta M. de Condrieu.

— Lisez, dit Mautravers, mon ami Roger m'a chargé de veiller à l'exécution de son testament; je dois le connaître.

Le notaire lut :

« Ceci est mon testament; il m'a été inspiré par le
» désir de faire après moi ce que je n'ai pu faire
» de mon vivant — le bonheur d'une personne qui
» en soit digne.
» Je déshérite donc autant que la loi me le permet
» la famille de Condrieu, qui a été mon ennemie, et je
» laisse ma fortune à mademoiselle Claire Harly,
» fille de mon ami Harly, à charge par elle de donner :
» 1° A mon ancien maître, M. Crozat, qui m'a
» appris le peu que je sais, deux cent mille francs;
» 2° Aux pauvres de Naurouse cent mille francs;

» 3° Aux pauvres de Varages cent mille francs;
» 4° A mes domestiques cent mille francs, sur les-
» quels Bernard, mon valet de chambre, en prélèvera
» quarante mille pour sa part.

» François-Roger de Charlus,
» duc de Naurouse. »

— Voilà un testament qui est nul, s'écria M. de Condrieu; l'article 909 du code ne permet pas aux médecins de profiter des dispositions testamentaires faites en leur faveur par un malade qu'ils ont soigné pendant la maladie dont il meurt, et l'article déclare que les enfants de ces médecins sont personnes interposées et par conséquent incapables de recevoir.

Nougaret s'avança :

— Monsieur le comte de Condrieu oublie, dit-il, que depuis quatre mois le docteur Harly n'était plus le médecin de M. de Naurouse.

— N'a-t-il pas été le médecin de la dernière maladie ?

— Il n'était plus le médecin de M. de Naurouse quand ce testament a été fait; c'est ce que prouve la date, qui remonte à six semaines seulement.

— Ce n'est pas le lieu de décider cette question, dit Harly.

— Ce seront les tribunaux qui la décideront, dit M. de Condrieu.

FIN

NOTICE SUR LA « BOHÊME TAPAGEUSE »

Malgré le secret professionnel, c'est de leurs observations personnelles que les médecins se servent pour écrire la plupart des livres qu'ils publient chaque jour avec une abondance qui n'est égalée que par celle des théologiens ; si bien que pour peu que vous ayez un médecin écrivain, — et ils le sont tous, — vous êtes exposé à vous trouver un jour ou l'autre dans un de leurs livres ou de leurs articles, tandis que vos amis, perçant des initiales transparentes, apprendront que vos ascendants paternels étaient alcooliques, les maternels tuberculeux, que vos enfants seront l'un ou l'autre, et que vous-même vous n'en avez pas pour longtemps.

C'est aussi avec leurs observations que les romanciers écrivent leurs livres, mais les romans sont les romans, et comme on doit toujours y introduire une certaine dose d'imagination et de fantaisie, ils s'éloignent forcément de la précision médicale. D'ailleurs le romancier n'est pas lié par le secret professionnel. Ceux dont il parle ne l'ont pas payé pour qu'il se taise. Et par cela seul sa situation ne ressemble en rien à celle du médecin.

Ce n'est pas à dire qu'elle ne soit pas quelquefois délicate, en cela surtout que plus il est consciencieux, plus il est entraîné à peindre ceux qu'il connaît le mieux : les siens, ses proches, ses amis intimes. Pour mon compte, à l'exception de quelques romans écrits sous l'inspiration directe et demandée de ceux qui les avaient vécus : les *Amours de Jacques*, *Madame Obernin*, *Pompon*, *Vices français*, je n'ai point pris mes modèles parmi les miens ni parmi mes intimes, et ceux qui ont honoré ou égayé ma vie de leur amitié ont eu cette sécurité de ne point se voir servis tout vifs à la curiosité des lecteurs.

Mais pour ceux avec qui ne me liait point une étroite intimité, je reconnais qu'il en a été autrement, et particulièrement pour les personnages de la *Bohême tapageuse* qui tous ou presque tous ont vécu d'une vie propre que j'ai pu observer et rendre sans aucune trahison, puisque selon la formule de la loi je n'ai été ni leur parent, ni leur allié, et que je n'ai pas plus été attaché à leur service qu'ils ne l'ont été au mien, si bien que j'ai pu ouvrir les yeux et les oreilles sans que rien dans nos relations me fermât la bouche.

 J'étais encore collégien et tout jeune collégien lorsque j'ai connu celle qui, dans ce roman, est devenue la duchesse d'Arvernes. Avec ma mère j'avais été passer les vacances au bord de la mer, à Sainte-Adresse, qu'Alphonse Karr venait de faire entrer dans la notoriété, et je m'étais si bien ingénié auprès d'amis communs que j'avais obtenu des lettres pour me faire ouvrir la porte de son jardin dont rêvait mon admiration juvénile. C'était justement le beau temps de la réputation d'Alphonse Karr; il avait donné *Sous les Tilleuls*, *Geneviève*, *le Chemin le plus court*, et depuis quelques années il publiait les *Guêpes* qui, à cette époque, faisaient presque autant de bruit qu'en a fait plus tard la *Lanterne*. On comprend quel pouvait être mon enthousiasme pour le premier écrivain de talent que j'approchais, car les jeunes gens de ma génération ne commençaient point la vie par l'indifférence ou le mépris pour leurs aînés. Ce fut dans ce fameux jardin original et bizarre dont il a tiré tant de livres charmants que je rencontrai la duchesse d'Arvernes, venue à Sainte-Adresse pour y passer une saison avec sa mère, et comme nous étions du même âge, comme elle s'ennuyait et n'avait personne pour l'amuser, comme elle n'était ni timide, ni réservée, oh! mais pas du tout du tout, nous fûmes bien vite camarades. On peut, sans que j'insiste, se faire une idée de ce que fut la stupéfaction d'un jeune provincial, fils d'un notaire qui, parmi ses clients, comptait quelques représentants de la noblesse polie, affinée, sceptique et légère du dix-huitième siècle, en se trouvant brusquement en présence de cette fille délurée qui portait un des grands noms de l'Empire, car telle je l'ai représentée, dans ce roman, telle elle était déjà, si bien que je n'ai eu qu'à me souvenir pour la copier, et encore sans appuyer, laissant dans l'ombre certains côtés que j'aurais dû peindre, si au lieu d'une figure de roman j'avais fait un portrait.

Ce fut à Cauterets que je connus Naurouse : on avait organisé une journée de courses d'hommes à la montagne, et j'avais été chargé de réunir quelques souscriptions, parmi lesquelles celle du duc de Naurouse. Le hasard fit qu'il connût quelques-uns de mes romans. Il s'ennuyait ferme, il m'invita à entrer chez lui quand je passerais devant sa fenêtre toujours fermée, derrière laquelle il se tenait, seul, du matin au soir, pâle, triste, mourant, regardant sans le voir le mouvement des allées et venues dans le petit jardin de l'*Hôtel de France*. Et je n'eus garde de refuser cette invitation, jusqu'au moment où il quitta Cauterets, autant parce qu'il n'y trouvait point de soulagement à son mal, que parce que madame d'Arvernes était venue l'y relancer. On l'avait logée dans la chambre voisine de la mienne, et tous les soirs, à travers notre mince cloison, j'entendais les éclats de sa voix et de ses rires pendant qu'elle dînait avec une jeune amie à laquelle elle faisait visiter les Pyrénées, comme tous les matins j'entendais aussi le guide Barragat, qui venait la chercher pour une excursion dans la montagne, crier avec son accent méridional : « Madame la duchesse est-elle prête ? »

Avec Naurouse et madame d'Arvernes, Harly est un des principaux personnages de la *Bohême tapageuse*. Il avait lu une scène de jeu dans *Un Mariage sous le Second Empire*; il me fit demander par Ph. Jourde, le directeur du *Siècle*, si je voulais qu'il m'en racontât une « vraie » au moins aussi intéressante que celle que j'avais inventée. C'est celle qui se trouve au commencement de *Raphaëlle*, avec l'épisode du cerisier. Mais il ne s'en tint pas là, il me communiqua aussi les papiers laissés par Naurouse, ses carnets de dépenses, ses lettres, et c'est en les ayant sous les yeux, du premier au dernier mot de mon roman, que je l'ai écrit.

Ce que je dis à propos de Naurouse, de madame d'Arvernes, de Harly, je pourrais le dire aussi à propos du prince de Kappel, de Savine, de Mautravers ; mais c'en est assez de ces quelques indications d'observation pour qu'on voie comment a été étudié et exécuté ce roman. Je n'ajoute qu'un mot. Il est très rare que dans mes romans j'aie introduit des faits qui me soient personnels : dans *La Bohême tapageuse*, j'ai manqué une fois à cette règle, et si j'en parle ici c'est pour expliquer un passage du *Dictionnaire des Contemporains* de Vapereau, copié par beaucoup d'autres, qui n'est pas très exact, et par cela m'a plus d'une fois ennuyé. Vapereau dit : « Il (c'est moi) écrivit des brochures politiques pour un sénateur. » Les brochures, ou plutôt la brochure que j'ai écrite, c'est celle qui m'a été en quelque sorte dictée par M. de Condrieu-Revel, exactement dans les mêmes conditions que celles racontées dans mon roman, et elle était historique, non politique. Sous plus d'un point de vue la rectification a son importance, pour moi au moins.

Bien qu'écrite avec la sincérité dont je viens de donner quelques preuves, *La Bohême tapageuse*, au moment de sa publication, fut accusée d'exagération, et particulièrement par Aurélien Scholl, qui avait bien connu la plupart de ses personnages, et avait même été de l'intimité de plus d'un d'entre eux. Dans un article qu'il publia à ce sujet, et dans lequel il les nomme avec une liberté que prennent les chroniqueurs, mais que se refusent les romanciers, il dit : « C'est une série d'actes d'accusation. »

Trop dure, la *Bohême tapageuse !* trop cruelle ! trop « acte d'accusation ! » Voyons la réalité.

Peu de temps après la mise en vente de mon roman, je reçus d'un magistrat un mot pour assister à une audience de la Cour d'Assises : « L'affaire intéressera l'auteur de la *Duchesse d'Arvernes* », me disait-il.

En effet, cette affaire était celle d'une des filles de la duchesse d'Arvernes, accusée de faux, une de celles que le duc veut emmener dans sa promenade, avec ceux de ses enfants qu'il croit les siens.

Elle fut acquittée ; mais aurais-je jamais osé inventer un dénouement aussi cruel, aussi « acte d'accusation » ? Tant il est vrai que le roman reste le plus souvent au-dessous de la simple vérité, au lieu d'aller au-delà.

H. M.

www.ingramcontent.com/pod-product-compliance
Lightning Source LLC
Chambersburg PA
CBHW070754170426
43200CB00007B/773